大展好書　好書大展
品嘗好書　冠群可期

大展好書　好書大展
品嘗好書　冠群可期

道家養生與生命科學 ③

道家內丹功與
現代生命科學

蘇華仁　辛平　陳紹聰 編著

大展出版社有限公司

中國道家內丹養生之道祖師中華民族神聖祖先　黃帝　聖像

道
家
內
丹
功
與
現
代
生
命
科
學

中國道家養生祖師老子坐像

太上道祖聖像

中國道家內丹養生之道祖師　老子

道
家
內
丹
功
與
現
代
生
命
科
學

祖師爺吳雲靑生於淸朝道光18年戊戌年，即公元1838年，坐化於1998年，壽高160歲，至今身不壞，安放於安陽靈泉寺。

弘揚丹道

造福人天

贈天下善士

吳云青书

丙子年秋

世界著名丹壽星吳雲青墨寶

道家內丹功與現代生命科學

蘇華仁道長

丙戌秋

丹道回春

唐明邦

世界著名易道研究名家唐明邦墨寶

謹將本叢書敬獻給

中國道家養生之道集大成者
中華民族神聖祖先黃帝，老子

獻給渴望康壽事業成功，天人合一者。

中華聖祖黃帝、老子養生之道禮贊：

浩浩茫茫銀河悠，
浮動蔚藍地球，
造化生人世間稠；
生老病亡去，
轉眼百春秋。

黃帝、老子創養生，
度人超凡康壽，
道法自然合宇宙；
復歸於嬰兒，
含笑逍遙遊。

——蘇華仁於
《中國道家養生全書與現代生命科學叢書》總主編
道易養生院2008年春於廣東羅浮山沖虛觀東坡亭

142歲的吳雲青增補爲延安市政協委員

陝西省延安市青化砭村142歲的老人吳雲青，增補為延安市五屆政協委員。

吳雲青出生於清朝道光18（戊戌）年臘月（即1839年）。原為青化寺長老，現為人民公社社員。他雖然經歷了142個春秋，但仍精神矍鑠，步履穩健。

張純本攝（新華社稿）

1980年9月10日《人民日報》第四版

世界著名生物學家牛滿江博士1982年專程來中國北京向邊智中道長學練中國道家養生時合影

唐明邦序

　　現代科學發展日新月異。無論宏觀世界或微觀世界研究都有長足進展。唯人體生命科學研究，相對滯後。人類養生之道和生命科學研究成為當今熱門課題，實非偶然。《中國道家養生與現代生命科學系列》叢書，正好為人們提供一套中國先賢留下的寶貴養生經典文獻與養生之道，閱後令人高興頗感實用。其中主要包括：

　　① 中國道家養生學說；

　　② 中國道家養生精華內丹養生之道；

　　③ 中國道家內丹養生之道與現代生命科學結合對當代人類身心健康的啟示。

　　我今真誠向讀者推介本叢書，同時簡要試論其內容如下：

一、關於中國道家養生學說

　　早在2500多年前，中國道家已提出深刻的養生學說，建立了完整思想體系，成為中華傳統文化中的瑰寶。中華聖祖道家始祖黃帝、道家祖師老子，首先闡揚天人統一宇宙觀。《黃帝陰符經》精闢指出：「宇宙在乎手，萬化生乎身。」《老子道德經》第二十五章曰：「人法地，地法天，天法道，道法自然。」強調人同自然和諧統一。《老子道德經》第四十二章，同時闡發「萬物負陰而抱陽，沖氣以為和」的生命哲學，肯定人體保持陰陽和諧和維護生命的基本要求。

莊子《齊物論》強調「天地與我並生，萬物與我為一，」人體小宇宙與天地大宇宙是息息相通的統一體。這也同《黃帝內經·素問·上古天真論》堅持的「法於陰陽，和於術數」哲學思想與養生原理完全一致。

道家養生學說既指導又吸取中國傳統中醫學中的臟腑、經絡、氣血理論，認為人體生理機能的正常發揮，全靠陰陽與五行（五臟的代表符號）的相生相剋機制，調和陰陽、血氣，促使氣血流暢，任、督二脈暢通。後來道教繼承這一思想傳統，實現醫道結合，高道多成名醫，名醫亦多高道。宗教與科學聯盟，成為中國道家與道教文化的重大特徵。

中國道家養生學說、博大精深包容宇宙，但其養生之道卻至簡至易。其養生三原則如下：

① 道家養生思想與養生之道首先重心性修養，《老子道德經》第十九章強調「少私寡欲，見素抱樸」淡泊名利，貴柔居下，不慕榮華，超脫塵世紛擾。

② 道家養生、養性同時重視性格與生活習慣的修養，其核心機制尤貴守和。心平氣和，血氣平和，心性和諧。

③ 在修練完成心性和諧，道家則進一步提出性、命雙修，即心性與肌體雙修，最終達到天人合一，心理與肌體都復歸於嬰兒，長生久視。

道家養生三原則是道家養生最根本、最偉大之處，實乃人類養生至寶。具有深遠科學價值與應用價值，這是歷史經驗與結論。

二、關於中國道家養生精華內丹養生之道

中華民族神聖祖先、中國道家祖師黃帝，中國道家大宗師老子創立的道家養生學說和道家內丹養生之道，為後來的

中國道教繼承並發展，並以之為指導原則，繼承、創立了多種養生方術，如服食、導引、胎息、存神、坐忘、房中術等；再經過歷代丹家長期實踐修練，不斷總結提升，形成完整的內丹學體系，成為中國道教養生學說與實踐的中心內容。故載於中國《道藏》的《黃帝陰符經》、《老子道德經》《太上老君內丹經》，是有史以來中國道家內丹養生之道最早的經典，因此，中國宋代道家內丹養生之道名家、中國道教南宗祖師張伯端在《悟真篇》曰：

> 陰符寶字逾三百，
> 道德靈文止五千，
> 今古上仙無限數，
> 盡從此處達真詮。

道家內丹養生之道的操作規程，多由師徒口傳心授，不立文字，立為文字者多用金烏、玉兔、赤龍、白虎、嬰兒、姹女、黃婆、黃芽等隱喻，若無得道名師點傳，外人實難領悟。

修練內丹，最上乘的修法是九轉還丹，其目的是讓人類由內練生命本源精、氣、神，達到「還精補腦」，再進一步達到天人合一；達到《老子道德經》第五十九章中講的：「是謂深根固蒂、長生久視之道。」其具體修練法如下：首先要安爐立鼎。外丹的鼎，指藥物熔化器，爐，指生火加熱器。內丹養生之道謂鼎爐均在身內。一般指上丹田為鼎，下丹田為爐。前者在印堂後三寸處，後者在臍下三寸處。還有中丹田在膻中穴，煉丹過程即「藥物」在三丹田之間循環。

煉丹的藥物，亦在人身內。指人體的精、氣、神，丹家

謂之三寶。乃人體內生命的三大要素。精為基礎，在下丹田；氣為動力，在中丹田；神為主宰，在上丹田，實指人的心神與意念力。煉丹過程就是用自己的心神意念主導人體精水與內氣在三丹田線上迴還，以心神的功力調協呼吸，吐故納新，調理、優化人體生理機能。

煉丹過程中「火候」極為重要。心神主導精、氣、神三寶在三田中循環往復，必須嚴格掌控其節奏快慢，深淺層次，是為「火候」。練丹成功與否，關鍵在於火候的調控，若無得道、同時修練成功的內丹學名師點傳，實難知其訣竅。

內丹修練，分三個階段，火候不同，成就各異，三個階段，當循序漸進，前階段為後階段打基礎，不可超越。

小成階段，練精化氣。以心神主導精與氣合一，即三化為二。此時內氣循行路線為河車，旨在打通任、督二脈，促使百脈暢通，有健體祛病功效。河車，喻人體內精氣神運行時，恍恍惚惚的軌跡。中成階段，練氣化神。達到神氣合一，即二化為一。是為中河車，功可延壽。大成階段，練神還虛，也稱練神合道，天人合一，即自身精氣神歸於太虛，太虛以零為代表，即一化為零。太虛與《周易》太極相似，指天地未分之先，元氣混而為一的狀態。此謂大河車或紫河車，乃達到長生久視的最高成就。

總的來看，練丹過程同宇宙衍化過程正好相反。宇宙衍化是《老子道德經》第四章所講的那樣：道生一，一生二，二生三，三生萬物。由簡而繁，稱為「順則生人。」丹法演化是由三而二，由二而一，由一而零，由精氣神的生命體、返歸太虛，稱為「逆則成仙。」《老子道德經》第十六章曰：「歸根曰靜，靜曰復命。」實現此一法則，端賴火候掌

控得法。

丹家指出：內氣在丹田中運轉，火候的調控，須透過「內觀」或「內照」。內觀指的是人的意念集中冥想體內某一臟腑或某個神靈，做到排除一切思慮，保持絕對寧靜。意念猶如心猿意馬，極易逃逸；內觀要求拴住心猿意馬，使心神完全入靜，其功用是自主調控生理系統。入靜在養生中的重要性，為儒佛道所共識。儒家經典《禮記‧大學》載孔子主張「定而後能靜，靜而後能安，安而後能慮。」其足以開發智慧。佛教主禪定，亦以靜慮為宗旨。《老子道德經》第十六章強調「致虛極，守靜篤」，為修道根本。

凝神靜慮以修道，必須首先排除外界的九大阻難，如衣食逼迫，尊長勸阻，恩愛牽纏，名利牽掛等。丹道要求「免此九難，方可奉道。」內觀過程，更大的障礙是「十魔」，即種種美妙幻象引誘，或兇惡幻象恫嚇，均能破壞修練者的意志，使其以為修練成功而中止修練。

美妙幻象有：金玉滿堂（富魔），封侯拜相（貴魔），笙歌嘹亮（樂魔），金娥玉女（情魔），三清玉皇（聖賢魔）等；兇惡幻象有：路逢凶黨（患難魔），兒女疾病（恩愛魔），弓箭齊張（刀兵魔）等，丹家要求見此十魔幻象應「心不退而志不移」，「神不迷而觀不散」。必須「免此十魔，方可成道」。

其詳情請參閱《鍾呂傳道集‧論魔難第十七》。

道家內丹養生之道、也稱作內丹學或內丹術，是在道家養生理論指導下制定的一套修練程式。理論離開方術，容易流於空談；方術失去理論指導，將失去方向與依歸。中國道家道教的內丹養生學，理論與實踐結合，故能保持其永久魅力，造福人類，享譽古今中外。

故世界著名科學家李約瑟在《中國科技史》一書中，高度評價中國道家內丹養生之道，他寫道：中國的內丹，成為世界早期生物化學史上的一個里程碑。

三、關於道家內丹學與現代生命科學結合對人類康壽的啟示

自然科學的發展，到20世紀下半頁，興起系統科學與復雜科學，宏觀研究與微觀研究同時深化，迎來了「科學革命」。大力開展天地生人的綜合研究，建立了天地生人網路觀，從而將整個自然科學特別是人體生命科學研究推向發展新階段。人們開始發現，人體生命科學研究的目標任務，同中國道家與道教內丹學的目標任務，十分相近，其主要內容有四：

① 優化生命。由優生、優育到生命的優化，使免疫力提高，排除疾病困擾；保持血氣平和，生理機能旺盛，耳聰目明，精神奮發。

② 促進生命延續。做到健康長壽，童顏鶴髮，返老還童，黛髮重生，長生久視。

③ 開發智慧。增強認知力、記憶力；超強的隨機應變力、獨創力；直覺頓悟，捕捉可遇而不可求的奇思妙悟；打開思想新境界，發現新的科學規律或物質結構。

④ 開發人體潛能，具備超常的能量，抗強力打擊，不畏嚴寒、酷暑，耐饑渴、能深眠與久眠；具有透視功能、預測神通；誘發常人所不具備的特異功能。

人體潛能的開發，關鍵在人的大腦，人腦的功能，目前只用到百分之幾；許多人體功能的奧秘尚待破解。超越人的生命界線，早已成為道家道教內丹術奮鬥的目標。這實際上

已為人體生命科學提出新任務和新課題。

　　四川教育出版社1989年出版的《錢學森等論人體科學》一書載：舉世聞名的中國科學家錢學森早有科學預見：「中醫理論，氣功科學，人體特異功能，是打開生命科學新發展之門的一把鑰匙。」錢學森同時指出：「結合科學的觀點，練功、練內丹。」道家內丹學將為生命科學提供新的課題，新的研究方法，引起生命科學的新突破；現代生命科學將以其現代化的科學手段，幫助道家內丹術進行測試、實驗、總結，使之上升到理論高度，構建更完備的理論思想體系，制定更加切實可行、利於普及的修練程式。兩者結合，相互促進，相得益彰。必將對現代人類身心健康長壽、事業成功做出巨大　貢獻。

　　《中國道家養生與現代生命科學系列叢書》的出版，正好為二者架上橋樑。道家養生著作甚多，講服食、導引、胎息、存神、守一、坐忘、房中術均有專著。內丹學著作，由理論與方術結合緊密，成為道家道教養生文化的核心，其由行家編著的尚不多見。現經世界著名丹道老壽星吳雲青入室弟子、內丹名師、全書總主編蘇華仁道長，約集海內外部分丹道行家擇其精要，精心校點，詳加注釋、評析，或加今譯，分輯分期出版，洋洋大觀，先賢古仙宏論盡收眼底，內丹養生學與生命科學研究經典文獻，熔於一爐。生命科學激發內丹學煥發新的活力；內丹學為生命科學研究提供新的參照系統，打開新思路，開拓新領域，兩大學科攜手並進，定能為研究中華傳統文化打開新局面，綻繁花，結碩果，造福全人類。

　　總主編蘇華仁道長徵序於愚，卻之不恭，聊陳淺見以就正於方家。同時附上近作「道家道教內丹學與中國傳統文

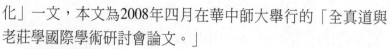

化」一文，本文為2008年四月在華中師大舉行的「全真道與老莊學國際學術研討會論文。」

唐明邦簡介：

唐明邦：男，號雲鶴。重慶忠縣人。1925年生。武漢大學哲學學院教授，博士生導師，中國當代著名易學家。畢業於北京大學哲學系，歷任中國哲學史學會理事，中國周易研究會會長，國際易學聯合會顧問，東方國際易學研究院學術委員，中國周易學會顧問，湖北省道教學術研究會會長等職。

主講中國哲學史，中國辯證法史，中國哲學文獻，易學源流舉要，道教文化研究等課程。

著作有《邵雍評傳》附《陳摶評傳》、《當代易學與時代精神》、《易學與長江文化》、《論道崇真集》、《李時珍評傳》、《本草綱目導讀》。主編《周易評注》、《周易縱橫錄》、《中國古代哲學名著選讀》、《中國近代啓蒙思潮》；合編《中國哲學史》、《易學基礎教程》、《易學與管理》。多次應邀參加國際易學、道學、儒學、佛學、學術會議。應邀赴香港、臺灣講學。發表學術論文多篇。

董應周序

中華道家內丹養生　　人類和諧發展福星

　　史載由中華聖祖黃帝、老子創立的中華傳統絕學、道家內丹養生大道，自古迄今，修練者眾多。得真傳修練成功者，當代海內外有數。

　　世界著名道家內丹養生壽星吳雲青弟子、蘇華仁道長數十載寒暑，轉益多師，洗心修練，易筋髓化神氣，還精入虛，丹道洞明，遂通老子養生學真諦，庶幾徹悟人生妙境。但不願意自有、欲天下共用之。故而與諸同道共編《中國道家養生與現代生命科學系列叢書》，將丹道精華、公諸於世，使天下士人，能聞見此寶，持而養身，養人養家，利民利國利天下，誠謂不朽之盛事業。

　　何緣歟？蓋為21世紀人類文明，雖已可分裂原子，利用核能，控制基因，進行宇宙探索，然而，對自身卻知之甚少，人們能登上月球，卻不肯穿過街道去拜訪新鄰居；我們征服了高遠太空，卻征服不了近身內心，我們對生命真相的理解，至今還停留在蛋白質，基因、神經元等純物質層面。而在精神層面，知之更少：僅及於潛意識，稍深者，亦不過榮格的「集體潛意識，」當今世界、物質主義大行其道，人類精神幾近泯滅，有識之士，大聲疾呼，人類文明若不調整自己物質至上的發展方向，將會走向自我毀滅。

　　二次大戰後，1984年11月，美國參謀長聯席會議主席布魯德利說：「我們有無數科學家卻沒有什麼宗教家。我們掌

握了原子的秘密，卻摒棄了耶穌的訓喻。人類一邊在精神的黑暗中盲目地蹣跚而行，一邊卻在玩弄著生命和死亡的秘密。這個世界有光輝而無智慧，有強權而無良知。我們的世界是核子的巨人，道德侏儒的世界。我們精通戰爭遠甚於和平，熟諳殺戮遠甚於生存。」

現在，我們又看到了全球氣候變暖，發展中國家空氣，水、土壤生物圈的大規模污染和破壞，各種致命疾病的傳播等等。美國前副總統高爾四處奔波，呼籲拯救地球。英國著名物理學家霍金，於去年兩次提出人類應該向外太空移民以防止自身毀滅。

他在2006年6月的一次記者招待會上預言：「為了人類的生存和延續，我們應該分散到宇宙空間居住，這是非常重要的。地球上的生命被次大災難滅絕的危險性越來越大，比如突然的溫度上升的災難、核戰爭，基因變異的病毒，或者其他我們還沒有想到的災難。」

以上諸位道出了目前人類病因，也開出了藥方。能行否？可操作嗎？且不說眼下走不掉，即使能移民外太空，若不改變人類本性中貪婪的一面，還不是照樣污染破壞宇宙。

地球真的無法拯救了？難道這個世界真的是「有光輝而無智慧，有強權無良知？」是「核子的巨人，道德的侏儒」嗎？是也，非也，有是，有不是。問題存在但有就地解決辦法，不需要逃離地球，移民外太空目前只是異想天開！

這打開智慧之門，拯救人類良知的金鑰匙在哪裏？就在中華傳統道家內丹大道中，中華內丹大道，功能可導引人類重新認識自己，發現人類自身良知良能，改變自身觀念，使人類昇華再造，進而改觀地球村，使之成為真正的桃花源伊甸園。中華內丹大道智慧，能教人人從知我化我開始，進而

知人知物知天地，化人化物化天地；其智能之高能量之大，古往今來蓋莫過焉！

史載距今八千多年前，中華聖祖伏羲「仰觀天文，俯察地理，遠取諸物，近取諸身。」畫成伏羲先天八卦，首開人類天人合一世界觀和天人合一，性、命雙修大道。故中國唐代道家內丹名家呂洞賓祖師，禮贊伏羲詩曰：「伏羲創道到如今，窮理盡性致於命。」

距今約五千年前，《莊子・在宥》記載：中華聖祖黃帝之師廣成子，開示中華道家內丹養生大道秘訣曰：「勿勞汝形，勿搖汝精，乃可以長生。」

中華聖祖黃帝《陰符經》，開示宇宙天人合一生命要訣曰：「宇宙在乎手，萬化生乎身。」「知之修練，謂之聖人。」「聖人知自然之道不可違，因而制之。」

「東方聖經」老子《道德經》開示生命之道要訣曰：「道法自然」「修之於身。」「歸根曰靜，靜曰復命。」「聖人之道，為而不爭。」

整個人類若能忠行中華聖祖伏羲、廣成子、黃帝、老子取得人生成功的極其寶貴的經驗，修練中國道家內丹養生之道，身心自然會強健，身心自然會安靜下來，清淨起來，內觀返照。五蘊洞開，自會頓悟出原來人類的內心世界是如此廣闊無限，清淨無垢，透徹寬容，澄明神朗。這時候，自然的就都能收斂起外部的物欲競爭，停止巧取豪奪。人人和諧相處，家家和諧相處，區域和諧相處，天下和諧相處；自然的，地球村也就和諧和安清了，適合人居了。

天地人和諧安清，還用得著移民外太空嗎？人類如要去太空，那只是去遊玩、去逍遙遊罷了！

華仁道長內丹全冊已就，開券有益，人人自我修練，庶

道家內丹功與現代生命科學

幾自救救人。莫失良機。是為序。

董應周簡介：

董應周：男，1942年生於中國河南省禹州市，當代著名中華傳統文化研究專家與行家。1965年加入中國共產黨，1966年畢業於鄭州大學中文系。著名作家、詩人。本人任中國中州古籍出版社原總編輯兼社長期間，曾主持整理、出版了大量的中華傳統文化典籍。此舉在海內外各界影響深遠。目前任中國河南省易經學會會長，擔任香港中國港臺圖書社總編。

蘇華仁序

　　《中國道家養生與現代生命科學系列》叢書，由中國、美國、馬來西亞、澳洲和香港、臺灣，對中國道家養生學與現代生命科學結合研究和實修的部分專家與行家精心編著。其中，海內外著名、當代《周易》研究與道家學術研究泰斗、武漢大學教授唐明邦擔任重要編著者之一，並為該叢書作序、題字，同時擔任該叢書道家學術與周易學術顧問；中國社會科學院博士生導師、海內外著名的中國道家養生學術與內丹學專家、老子道學文化研究會會長胡孚琛教授，擔任該叢書道家養生學術與內丹學顧問；當代中國傳統養生文化研究專家、中國‧中州古籍出版社原總編輯兼社長董應周，擔任該叢書技術編輯與出版藝術顧問，同時為該叢書作序。

　　《中國道家養生全書與現代生命科學系列》叢書編委，緣於本人為世界著名內丹養生壽星吳雲青弟子、中國廣東羅浮山軒轅庵紫雲洞道長、中山大學兼職教授，故推舉我擔任該叢書總主編；山西科學技術出版社副總編趙志春擔任該叢書總策劃。

　　為了確保《中國道家養生全書與現代生命科學叢書》的高品質、高水準，該叢書特別在世界範圍內諸如中國、美國、馬來西亞、澳洲和香港、臺灣，聘請有關專家與行家擔任該叢書編著者和編委。

　　經過該叢書編委和有關工作人員、歷時近兩年的緊張工作，現在即由山西科學技術出版社出版，將與廣大有緣讀者

見面了。其主要內容有三：

一、中國道家養生學與現代生命科學簡介

中國道家養生學，是一門凝聚著中國傳統養生科學與人天科學和生命科學精華的綜合學科。被古今中外大哲學家、大科學家和各界養生人士公認為：世界傳統養生文化寶庫中的精華和瑰寶。根據記載中華五千年文明史的中國《二十四史》和有關史書記載：中國道家養生學，主要由中華民族神聖祖先、中國道家始祖黃帝，中國道家祖師老子，依據「道法自然」規律，又「因而制之」自然規律的中國道家哲學思想和道家養生之道綜合確立。

古今中外無數事實啟迪人類：修學中國道家養生學，可促進全人類身心健康長壽、事業成功、天人合一。故其在中華大地和世界各地已享譽大約有五千多年歷史。

中國道家養生學歷史悠久、博大精深，其核心是中國道家內丹養生之道，其理論基礎主要為中國傳統的生命科學理論：其主旨是讓人們的生活方式「道法自然」規律生活，進而因而制之自然規律，達到「樂天知命，掌握人類自身生命密碼，同時掌握宇宙天地人大自然萬物生命變化的規律」，最終讓全人類達到健康長壽、平生事業獲得成功。

用黃帝《陰符經》中的話講：「宇宙在乎手，萬化生乎身。」中國道家養生學及其核心中國道家內丹養生之道主要經典有：《黃帝陰符經》、《黃帝內經》、《黃帝外經》、《黃帝歸藏易》、老子《道德經》、《太上老君內丹經》、《老子常清靜經》等。

中國道家養生學核心中國道家內丹養生之道的科學機制為「天人合一」、由修練中國道家內丹養生之道達到「返樸

歸真」，其主要經典有：老子親傳弟子：尹喜真人《尹真人東華正脈皇極闔闢證道仙經》，鬼谷子《黃帝陰符經注》，魏伯陽《周易參同契》，葛洪《抱朴子》，孫思邈《養生銘》、《四言內丹詩》《千金要方》，漢鍾離、呂洞賓《鍾、呂傳道集》《呂祖百字碑》，張伯端《悟真篇》，張三豐太極拳和張三豐《丹經秘訣》等道家養生著作。中國道家養生學核心是中國道家內丹養生之道，修練方法要訣為「內練生命本源精、氣、神，返還精、氣、神於人體之內」。從而確保修學者能常保自身生命本源精、氣、神圓滿。經現代生命科學家用現代高科技儀器實驗表明：中國道家養生學核心的中國道家內丹養生之道所講的「精」、即現代生命科學中所講的去氧核糖核酸，「氣」、即臆肽，「神」、即丘腦。此三者是人類生命賴以生存的本源，同時是人類健康長壽，開智回春、天人合一的根本保障和法寶。

中國道家養生學的核心是中國道家內丹養生學養生之道，其功理完全合乎宇宙天地人大自然萬物變化規律，故立論極其科學而高妙。其養生之道具體的操作方法卻步步緊扣生命密碼，故簡便易學、易練、易記。其效果真實而神奇、既立竿見影，又顯著鞏固。因此，古今中外無數修學中國道家養生學者的實踐表明：學習中國道家養生學的核心中國道家內丹養生學養生之道，可確保學習者在短時間內學得一套上乘養生方法，從而掌握生命密碼基本規律，為身心健康長壽、事業成功鋪平道路，並能確定一個正確而科學的人生目標而樂天知命地為之奮鬥、精進。

因此，靜觀記載中華五千年文明史的中國《二十四史》一目了然：大凡在中國歷史上大有作為的各界泰斗人物，大多首選了中國道家養生學的核心中國道家內丹養生之道，作

為平生養生與改善命運規律的法寶。並因平生修學中國道家內丹養生之道，而獲得身心康壽、開啟大智，建成造福人類的萬世事業，成為各界泰斗。

諸如：中華民族神聖祖先、中華文明始祖黃帝，「東方聖經」《道德經》的作者、中國道家祖師老子，中國儒家聖人、中國教育界祖師孔子，中國兵家祖師、《孫子兵法》的作者孫子，中國商業祖師范蠡，中國智慧聖人鬼谷子，中國道學高師黃石公（即黃大仙），中國帝王之師張良，中國道教創始人張道陵，中國「萬古丹經王」《周易參同契》的作者魏伯陽，中國大科學家張衡、中國大書法家、書聖王羲之；中國晉代道家養生名家葛洪，中國藥王孫思邈，中國詩仙李白，中國唐、宋時代道家養生名家鍾離權、呂洞賓，張果老，陳摶，張伯端；中國元明之際，主要有中國太極拳與中國武當派武術創始人張三豐，中國清代道學名家黃元吉，中國近代道學名家陳攖寧，當代世界著名老壽星吳雲青，中國華山道功名家邊智中道長，中國終南山百歲道醫李理祥，中國安陽三教寺李嵐峰高師，中國武當山百歲高道唐道成，中國四川青城山百歲高道趙百川……

由於中國道家養生學核心的中國道家內丹養生之道，確有回春益智，促進人類事業成功，使人類天人合一，改善人類生命密碼之效，故從中國道家內丹養生之道祖師廣成子傳黃帝內丹始，為嚴防世間小人學得、幹出傷天害理之事。故數千年來其核心養生機制一直以「不立文字、口口相傳」的方式，秘傳於中國道家高文化素質階層之內，世人難學真訣；當今之世，諸因所致：真正掌握中國道家養生學的核心與中國道家內丹養生之道真諦，並且自身修學而獲得年逾百歲猶童顏大成就的傳師甚少，主要有：世界著名百歲老壽

星、道家內丹養生高師吳雲青，李理祥、唐道成、趙百川：中國道家養生學華山道功名家邊治中（道號邊智中），中國古都安陽三教寺李嵐峰等……

　　眾所周知：當今世界、進入西方現代實驗科學加東方古代經驗科學、進行綜合研究促進現代科學新發展的新時代，作為中國傳統養生科學精華的中國道家養生學核心的道家內丹養生之道，日益受到當今世界中、西方有緣的大科學家的學習與推薦，諸如舉世聞名的英國劍橋大學李約瑟博士，在其科學巨著《中國科技史》一書中精闢地指出：「中國的內丹成為人類早期生物化學史上的一個里程碑。」同時指出：「道家思想一開始就有長生不死概念，而世界上其他國家沒有這方面例子，這種不死思想對科學具有難以估計的重要性。」

　　世界著名生物遺傳科學家牛滿江博士，因科學研究工作日繁導致身心狀況日衰，又因求中、西醫而苦無良策，效果不佳。故於1979年，他來中國北京，向中國道家華山道功名家邊智中道長、（俗名邊治中）修學了屬於中國道家養生學核心的道家內丹養生之道動功的中國道家秘傳養生長壽術後、身心短時間回春。故他以大科學家的嚴謹態度，經過現代科學研究後，確認本功是：「細胞長壽術，返老還童術，係生命科學。」四年之後的1982年，牛滿江博士深有感觸地向全人類推薦道：「我學練這種功法已經四年，受益匪淺，真誠地希望此術能在世界開花，使全人類受益。」（本文修訂之際，適逢世界著名生物遺傳科學家牛滿江博士於2007年11月8日以95歲高齡辭世，此足見道家內丹養生之道養生長壽效果真實不虛。）

　　中國當代著名大科學家錢學森，站在歷史的高度、站在

高文化素養的基礎之上：深知中國道家養生學核心的道家內丹養生之道、為中國傳統生命科學和中國傳統人天科學精華，因此，對中國道家養生學核心的道家內丹養生之道又十分推崇，他在《論人體科學》講話中精闢地指出：「結合科學的觀點，練功、練內丹」。錢學森同時支援、中國社會科學院博士生導師、中國當代道學名家胡孚琛確立完善：「中國道家內丹學。」

經過胡孚琛博士長年千辛萬苦、千方百計地努力，中國道家養生學核心的道家內丹養生之道得以完成。走進了本應早走進的現代科學殿堂。成為一門古老而嶄新的生命科學學科。此舉，對弘揚中國傳統生命科學，對於全人類身心健康、事業成功，無疑是千古一大幸事。

為使天下有緣善士學習到中國道家養生學核心的道家內丹養生之道，世界著名老壽星、當代內丹傳師吳雲青、邊治中二位高師，曾經親自在中國西安、北京和新加坡等地對海內外有緣善士辦班推廣，同時委託其入室弟子，世界傳統養生文化學會的主要創辦人之一的蘇華仁等人，隨緣將中國道家養生學核心的道家內丹養生之道，傳授給了中國、美國、英國、法國、日本、新加坡、馬來西亞等國家和中國香港、澳門地區的有緣學員。

二、中國道家養生學核心道家內丹養生之道效果簡介

根據當代世界各地有緣修學、習練中國道家養生學核心的道家內丹養生之道課程的學員，自己填寫的大量效果登記表，同時根據中國山東省中國醫藥研究所，所作的大量醫學臨床報告表明：學習中國道家養生學核心中的道家內丹養生之道課程，短時間內可有效地，大幅度地提高人類的智商和

思想水準與思維觀念，並能確立一個樂天知命的科學目標而精進。同時，短時間內可有效地增加生命本源精、氣、神，提高人體內分泌水準和改善人體各系統功能，從而可使人們顯著地達到身心健康，軀體健美，智慧提高，身心整體水準回春。同時，還可以讓人類克服亞健康，康復人類所患的各類疑難雜症，諸如：神經系統失眠、憂鬱、焦慮等症。腎臟與泌尿系統各類腎病，精力不足、性功能減退等症。內分泌功能失調造成的肥胖與過瘦等症。循環系統糖尿病、心腦血管病，高、低血壓等症。呼吸系統各類肺病、哮喘病、鼻炎、過敏等症。消化系統各類胃病、肝病、便秘與腹瀉等症。免疫系統、衰老過快和容易疲勞的亞健康等症。

綜上所述：修學與忠行中國道家養生學核心的道家內丹養生之道，短時間內確保您身心能整體水準改善和提升與回春。為您一生取得身心健康、事業成功奠定一個堅實可靠的基礎，同時為您修學中國道家養生學核心道家內丹上乘大道，達到天人合一奠定基礎。這是古今中外大量修學中國道家養生學核心的道家內丹養生之道者的成功經驗。供您借鑒，您不妨一試。

（蘇華仁撰稿）

《中國道家養生與現代生命科學系列叢書》

編委會名單

本叢書所載中國道家養生秘傳師承

1.吳雲青（1838～1998）

中華聖祖黃帝、老子創立道家內丹養生當代160歲傳師，世界著名壽星。

2.邊智中（1910～1989）

中國道家華山派內丹道功當代傳師，世界著名生物學家牛滿江道功師父。

3.李理祥（1893～1996）

中國道家龍門派內丹道功當代百歲傳師，中國當代著名道家醫學傳師。

4.李嵐峰（1905～1977）

中國道家金山派內丹道功當代傳師，張三豐太極拳與內丹養生當代傳師。

5.唐道成（1868～1985）

中國道家武當派內丹道功當代117歲傳師，中國當代著名道家醫學傳師。

6.趙百川（1876～2003）

中國道家青城山內丹道功當代127歲傳師，中國當代著名長壽老人。

本叢書專業學術顧問

中國道家養生與周易養生學術顧問：

——唐明邦（中國當代易學學術泰斗、中國武漢大學教授）

中國道家養生學術與內丹學術顧問：

——胡孚琛（中國社會科學院博士生導師、著名道家學術學者）

<table>
<tr><td>總主編</td><td colspan="5">蘇華仁</td></tr>
<tr><td>總策劃</td><td colspan="5">趙志春</td></tr>
<tr><td>副主編</td><td colspan="5">辛　平（馬來西亞）</td></tr>
<tr><td>編　委</td><td>丁成仙</td><td>毛飛天</td><td>馬　源</td><td>王正忠</td><td>王麗萍</td></tr>
<tr><td></td><td>王炳堯</td><td>王　強</td><td>王學忠</td><td>鄭衛東</td><td>田合祿</td></tr>
<tr><td></td><td>田雅瑞</td><td>玉真子</td><td>葉欣榮</td><td>葉掌國</td><td>葉崇霖</td></tr>
<tr><td></td><td>古陽子</td><td>占米占</td><td>劉永明</td><td>劉小平</td><td>劉俊發</td></tr>
<tr><td></td><td>劉繼洪</td><td>劉裕明</td><td>劉偉霞</td><td>劉　功</td><td>明賜東</td></tr>
<tr><td></td><td>任芝華</td><td>孫光明</td><td>孫愛民</td><td>朱瑞華</td><td>朱瑞生</td></tr>
<tr><td></td><td>朱文啟</td><td>牟國志</td><td>辛　平</td><td>辛立洲</td><td>蘇華仁</td></tr>
<tr><td></td><td>蘇小文</td><td>巫懷征</td><td>蘇華禮</td><td>李宗旭</td><td>李武勛</td></tr>
<tr><td></td><td>李太平</td><td>李靜甫</td><td>李志杰</td><td>李　興</td><td>吳祥相</td></tr>
<tr><td></td><td>吳吉平</td><td>何山欣</td><td>嚴　輝</td><td>趙志春</td><td>趙　珀</td></tr>
<tr><td></td><td>趙樹同</td><td>趙振記</td><td>張海良</td><td>張德礨</td><td>張若根</td></tr>
<tr><td></td><td>張高澄</td><td>張良澤</td><td>陳　維</td><td>陳成才</td><td>陳全林</td></tr>
<tr><td></td><td>陳志剛</td><td>陳安濤</td><td>陳紹聰</td><td>陳紹球</td><td>陳春生</td></tr>
<tr><td></td><td>金世明</td><td>林遠嬌</td><td>周一謀</td><td>周彥文</td><td>周敏敏</td></tr>
</table>

道家內丹功與現代生命科學

楊　波	楊建國	楊懷玉	楊東來	楊曜華
駢運來	賀曦瑞	聞玄真	鄭德光	柏　林
胡建平	柯　可	高　峰	高志良	徐曉雪
鄒通玄	秦光中	唐明邦	唐福柱	黃紹昌
黃易文	黃子龍	梁偉明	梁淑范	郭棣輝
郭中隆	曾本才	梅全喜	董應周	韓百廣
釋印得	釋心月	黎平華	黎　力	魏秀婷

秘　書

吳朝霞	吳鳴泉	嵇道明	蘇　明	蘇小黎
宋烽華	張　莉	潘海聰	米　鐸	劉文清

目　錄

第一章　概論及推薦篇 ················· 37

　第一節　推介一 ····················· 37

　第二節　推介二 ····················· 39

　第三節　養成運動的好習慣 ··········· 40

　第四節　想說的心理話 ··············· 45

　第五節　自序 1 ···················· 48

　第六節　自序 2 ···················· 52

第二章　道家「內丹功」發展源流篇 ··········· 57

　第一節　道家內丹功師承淵源 ········· 57

　第二節　中國道家養生長壽學 ········· 60

　附文 1　內丹功源流傳承簡明一覽表 ····· 68

　附文 2　虛道士長壽有術——牛滿江北京學藝 ········ 71

第三章　「生理」簡談篇 ················· 79

　第一節　腎與免疫為生命健康長壽之關鍵 ······· 79

　第二節　津液、精液與血、氣的關係 ········· 85

　第三節　認識腎臟 ··················· 89

　第四節　展望 ······················ 92

第四章　道家內丹動功實踐篇 ··········· 94

　第一節　內丹功一站功法 ··········· 94

　第二節　育天池、按玉枕、梳龍頂 ········· 128

道家內丹功與現代生命科學

第五章 道家「內丹功」要點及脈絡略談篇 ········ 133

第一節 精，氣，神 ·········· 133

第二節 練精化氣，練氣化神，練神還虛，練虛
　　　 合道 ·········· 135

第三節 周天 ·········· 137

第四節 三田及三關 ·········· 139

第五節 胎息，結胎，聖胎及溫養 ·········· 141

第六節 小藥，大藥 ·········· 142

第六章 十二經脈及奇經八脈 ·········· 144

第一節 十二經脈 ·········· 145

第二節 奇經八脈 ·········· 157

第三節 呼吸經氣行的動向 ·········· 166

第七章 道家「內丹靜功」實踐篇 ·········· 168

第一節 準備和須知 ·········· 168

第二節 功法一：凝神回視膻中處 ·········· 171

第三節 功法二：神息相依氣下腹 ·········· 173

第四節 功法三：聚火開關守下丹 ·········· 175

第五節 功法四：真火歸中運周天 ·········· 177

第六節 功法五：坎離接養壽修真 ·········· 181

第七節 功法六：站樁守臍氣自發 ·········· 186

第八節 功法七：側眠氣運體回春 ·········· 189

第八章 總結啓開生命之源 ·········· 238

第一節 丹經秘訣總綱 ·········· 238

第二節 內丹動功與靜功 ·········· 239

第九章 認識「氣」的重要性 ……………………… 243

第十章 八觸或十觸 …………………………………… 246

第十一章 自發動象 …………………………………… 249

第十二章 氣衝病灶 …………………………………… 252

第十三章 「生理」結構及「病理治療」篇奇恒之腑 … 255

第一節 腦 ……………………………………… 255
第二節 髓 ……………………………………… 257
第三節 女子胞與子宮系統 …………………… 258

第十四章 脈與脈管系統 …………………………… 260

第十五章 五臟六腑及其關係 ……………………… 262

第一節 五臟 …………………………………… 263
第二節 六腑 …………………………………… 277
第三節 五臟的功能及病症 …………………… 284
第四節 六腑的功能及病症 …………………… 286

第十六章 六淫之說 ………………………………… 289

第十七章 中國道家養生之道與生命科學 ………… 293

第一節 內丹養生乃保健上策 ………………… 293
第二節 內丹養生的基礎 ……………………… 302
第三節 內丹養生成功例證一：吳雲青養生 … 308
第四節 內丹養生成功例證二：邊治中養生 … 312
第五節 內丹養生與全人類健康 ……………… 315
第六節 現代人應如何養生 …………………… 320
第七節 內丹養生與氧氣 ……………………… 322

道
家
內
丹
功
與
現
代
生
命
科
學

第十八章　道家內丹和子午流注與練功須知 ……… 325

第一節　何謂「內丹功」涵義略談 ………… 325
第二節　子午流注 ……………………… 327
第三節　練功須知 ……………………… 331

第十九章　道家養生重要經典與論文精選 ………… 336

第一節　中華聖祖黃帝簡介 …………… 336
第二節　《黃帝陰符經》姜太公、張良、鬼谷子注
　　　　…………………………………… 338
第三節　《黃帝陰符經》中國八仙之一張果老注 … 345
第四節　《周易參同契》內含中國道家內丹養生學
　　　　真諦明指 ……………………… 352
第五節　《周易參同契》內含道家內丹學醫療康復
　　　　原理 …………………………… 363
第六節　中國道家內丹養生主要傳師金母（西王母）
　　　　丹訣初探 ……………………… 372
第七節　世界各地道家內丹練功效果案例 ……… 375
第八節　編後話 ……………………… 414
第九節　羅浮山奇人蘇華仁話養生 ……… 416
第十節　老子《道德經》與養生大智慧 ……… 425
第十一節　《中國道家養生與現代生命科學叢書》
　　　　　編輯緣起——代本叢書後記 …… 428
中國道家養生廿字要訣 ……………………… 431
中華丹道・傳在吳老 ……………………… 439
道家養生長壽基地崛起山東沂蒙山——代《中國道家
養生與現代生命科學系列叢書》再版後記 ……… 442

第一章

概論及推薦編

第一節　推介一

我很榮幸，得閱辛平先生與其老師蘇華仁合編著的傳統內丹學之《動功》「添油接命」及《靜功》「打通任、督二脈、練成丹道周天」二書；更得悉辛平先生及其老師，多年悉心修練道家傳統內丹學「動、靜」二項功法，並將修練的心得編著成書；同時也將此二項功法傳授給有所需要者、患疾病者及善心者；如果能恒心的習練，其效果對身體健康是非常好的。

其老師蘇華仁，在 1980 年被道家老子混元派內丹功「靜功」傳人吳雲青真人收為入室弟子，悉授內丹「靜功」，之後被立為掌門人；後於 1986 年被道家華山派內丹功「動功」傳人邊治中收為入室弟子，悉授內丹之「動功」，成為第 23 代的傳人。於 1995 年，應邀到馬來西亞傳授道家養生長壽內丹之「動功」；而在 1999 年，被邀請到新加坡傳授內丹功之「動功」，及講《周易》預測學；爾後，被委聘為新加坡道家名譽主席。2001 年，應邀到香港傳授內丹功之「動功」，

遂與同道成立「世界傳統養生文化學會」。2003 年，在廣東省羅浮山（中國十大名山之一），籌建「道家內丹養生修真中心」，積極推廣道家養生長壽內丹功之「動、靜」二項功法。現仍為『中國作家協會』河南分會的會員，亦兼為中國『周易』：安陽周易研究會常務理事。

依據道家傳統內丹學，其功法自幾千年來，本是在師徒之間，秘傳口授的。現在他們已將此二項「動、靜」功法編著成書，公之於世，實使世人得非常之益。此內丹學是保健養生長壽的要訣，我做如下的推薦：

內丹動功：提醒我們，在日常生活中，必須養成每日抽空「運動」的好習慣；因為「運動」幫助我們促進健康於無形中；並且避免慢性疾病在無意識下養成。運動的時間不需太長，但必要做對身體適宜的運動。如果要確保身體健康，還得配合及注意飲食的均衡、調整體內的酸鹼性，都是對身體有利的原則和習慣；即所謂「生命在於運動」。

內丹靜功：傳統的道家內丹學「打通任、督二脈、練成丹道周天」，使周天運行，是增進人體血、氣運行旺盛；只有在精氣循行運輸健全下，才能減輕各個臟腑的負擔。然而，道家之內丹「靜功」也是養生長壽的秘訣；因為在靜養中血、氣於臟腑循行通暢，完成良好、生命必要的新陳代謝，於靜中能達到最高的效能。所以說「生命在於靜止」，是生命自然的規律。

馬來西亞森美蘭州民政黨主席

拿督　胡俠歧

第二節　推介二

　　我閱讀了外甥辛平與其老師蘇華仁，合編著的道家傳統內丹《動功》「添油接命」及《靜功》「打通任、督二脈、練成丹道周天」二書後，我很感歎與驚訝！並要我為二書作序，我當然是非常樂意而為！

　　我自與他的姨母結合後，認識他的父母及其兄弟多人；於其兄弟及表弟妹中來說：辛平是一個很踏實及求上進的人。認真勤於工作且成就也高；善於經濟、行政與管理。他在四十左右，已經是一間外資企業的行政管理經理。後來轉業，成為一間本地集團公司的財務總裁，管理的事務擴展至東南亞數個國家；常在各國為事務奔走。到後來，被委任成為中國與現代二地兩間公司的董事總經理，並為了事務而遷居香港近 8 年之久。然而香港是一個大都會，是經濟商業非常繁榮發達的地區，競爭力亦是最強的。他能策畫帶動企業事務發展，在尖銳競爭下持續，實不是一份簡單的差使，在個人事業生命中，取得輝煌的成就。

　　我知道，他在三十多歲時已經攝取佛學的修養，現在竟然亦修「道學」，成為「佛、道」雙修。我感歎的是，在他退休後，竟然把他與老師，經年悉心修習的中國道家傳統秘傳內丹學「動、靜」二項功法編著成書，欲其利公諸於世，讓有緣者、發心欲學者、患疾病者，得獲二項功法的利益。道家傳統秘傳內丹功，實為黃帝、老子等精心的創作；是中華民族文化的遺產及國寶。幾千年來，都是師徒口授秘傳的；能將它編著成書，公諸於世，實是世人之福也。我感

歎,又因辛平欲將道家傳統秘傳內丹功編著成英文,這個心願是非常殊盛的。若書成日,則是人類的大福也。因為凡言語精通中、英文者,如果發心修學養生者、有緣者、患疾病者,都能得此二項功法之益。

我驚訝的,我們所走的路,是殊途同歸。他以道家秘傳的功法公諸於世,促使修練者,保持身體健康、長壽,過著快樂幸福的生活。而我是『從政』的,目的是為人民解除他們所面對的困境,爭取人民被剝削的權利及利益,為人民生活起居,衣、食、住、行,取得發展,得享平等無爭的生活。這體現了我們的心願,皆以仁慈、關懷、謙卑、承諾、果敢的精神去服務及幫助人們;是對人民群眾的服務,盡了我們一份力量,一點光;照亮他人的生命,助他們走出面對的黑暗,使他們得到安慰、關懷及希望!

馬來西亞　森美蘭州

民政黨主席

拿督胡俠岐

第三節　養成運動的好習慣

人人都希望擁有健康強壯的身體。少年至老年人,都有這個慾望,目的是希望健康無病痛的生活。可惜人類一般都忽略及不瞭解疾病是如何形成的?簡說,疾病只分為兩類:一者,急性病。是季節氣候轉變,或突發病菌傳播所影響的;另外,是由慢性疾病併發所造成的。二者:是慢性疾病。是經年日積月累,由高蛋白和高能量的飲食,在人不知

不覺下，培養出來的。其病源主要有兩種：一者，生活違背自然規律，同時飲食的壞習慣，營養不均衡。二者，是不懂得養生之道，做適宜的運動去作補救。

這本書談的是養生之道。道家內丹功「添油接命」之法，則是運動。既然知道，疾病是經年日積月累，在不知不覺潛化而形成的；那越早採取防患措施就會越好，能確使自己更有效的保持健康。

那麼，運動應該如何選擇？何項運動才是最適宜呢？對這個問題，特別是對年齡 60 歲以上者。因為在這個範圍中的人，參與運動者較少，問題可能也是最多的一群，有者或已患上各種慢性疾病。例如：高血壓、糖尿病、心臟病、腎病、膀胱前列腺腫脹或增長等疾病；或已是長期服用藥物，作物理治療來維持身體的健康，可是並未能得到預期治療的效果。黃帝內經說：「不治已病，治未病之病」。故改變生活方式習慣和飲食，並多作適宜的健身運動，才是明智之舉。有說：預防勝於治療。

運動要循序漸進，所以每個人，特別是中年或老年人，應該及早培養成運動的好習慣，使它成為生活中重要的一部分。不恒常偶爾運動，會造成肌肉關節疼痛，使你放棄，這是很可惜的。養成良好的運動習慣，就會對運動樂而不思返，堅持恒心每日操練。年長者，應該從簡易，低耗能量的運動著手，是最為切實及理想的。

道家內丹功之「動功」，於《添油接命》一書中，所推介的運動功法，最為適合年長者習練。這套功法基礎，是建立於「慢、柔、連、圓、輕」等宗旨上，又是基於不消耗習練者能量為「綱」。其實它適合於任何年紀的男性或女性習練。慢、柔、連、圓、輕，實是運動最高的標準，能使肌

肉、筋絡、關節得到鬆弛活動、最有效的方法；使全身肌肉鬆軟，才能利於「氣、血」的暢通，進而收到最大練功的效果。在運動後，不感疲倦，反而覺得精神倍增，身輕體爽，精氣充沛。由於運動適宜，可以伸展筋骨，促進心臟血、氣運行無阻，刺激牽動神經，使內分泌分散和得到調整均衡，鬆弛或舒解身心壓力，促進身體健康。

道家秘傳養生長壽內丹功之「動功」，不是一般的功法。其功能是針對生理機能發生功能衰退的器官著手，特別是腎腺及內分泌腺，免疫系統，性腺，及荷爾蒙腺等。習練這套「動功」法，短期內都能獲得迅速的療效，改變體質，調整新陳代謝功能，對慢性疾病有顯著的療效。這套秘傳之功法，除祛病延年之外，還可以減肥嫩膚，降低體內的脂肪，助習練者恢復自然體態，減輕人的生理壓力。它是道家獨特的功法，是不輕易外傳的。而其傳人華山派道家內丹功之動功傳人邊治中先生（道號邊智中），已經在 1982 年後將之公諸於世，實是世人之福。

又，這套「動功」之所以有上述的療效及益處，主要因為是在「練腎強腎」。腎臟是生命的根源。腎臟健強則精氣充沛，活力就旺盛，體魄自然強壯，是輔助腎氣增強的保健功法。練腎的目的是「練腎生津，練津生精」。津者「津液」，是補充「精液」的源頭；「以津水補精水及固精水」，是道家生命更生之秘訣。所以每天習練此功法，天天補充精氣，漸漸的改變體質，身體那會不健康呢？免疫系統改善，腺體內分泌得到調整和旺盛，抵抗力自然就增強，病患特別是慢性病者，必然會得到改善和治癒。

適宜的運動，是依據自己的年紀，身體狀況及體質，選擇一項運動來習練，促使身體健康。道家這套「動功」，只

要掌握功法運作的大、中、小，以慢的速度習練，是人人皆適宜的運動。

不需要任何運動場地，戶內外皆適宜。每天早、晚只花15至20分鐘則可；以免勞累，持續練功不要超過30分鐘。唯求你掌握要領，認真堅持習練，信心堅毅，水到渠成。健康幸福就掌握在你手中。願你善於把握機緣。

道家秘傳內丹功之「動功」，是人生漫長歲月中，鍛鍊體格和養生的一種最適宜的運動功法。不消耗能量，反而補充人體的精氣，使人能保持精力充沛，執行和發展事業。由於人體的『精氣』是有限，過於消耗能量，就會疲倦。過於透支『精氣』，就要長時間的休息，才能恢復過來。另外，體內的生理時鐘，是決定體能或精力恢復的主宰。所以瞭解體內生理時鐘，或說子午流注，就是道家養生健康的一項重要發現。

它指出應於何時飲食、服藥及睡眠，是健康保養的秘訣，故要跟著太陽走或生活。於24小時中的子、午、卯、酉八個小時，若能善於利用，並在這四個時辰內作運動，就能助你得到健康的身心。

道家和中醫學家，經過幾千年盡聚智慧，嘔盡心血，創立了精華內丹功之「動功」。是符合現代科學原理，以「生命在於運動」理論為基礎。從增強生命活力之源著手，針對生命根源，功法舉手投足，無不是吻合天地、陰陽、五行、八卦、調動腎水，還精補腦，一關一竅，一開一合，皆是助使生精、生髓，鞏固身體，是生命長壽之密碼。故中國舉世著名的生物遺傳學家　牛滿江　博士說：「此功法，是強身長壽寶貴的經驗；是人體細胞養生術，並誠心希望此術，能在世界開花，令全人類受益。」

　　由此可知，道家及中醫學家對維護人類的健康及生命活力，都是著重於「練腎、強腎」的修練及保養。這套「動功」，亦是歷代道家及中醫學家，根據人類生命規律而創立，而逐步完善的一種健身功法，是啟開養生長壽之鑰匙。

　　現代的人之所以不能擁有長壽和健康，除了社會工作壓力因素之外，其主要因素，是不瞭解生命的自然規律，進而常反規律；同時又不明白養生之道，不能善於利用生命的自然規律，來增進身體的健康。所以凡是對身體增益的運動原則，都是積極在補充生命之元精元氣。

　　道家秘傳之「動功」，就能負起這個使命。唯有習練者，持之以恆和勤奮，必能得其神效。所以道家內丹功之「動功」稱為「添油接命」，就是從事適宜的運動，改變體質或延緩衰退的進度，給生命一個新的機會。願你能善於掌握再造自己的「新」生命。

　　談到對身體健康的知識，例如免疫系統、津液、精液、與血氣間的關係，以及腎臟的功能等等；編著者都盡可能作了深入淺出的講述，更是我們應該認識及留意到的知識，是健康不可缺乏的資料。我願將「添油接命」，亦是運動功法一書推介給大家。它是道家所說「修命」起步的第一步，是道家　張三豐《丹經秘訣》的第一步功法「添油接命」，丹經中有詳盡述其要秘。

　　附：「添油接命」中提及的中國道家養生長壽內丹功傳承源流概略一章，及其簡表；雖說是一份概略表，是分量很重的一篇寶貴資料。簡述了中華文化幾千年道家的文化發展史，讓讀者一目了然，道出了道家文化的發展始末及其各時代突出人物；總結了道家養生長壽的精粹和寶貴學術遺產。無論是列於正史或是外紀，都是重要的文獻。有助對道家文

化有興趣者，按資料追溯。這種道家文化資料，在馬來西亞是很缺乏，在中國內及海外都可能是較為缺乏的。

最後，願大家能瞭解及接受，身體的健康是不能單依靠藥物，假借於人（如按摩或物理治療），是不能持久的。要靠自家中的「津液、精液」，陰陽調和，「營、衛」旺盛，腎氣充沛，身體就自然健壯，精神旺盛，精力充沛，就能強而有力的推動改善新陳代謝；經脈縱橫交錯的阻塞，就可以排除和解決，慢性疾病就難於立足（由身體廢物阻塞所造成），身體就自然健康，亦得長壽。

馬來西亞　八打靈再也
松風小館素食料理
林谷積

第四節　想說的心裏話

我編寫此書的目的，在後的自序 2 中已詳細說明。所以說，慢性疾病是對患者長期的折磨，是苦不堪言的。適宜的運動而又不消耗能量，實是人人的理想健身運動，特別是 50 歲開外者尤為適宜，用以「治未病之病」。要知道，依靠藥物是治標難治本；另外更要改變生活與飲食的習慣，使到體質變成為弱鹼性。如果是強酸性，無窮的病魔就會永遠跟隨著你，或者你很快就會失掉生命。藥物存在著副作用或依賴性，對人體都有傷害及破壞的可能性。

一般人根本不知其害，並認為藥物不會傷害人吧！殊不知古聖哲曰：「凡藥三分毒」。就連身為「藥王」的孫思

邀，他治病是先讓人學習道家養生之道。因此，他特意在《千金要方》寫出「道林養性」一章；同時用飲食療法治病。為此，他在《千金要方》中又特意寫出「食治」一章。在食治效果不佳時，才不得已而用藥治病。

我願有「緣」者深入去思考這個問題。若是你想減少慢性疾病的折磨與煩惱，不防學習些強「腎」及增進「免疫」力的功法。「養生長壽內丹功」是「治未病之病」，是防範預備工作。所謂「生命在於運動」，就是由適宜的身軀運動，助使經絡運作輸清平衡，才能維持身體正常的運作。故運動是健康的首要關鍵，缺乏適宜的運動，要想得健康的身體是沒有可能的！

道家秘傳「養生長壽內丹功」之動功，當代傳人師祖之一邊治中（道號邊智中），已經在 1982 年 4 月公諸於世。他將功法命名為「中國道家秘傳養生長壽術」。由北京，農村讀物出版社出版。後來，北京市西城區著名中醫師王玉奎又經整理後，在 1995 年 5 月，由臺灣，臺北市，林鬱文化事業有限公司再出版，書名仍為《中國道家秘傳養生長壽術》。現於一些書局中仍可發現此書。

（這裏引述中醫師王玉奎於 1986 年 4 月 9 日的一段話：「我是從事氣功的，邊老這套功法雖然不是氣功，但對氣功會有很大的幫助。我認為邊老這套功，不會出偏，這一點我很有體會。無論從哪方面，從理論上，從功法動作方面都可以保證。因為這套功法，不像其他功法，這套功法很隨意，每個功法中間有間歇放鬆，非常自然，不容易出偏。另外一點，練這套功的效果，跟專門學習其他功法的開始比較，效果要快得很多。練其他功法，要學好、入門，需要半年或一二年的時間。但是邊老這套功法，只要認真地練，十天就能

收到效果；另一方面，練氣功或硬功，如加練邊老這套功作為靜功來練，那氣功的進展將非常大。拿我個人來說，我在練功的時候，要想放鬆入靜，起碼最快的要 5 分鐘，氣感才來。但是練邊老這套功時，在練的過程中，就出現氣感，而且很強很濃，這是我的體會。所以，開發智力，提高健康，尤其老年人練此功是非常必要的。」）

　　這本書命名傳統內丹功直講，《內丹動功・「添油接命」》。因為道家內丹功分動與靜兩項功法。「添油接命」是動功，是修『靜功』的必備基礎。又因「動功」是強腎，增強、精、氣、神，促進「免疫」功能，助修靜功者得到一個健康的身體。要是身體疾病叢生，那又怎會有心情去靜坐，學習修身養性呢？所以動、靜兩項功法，實是相輔相成的功法。如能兩種功法都學成，那是最為理想的。健康就掌握在你手中，不是嗎？

　　至於何謂『內丹功』？願你參閱本叢書之「打通任、督二脈」練成丹道周天一書，內第 14 章，備有簡略的說明。

　　編著此書，也經過一段不短的時間。脫初稿後，多蒙馬來西亞，八打靈衛星市，松風小館，素食料理，摯友林谷積精心校對修證詞藻，老師蘇華仁修飾潤色辭彙內容；又得我現代的叔父辛鳳琳修飾有關中醫學方面的知識及資料；摯友葉明偉拍攝動功插圖及燒錄成光碟充電腦使用；以及我侄兒辛明強及兒子辛明豪代我處理一切電腦檔上的種種煩惱。並得師兄李全豐協助，處理電腦檔左右對齊，插圖調色及縮小和列印等問題；我於此，誠心感謝他們，使到此書能儘早有面市的機會，以便天下善良人，能分享健康長壽的喜悅！

第五節　自序 1

　　綜觀古今中外，人類的生命規律是：生、老、病、死；而物質興亡之規律是：成、住、壞、滅。是生物存在的一個不可改變的過程。究其根源，是因為人的一切活動與運動方式，都是在大量地消耗生命靠以生存之能量。因此，不消耗生命能量，反而時常加以補充，是生命健康長壽的基本關鍵所在。

　　基於此，中國古代聖哲廣成子、軒轅黃帝、老子，經過畢生潛心參透天、地、人，體悟生生滅滅的變化規律，進而創立了中國道家養生長壽學之「內丹功」。它是人類養生科學領域稀有的一種不消耗生命能量，而又時刻補充生命能量的上乘養生之道。故古人稱之為「大道」。

　　道家養生長壽之「內丹功」，操作時是以不消耗生命能量為準則；同時又能恒常的補充生命能量。其核心機制是「取坎填離」。取坎（卦象為☵）者，就是吸取宇宙大自然天地間之能量，攝入人體之內，古人稱為採取天地間之靈氣。填離（卦象為☲）者，就是將採取的宇宙天地間之能量，補充人體能量之不足；進而達到生命能量「生生不息」的狀態。最終實現人類美好的理想，健康長壽，「性命」同修，事業成功，長生久視的宗旨。

　　道家養生長壽學之內丹功『取坎填離』，它進行攝取宇宙生命能量回收的具體運作方法如下：

　　（1）天人合一

　　將人體生物鐘節律與大自然運作節律合一。主要是要求人

類依據及做到早睡早起。有如古人稱之為「日出而作，日落而息」。古代修道祖師常說：「跟著太陽走，百歲身無憂」。

（2）道法自然

大自然運作規律是「陰陽消長，相負相成」。古之群經之首《易經》云：「一陰一陽謂之道。」因此，人類的活動與運動，一定要動、靜適度；即工作與休息要適度，腦力活動與體力勞動要交叉適度的進行。

（3）生生不息，自強不息

大自然是生生不息，永遠煥發著青春與活力。因此，我們人類也要生生不息，自強不息，永保童心，促進身體的健康長壽。

（4）採萬物之靈氣

因為人類乃是萬物之靈。故而人類能時刻採集萬物之靈氣，而滋補自身之不足，及恢復健康，才能健壯地生存，克服生命中所面對的一切逆境。主要者是飲食的改變，如素食及飲用潔淨之天然水源等。

（5）採日之精

攝取太陽的精華。即是早上卯時，亦即早晨 5 點到 7 點，朝向太陽練功，其他時間也要盡可能對著太陽練功。若是看不到太陽，也要朝著太陽的方向練功，和做深呼吸。

（6）吸月之華

攝吸月亮之精華。即是於晚上酉時，是傍晚 5 點到 7 點或之後，對著月亮練功或做深呼吸，亦可對著星星練功。

（7）與時俱進

所指是要吃時鮮糧食，食物、水果、潔淨的水，吃有機食品；如若條件許可儘量避免葷食等。

道家內丹功與現代生命科學

（8）速得能量

指將穀物、飲食水分，食入體內之後，儘快轉化成為體內所需的能量，是故素食就能達到這個要求。

（9）啓發潛能

啟發體內的潛能，它包括促進自身內潛藏之津液（口水）、精水，以及傳統的自尿療法等。

（10）返樸歸嬰

節約能量為本，而不作不必要的消耗。將自己的生活習慣和方式返樸到：簡樸、質樸、淳樸。這樣可以有效地節約生命能量的耗脫。歸嬰者，將人們的心理，回歸到嬰兒時的淳樸心態。這樣，人們的心理壓力自然地消滅。

老子《道德經》中說：「吾有三寶：一曰慈，二曰儉，三曰不敢為天下先。」即是減少不必要的生命能量消耗，實是人類的大智慧。

（11）損有餘，而補不足

老子於《道德經》中指出：「為學日益，為道日損，損之又損，幾至於無。」即是損有餘，補不足的大策略。具體做法是將人類不必要的身心（靈），行為減去，做到清靜無為。如此，才能達到無為，無所不為的境界。

（12）練精化氣

透過練精化氣，練氣化神，練神還虛，而練成內丹。即是由「無至有」，而由「有返無」，由「九轉還丹」使生命昇華。

綜合上述的道家養生長壽學之內丹功，其核心機制「取坎填離」，就是將宇宙萬物生命能量，盡可適度的攝取於自體之中；同時將人類自身本有潛藏的生命能量，啟發至最高

之狀況，進而使宇宙能量，與自身的生命能量合而為一。這則是陰陽配合，相互循行，相滋潤養，師法造化，而生津液。為積氣生液，積液生氣的法要；使生命能量回收，更生性命。促進生命昇華，健康長壽，事業成功，進而修練達到天人合一，天人和諧，並獲得生命至高無上的智慧。因此，人類必定要盡力做好環境保護的工作，因為唯有善於保護人類賴以生存的大自然宇宙環境，人類才能與宇宙大自然同步，共榮共進共生存！

根據大量史書道典記載：從中華民族聖祖黃帝向中華內丹始祖廣成子學習道家養生長壽內丹功之始，道家養生長壽內丹功就分為「動功和靜功」二項功法。其理論依據是老子《道德經》中精闢論述：「萬物負陰而抱陽，沖氣以為和。」道家養生長壽內丹功之動功，其核心機制是「練腎生津，練津生精」；而靜功，其核心機制，是練成「丹道周天，還精補腦」。

本書《道家養生長壽學秘傳叢書》之一，傳統內丹功直講——內丹動功（添油接命），即是道家養生長壽內丹功，「練腎生津，練津生精」之上乘秘法。是根據當代道家內丹功恩師吳雲青和邊治中兩位口傳秘訣寫成的。又無數道家養生長壽內丹功修練者經驗表明：修練者，最好在道家內丹功傳人直接指導下，邊看書、邊練功，其效果則會更佳。故讀者中，欲修練道家養生長壽內丹功真訣者，請按書後所附地址聯繫則可。

蘇華仁
2006 年春於羅浮山
沖虛觀東坡亭道易養生院

第六節　自序 2

　　我編著本書目的，本意是助老師蘇華仁將道家秘傳「養生長壽內丹學」之功法，在廣東及沿海一帶及東南亞各地乃至海內外廣傳開去。使有「緣」者能有機會學習此功，而得受其益。的確這套秘傳「養生長壽學之內丹動功」，它有其不可思議的奇效；對人類的健康長壽和慢性疾病或疑難雜症療效是特別的顯著。在我的朋友圈子中，我將功法傳給有需要的人，幾乎百分之百收效，其反應實是不可思議。所以決意編寫此書，將內丹功之「動功」的運作詳盡寫下來編印成書，希望有「緣」的讀者發心去學習，使自己終身受益，確保身體健康長壽。

　　在一個偶然的機會，我得遇老師。當時約是 2001 年 11 月吧！他與友人在廣東東莞市，東方正氣醫學研究所，推介道家內丹功法。我得聞之後，就特意去聽講，從而結識老師。之後又數次在東莞市，現代黃子龍先生開設的『松峰素齋館』多次面談，更為投緣。

　　有一次我到老師於東莞住宿之處長談了將近四小時。而後，老師傾囊而傳授內丹之動功。後來在呂祖誕日，拜入老師門下，成為「龍門」第 24 代徒，並賜號「誠仙」。除傳內丹之動功外，亦授「返精補腦」之秘法，及內丹功靜功口訣和法要，並送給我很多與丹道修持有關的書籍，讓我自己去參閱幫助修持，增廣知識。我本對丹道修法全無概念，唯有拼命的研究和閱讀。由於我在 80 年代 20 世紀已經進入佛道，對佛理小有基礎。不過一切丹道的資料，都是以文言文

書寫，在閱讀上也稍有些困難，幸而進展都不錯。

我當時仍在工作，並負責現代及中國兩地兩家公司的總任務。所以與老師交談的時間總是在吃晚飯之時間居多，而且也是匆匆在一小時多之內。但是老師對練功督促抓握的很緊，每次在飯後，都要我演練給他看，而他則從旁改正錯誤的地方。

內丹動功「添油接命」特效是治療慢性疾病，解決人們面臨的健康問題及長壽有其突出之處。我的煩惱及問題就是尿頻，是患上前列腺的膀胱腺腫脹問題。無論是在辦公室、出差或是坐長途巴士於週末、來回現代與東莞市，都是我最煩惱之處。更由於前列腺疾病沒有跡象，唯有是尿頻而沒有其他問題，不知治療。喝水或飲料後，每一小時就要上廁所一次。我最煩惱的就是在華東出差，要乘計程車或公共汽車。若是沒有廁所，的確是很頭痛的問題。同時國內在這方面的設備，又是很不完善，又不知方便之所何在！你想應該如何處理？夜間，約一時左右睡眠到臨晨六時，如果臨睡多喝一杯水，大約要起來二至三次。這種生理的病變，是自己也不知道的，枉說去治療。所以在工作時，能夠利用司機者我會儘量利用，因為可以自由的停下來，或者找個方便之處而解決尿頻的問題。

老師就常說內丹動功對慢性病，特別與腎、膀胱、心臟、肝、胃氣、有關的疾病，都是很有療效。所以我堅持的練，又加上站樁功。到現在尿頻的問題基本正常，夜間一時前睡，只需起來一次。白天喝水及飲食可延長至 3 或 4 小時，方如廁一次。這是內丹動功「添油接命」帶給我的收益。我沒有服用過任何藥物去治療，而這個煩惱則漸漸恢復正常。當然內丹動功我會堅持的練下去，因它對整個身體也

得收無限的效益；例如，助你增強體魄，延年益壽，增強腳力，血氣運作通暢，沒有背椎肌肉繃緊疼痛等問題。

道家秘傳「養生長壽學內丹動功」是著重修練「下丹」，古人指是「腎臟」。目的是增進腎臟的運作功能，或維持其本有的功能，助使其旺盛，負起它應有的工作，配合五臟六腑，使修練者得到健康而長壽的身體，過著幸福快樂的生活，免除疾病的苦纏。

道家秘傳養生長壽學內丹動功，除了健腎，袪除與腎有關的疾病之外。當然也要在飲食上作調整，減少腎、肝對毒素，或高酸的負擔，還能增進免疫系統之功效。由於腎臟功能強盛，促進腎氣強盛，調節其他的五臟六腑之氣，助使內分泌、則荷爾蒙得平衡，調整身體的「腺體」恢復及增強內分泌的產生，有助身體恢復活動的能力，促進身體新陳代謝的功能。此為內丹功動功『添油接命』命名之由來也。其實張三豐於《丹經秘訣說》：「修練內丹應由『添油接命』開始。」腎氣的旺盛，是身體強壯的象徵，亦就是人之精、氣、神的旺盛。

其實人類，無時無刻不在消耗自己的「精力」，而又不知如何去補救，進而恢復消耗的「精力」。所以道家秘傳「養生長壽內丹功」，是在不消耗「精力」和能量而創立的。其運作是著重於輕、柔、慢、連、圓五字。在練功時不需消耗大量的能量，特別是年齡上 50 開外者，應該儘量節留「精力或能量」，是首要的任務。

要知道並堅信，一切健身運動，皆應以輕、柔、慢、連、圓才能取得最高的效果。為什麼呢？因為輕、柔、慢、連、圓所執行的動作，使動作的部位由於輕、柔、慢、連、圓而反應到極度的動作；運作的部位的反應慢慢的伸延，就

能得到最高的運動效果。所以慢及持久的動作，是最為有效，也是難度最高，效益也是最大。

人的慢性疾病皆由兩個管道形成的；則是「腎臟」與「氣」。「腎氣」是促進免疫系統。「氣」是保護心臟及完善護理「營、衛」的任務；例如，血氣不行，有瘀滯，腫脹，是新陳代謝輸清不完善的跡象出現。一切疾病是經過漫長歲月中，各種不良的生活習慣，日積月累而形成的。人面對的痛苦，是慢性病者居多，而不是急性病。慢性疾病是在你不知不覺之下而累積的。當疾病象徵出現，已經是病入膏肓，可能不是藥石可治療的時候了。黃帝《內經》說：「醫者不治已病，治未病之病。」很明顯的指出，要身體健康，防範勝於治療。又有說：「生命在於運動。」若生命不運動，經歷歲月，累積的慢性疾病由而叢生。主要皆因為不知「生命是在於運動」奧秘。

沒有運動疏通加以強盛新陳代謝，氣不能起「營、衛」的功能。人怎會不出毛病呢？你不覺得對不起你自己的生命嗎？有失去保衛它的責任嗎？而最終受病魔的磨折還不是你自己嗎？是你自己作的選擇，能怪責任何物質或他人使你受病苦嗎？非也！例如，極為普通的「痰」，就是生理運作輸清不完善的後果。是新陳代謝疏通不完善，累積體內排泄的廢物所積成的。新陳代謝不完善，就是慢性疾病的根源，病變就影響五臟六腑。

老師自 2001 年後，就到現代傳授內丹動功。在現代著名的地方，開始是教各界有緣之士。由於缺乏底蘊深厚的道家養生長壽內丹學運動之法，兼少活動，有些已是患上慢性疾病和欠缺健康者，其苦惱是無數。經修練內丹功之後，反應是非常好。經傳開後，報名參加者亦無數，對現代養生界造

道家內丹功與現代生命科學

成一定的影響。

　　內丹功之動功「添油接命」的功法擁有非常優良的治療功效。功法簡易，直接易學。它對慢性疾病有奇特之效；例如糖尿病、腎功能減退、前列腺泌尿疾病等、高血壓、低血壓、水腫、肝臟功能退化、胃臟消化不良、胃酸過多、內分泌失調以及所產生的失眠與精神憂鬱疾病等，藥石的治療不一定能有療效。有如腎、肝、心臟等有關連的疾病，是藥石難於治療的。是要靠患者在生活習慣改善，和飲食的改變來調養、來維護器官的健全，及使其功能恢復。至於「氣」唯有五臟六腑功能健全，才能產生及使「營、衛」之功能強盛，促進身體運作如常。故運動就有協助身體維持健全，運作正常最有效的方法。

　　而內丹功之動功是強腎，補精水，及固精，提高免疫系統最為有效之功法。內丹功之動功有異於一般的功法，它是中華民族聖祖黃帝、老子，依據天、地、人運行之規律而創立的。而太極拳祖師　張三豐習練道家內丹功後，身心短時間回春，而積極向善心者推介。故形容內丹功養生奇效是如「啞子吃蜜，唯己自知」。

辛　平

第二章
道家「內丹功」發展源流編

第一節　道家內丹功師承淵源

　　自古以來，中國之道家養生長壽學之內丹功，已有「動功及靜功」兩項功法。在學習道家之內丹功，能兩者兼修者，大有其人。但是也有很多只是修習其中一門功法者；除非他是真正清修派的道家弟子，他是有可能動、靜二功同時修者。因為「動功」是「命功」，促進及保養身體健康，使他能安心向道。至於「靜功」是修性，即是「性功」，助長智慧，明心見性的修持。所以道家修身養性的宗旨是『性命雙修』。呂洞賓祖師云：「專務頂門之性為宗者，是不知命也；專務坤爐修命為宗者，不知性也。修命不修性，此是修行第一病；只修祖性不修丹，萬劫靈難入聖。」這說明「動、靜」雙修或「修、命」雙修之重要性。

　　我是很幸運，對道家的兩項功法皆有厚緣，都得名師的悉心教導，使我能深入的了解，洞悉動、靜二功神奇的功效，在我年輕時就已體會到。

　　我是當代中國道家養生長壽內丹功傳人之一，師父吳雲

青的入室弟子兼掌門人。（師父於 1998 年坐化後，成為金鋼不壞之身）跟隨老師修練道家內丹功長達 18 年，故對道家內丹功學習較為詳盡。在老師耳提面命之下，經過多年潛心實修，更掌握了道家養生長壽內丹功核心機制「取坎填離」之奧，其即是宇宙生命能量回收之秘。

以此同時，我也得「動功」老師邊智中收為門內弟子，學習了道家華山派養生長壽學內丹之動功。使我能融會動、靜兩項功法於一身。實是難能可貴的。當然我是悉心修練這兩項上乘的秘法，務求有所成就，以謝師父的無量恩德。在同一時間，我亦將此兩項功法傳授給修練大道的有緣之士，或有疾病或有需要者。

關於我學習道家養生長壽內丹功，中國佛家參禪要旨，探討生命密碼的簡況及略述我生平如下：

我，蘇華仁，於 1951 年農曆二月初八，出生於中國河南省安陽市。至 16 歲時父母先後離開人世。由於生活困頓，自己不懂養生，我也罹患嚴重心臟病與神經衰弱之症。在貧病交加中，幸得舉世聞名的《周易》發源地、中國八大古都之一的安陽市三教寺老師李嵐峰出手相救，破戒授我道家龍門金山派內丹功。而我依訣練功 7 日，疾病竟獲痊癒。從此我開始究讀古書，研周易，練功日夜不息。

因此拓展了我對內丹功法追求的新境界。我體悟到真正道家養生長壽內丹學真訣並沒有寫在古人的著作中，也不可能對世俗輕易洩露。這些無價之寶的中華民族養生長壽學，僅掌握在當代幾位百歲以上的佛道高師之手中。所以我心中決定，一定要拜師求高道，而且是百歲以上的修者。故爾於 1967 年開始了尋師問道，學習道家內丹上乘正宗之秘。

吾於 1980 年 8 月，我在恩師吳雲青（當時《人民日報》

《新體育》等報刊報導他壽高 142 歲，陝北青化寺長老）處，得師父收為入室弟子，並賜號「蘇德仙」，跟隨老師學習黃帝、老子內丹道功。歷經 18 年多……

在河南省泌陽白雲山，我在 117 歲的老師唐道成身邊學道。由老師處我學得道家陳摶祖師華山派之內丹功速成秘法。

於當代佛門百歲禪師釋淨嚴法師，是身為中國佛教協會的名譽理事，於古城開封市的觀音寺，得老師親自傳授佛家秘功心法。

此外，我還是中國第一任佛教協會主席，禪宗泰斗虛雲法師弟子、九華山首座法師釋明心的親傳弟子。

又在華山派道功名家老師邊智中門下，求得道家內丹功之動功。

從 1967 年至 1988 年，我求藝拜師足跡遍至大江南北……。

我 20 餘年來，執著追求，使我學得道家秘傳養生長壽學內丹之正宗；亦學了《易經》預測學，對內丹功修練可說是小有成就；有個別的體悟和經驗，亦獲得多項奇特之功能。

我修練內丹功之「動功和靜功」至今已有 30 餘年。在 1991 年參加國際自然療法聯合會組辦的中華自然療法首屆國際會議後被推湧出山。我所演習的內丹功法，發表的學術論文，都獲得與會者所贊同。

多年來，我以道家養生長壽內丹功的功力協助治療，使不少的慢性疾病患者：如心臟病、高血壓患者、各類腎病、糖尿病、性腺病（前列腺腫脹）、胃腸病、癌病患者，和亞健康患者等恢復了健康。

更為重要者是，我傳授傳統的道家養生長壽內丹功，讓

患者自行修練，調節生活習慣，津液源源生出，滋潤全身，還精補腦，滋養五臟六腑，導致生命時鐘倒轉，中老年人內分泌得到調整，增進健康，延緩衰老……

當代世界著名生物遺傳學家牛滿江，曾向道家華山派養生長壽內丹功動功傳人，老師邊智中學習道家養生長壽內丹學，效果顯著，他深有感慨地說：「該術係人體生命科學，應稱為『細胞長壽術』，返老還童術。」並說：「我練這種功法，受益匪淺，真誠地希望此術能在世界開花，令全人類受益。」

第二節　中國道家養生長壽學
——內丹功傳承源流簡談

根據中華民族五千年文明史的《中國二十四史》記載：中國《道家養生長壽內丹功》，是古今諸多聖哲、科學家、均公認為人類袪病回春，養生長壽，開發大智慧的最佳養生修真之道之一，為道家修學的主流。

中國道家養生長壽學
內丹功傳承源流特色

中國道家養生長壽內丹功（後簡稱「道家內丹功」，以避讀時感長而字多之煩），其歷史傳承源流如下：

需要特別說明的是，由於道家內丹功，其效果太神奇了。故道家內丹功始祖廣成子，傳授給中華民族文明聖祖軒轅黃帝之始，為了使世世代代天下有志者康壽超凡，及有緣

之士，能夠學習道家內丹功；同時，為了嚴防世間無德者，學習道家內丹功而作出傷天害理之事。故特意嚴格定下傳承的道規：採用「不立文字，口口相授」的秘傳方式。即只准師徒二人在場時，並要在秘密場合下秘授。所以古聖哲在談到學習道家內丹功的特殊規律時指出：「得訣後歸來方看書」。即是要先拜學習道家內丹功有成就，年逾百歲猶童顏的師父，學習求授口傳的秘訣，然後才可以邊看丹經道書，邊潛心修練。如果實在找不到這等明師，也要拜在彼親傳弟子之門下，才能學習求授到真正或正宗道家內丹功口訣。

　　再加上歷代修練道家內丹功者，又大多數是「功成身退」而隱姓埋名潛心修練者。因此，在道家內丹功發展史上，其傳承源流有幾大特點：

　　一者：有些師承關係在史書中有明確的記載：例如先秦之際：廣成子傳黃帝；老子傳函谷令尹喜和孔子；黃石公傳張良。師承關係明確的是，唐朝、五代、宋、元、明之際：例如祖師鍾離權傳呂洞賓……陳摶老祖……火龍真人（有關專家考證火龍真人實為陳摶親傳弟子賈得升）……張三豐。當然，一個師父一生不只傳一個弟子。雖然大多師父都會定下掌門人，但是掌門人和得道的弟子，都有權傳授其所習之道家內丹功法。

　　二者：有些時代則傳承關係太隱藏，故只能列出其代表人物：比如黃帝之後至春秋時代老子，其間漫長二千五百多年歷史歲月中，中國道家內丹功修練者，大多隱姓埋名，而正史無明確的記載。故後人談到黃帝之後，道家內丹功傳人為老子。也因此，道家養生長壽內丹功也稱之為「黃老丹道」。

　　三者：有些時代，其傳承關係是介於上述兩種情況之

間。道家內丹功修練者，大多是隱隱約約，時隱時現：比如老子後為函谷關令尹喜，而尹喜之後，正史無明確記載。過了一段漫長的歲月後，又出現代表人物：如鬼谷子。而有時這種或隱或現的代表人物，又能在同一時代出現一批代表人物。雖然他們不是一位師父所傳授，但他們因為是同道，可以互為師友，並時常在一起交流習練道家內丹功心得，體會、經驗及教訓；以便互相促進，共同提高內丹功術；例如：唐、五代、北宋之際。道家內丹功出現了代表人物華山派的陳摶老祖時，又出現了與陳摶互為師友的呂洞賓、麻衣道人、何昌一、譚峭、壺公等道家內丹功祖師們。

本章後附有，中國道家內丹功傳承源流之簡表。一者：是根據上述道家內丹功的傳承源流特色。二者：根據《中國二十四史》明確記載。三者：是根據《道藏》和《藏書》《續藏書》，及其有關的大量史書、古籍記載，其目的是為了使大家能夠簡明扼要地瞭解，中國道家內丹功傳承源流，因而列出本章後附之表。

需要補充說明的是：因為《黃帝內經·上古天真論》中特別指出：「上古知道者，法於陰陽，和於術數，度歲百乃去……。」老子在道家內丹功的專門著作《太上老君內丹經》中有精闢指出：「夫練大丹者，固守爐灶，功成行滿，返老還童。」故靜觀《中國二十四史》所載：「修練道家內丹功者，大多年逾百歲而童顏」，有的壽齡更高；例如：《史記·老子韓非子列傳》記載：老子壽高二百餘歲，而不知所終，因其善養壽也。故本簡表，精選方略：

一者：正史有明確記載，其為中國道家內丹功修練者。

二者：有明確記載，其師承源流。

三者：有明確記載，其修練道家內功，功成而獲年逾百

歲猶童顏之效。

四者：是其在歷史上和在道家內丹功發展史上，有巨大貢獻和深遠影響者。

五者：其為道家內丹功修練者，雖無明確師承源流，但是修練者有大成就，既獲年逾百歲之效。同時又是某一歷史時期的道家內丹功代表人物。

除此之外，一般不列入本表，將特殊情況說明。本附表只能做為中國道家養生長壽內丹功傳承源流概略，非正史表。於此，再將所附的後表，加以敘述。

中國道家內丹功傳承源遠流長。根據記錄，中華民族五千年文明史《中國二十四史》記載：道家內丹功已有五千多年的歷史。由於道家內丹功，從廣成子傳授給中華民族文明聖祖黃帝之始，既採用『不立文字，口口相授』的秘傳方式。故爾，中國各朝歷史時期，大多正史均載有其代表人物。而各朝代，其代表人物如附表述。

先秦時期，正史主要記載道家內丹功代表人物有：

《史記·五帝本紀》《莊子·在宥篇》記載：中華文明始祖軒轅黃帝，兩度登臨崆峒山拜廣成子為師學道，學習道家內丹功。其年史載廣成子壽高一千三百多歲。《史記·封禪篇》記載：黃帝習練道家內丹功後，身心康壽，其壽高三百八十歲，脫殼飛升。

《史記·老子韓非列傳》記載：道家祖師老子修練道家內丹功後，壽高二百餘歲；而其西出函谷關時，老子著了被譽為「東方聖經」的《道德經》。老子還著了道家內丹功最早的經典《太上老君內丹經》；同時將道家內丹功秘傳給儒家聖人孔子和函谷令尹喜。

在兩漢、魏、晉、南北朝時期，正史主要記載道家內丹

功代表人物為：

《史記·留候世家》，記載了道家內丹功高師黃石公（後人稱為黃大仙者），傳授漢高祖劉邦軍師張良道家內丹功辟穀之術。

《後漢書·張道陵傳》記載了張良後裔八世孫，道教創始人張道陵壽高 123 歲時，仍四出傳道的史實。

《後漢書·張衡傳》記載了道家內丹功傳人，道教創始人張道陵長子，聞名中國科學家張衡因修練道家內丹功後，智慧大開。因而發明了《黃帝飛鳥曆》、渾天儀、地動儀、風候儀等科技成果。

《晉書·葛洪傳》記載了晉代道家內丹功傳人葛洪辭官不做；在中國十大名山之一：廣東省博羅縣羅浮山，修練和發展道家內丹功；同時發展道學和道教。著有道學和道家養生長壽內丹功名著《抱朴子內外篇》。同時著了晉代之前，諸多修練道家內丹功者傳記名著《神仙傳》。

葛洪在《神仙傳》中，特別詳細地記載了東漢時期，道學和道家內丹功與《周易》三個領域的名家「魏伯陽」。將上述三領域的學問「參同為一」，著了內丹發展史上，也是道家與周易發展史上，一部博大精深，影響深遠，具有跨時代意義的偉大的生命科學，和人天科學集大成的著作《周易參同契》。基於上述，《周易參同契》被各界有識之士，公認為是修練道家內丹功和外丹的『萬古丹經王』。

《晉書·王羲之傳》記載了中國書聖王羲之和晉代道家內丹功名家徐邁共同修練道家內丹功的史實。

隋、唐、宋、元、明時期，正史主要記載了道家內丹功代表人物如下：

《舊唐書·孫思邈傳》記載了藥王孫思邈壽高 142 歲。

平生著有古今醫學界名著《千金要方》和《千金翼方》。藥王孫思邈還給後人留下他修練道家養生長壽內丹功重要詩文《四言丹詩》。

《舊唐書‧李白傳》記載了詩仙李白正式拜唐代著名道士，道家內丹功高師吳筠為師，修練道家內丹功。

《舊唐書‧張果傳》記載八仙之一的張果佬，因修練道家內丹功有大成就，被唐玄宗詔入皇宮的史實。

《宋史‧陳摶傳》記載了，五代、北宋時期，華山陳摶老祖，因修練道家內丹功而有大成。平生著作了大量有關於修練道家內丹功的著作和詩文《入室還丹詩》。陳摶老祖還給後人留下對《周易》研究界影響很深的《太極圖》及《無極圖》。陳摶老祖平生高風亮節，曾四辭皇帝詔命。他壽高118歲時，始脫骨於華山張超谷中。

《宋史‧陳摶傳》中還記載了唐末宋初之際的道家內丹功代表人物，八仙之一的呂洞賓：長於劍術，年高百餘歲，貌如嬰兒，行步輕疾，皆常至陳摶齋中。呂洞賓和其師鍾離權一同給後人留下了道家內丹功名著《鍾呂傳道集》等著作。

《明史‧張三豐傳》記載，和《張三豐全集》中記載了太極拳和武當派、武術創始人張三豐史跡。因向華山陳摶老祖親傳弟子火龍真人（有關專家考證其姓名實為賈得升）學習了道家內丹功後，壽高二百餘歲，而不知所終的史實。

清代和近代有關史籍記載了道家內丹功主要代表人物：

《藏外道書》記載了，清代道家內丹功傳人黃元吉傳授道家內丹功，講述有《樂育堂語錄》《道德經集注》；獲壽高二百餘歲猶童顏，而不知所終的史實。

民國年間，即二十世紀的三、四十年代，有關新聞媒

體，介紹了四川、青城山隱士李青雲；因為獲修道家內丹功後，壽高268歲的奇跡。他修練道家內丹功之事實及對內丹功的論述，收錄在其弟子鶴軒主人所輯錄的《長生不老訣》一書之中。

民國年間，著名武術家萬籟聲在其名著《武術匯宗》一書中，記載了當時隱居在北京的一位練道家內丹功高師。因其人隱姓埋名，世人只得敬呼他為劉神仙。他修練道家內丹功有大成就，因而獲得年逾百歲，猶童顏之效。

當代，中國權威的報紙《人民日報》《世界日報》和《中國道教》雜誌等新聞媒體，先後報導了道家內丹功主要代表人物如下：

1. 道家內丹功當代傳人，主要人物陳攖寧；他身為中國道教協會：第一屆副會長兼秘書長，而後亦是二、三、四屆的會長。陳攖寧先生對於道學和道家養生長壽內丹功的知識是淵博精深。他本人在道學修養和道家內丹功修練方面，有很高的成就。更難能可貴者是：他在當外來文化侵蝕中國傳統文化精華，同時侵蝕道家文化時；他大力弘揚、保護、發展這些傳統的文化。他對保護、發展、弘揚、道家養生長壽內丹功，更竭盡全力；千方百計地去做，真可謂是中流砥柱。

2. 原為華山道士，後隱居在中國北武當山、青化寺的吳雲青老人。因修練道家內丹功，創造了當代人類生命科學三大奇跡。

（1）年逾百歲而鶴髮童顏。中國《人民日報》1980年9月10日四版報導吳雲青老人生於1838年，清朝道光十八年。《世界日報》報導他仙逝於1998年，壽高160歲。

（2）吳雲青老人臨終坐化而去，而且是預知坐化之期為

1998 年。

（3）更令人敬佩嘆服的是：吳雲青老人坐化後，身體在未做任何防腐措施的情況下，肉身不腐，成為不朽真身和金剛不壞之身。

關於吳雲青老人修練內丹功實錄和他修練道家內丹功的論述，已收錄及發表在中國《科學晚報》1992 年 5 月 30 日的報張。其題目是《當代 154 歲道家內丹功傳人吳雲青養生秘錄》和《世界著名老壽星吳雲青談中國傳統養生之道》

3. 當代另外一位，今世著名，頗有影響的道家養生長壽內丹功傳人，原為道家華山派道士的邊智中（俗名邊治中）。他繼承的道家養生長壽內丹之「動功」，是道家養生長壽內丹功「九轉還丹」功法之精華；亦是道家內丹功「九轉還丹動功」的基本功法：『添油接命』。其功效是祛病回春，對養生長壽方面，具有神奇的功效。受到當代著名生物遺傳科學家牛滿江博士高度的肯定和崇高的評價。

我蘇華仁三生有幸，被當代道家養生長壽內丹功傳人吳雲青老人收為入室弟子及立為掌門人；跟隨老師修練道家內丹功長達 18 年多。故而學習道家內丹功較為詳盡；在老師耳提面命下，經過多年潛心實練，方掌握了道家養生長壽內丹功，核心機制《取坎填離》之奧，即宇宙生命能量回收之秘。

同時我也很慶倖，被邊治中老師收為門內弟子，得學道家養生長壽內丹功動功之正宗。致於我的其他師承，可見於道家內丹功師承淵源。

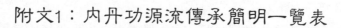

附文1：內丹功源流傳承簡明一覽表

伏羲	廣成子	西王母
中華易學之祖，世傳其仰觀天文，俯觀地理。而畫《先天八卦圖》。	中華內丹始祖。黃帝內丹之師。事跡《莊子‧在宥篇》，古代曾流傳其《自然經》。	中華上古道真。事跡載《道藏》並存《西王母下仕道》。
岐伯	黃帝	九天玄女
黃帝時中醫名醫。黃帝與其論醫道而著成《黃帝內經》。	中華道家始祖，道家內丹祖師。事跡載《史記‧五帝本紀》世傳《黃帝陰符經》。	西王母入室弟子。事跡存《道藏》諸書。
姜太公	老子	周文王
其事跡載《史記‧其世家》。世傳其《姜太公兵法》和《太公陰符》。	中華道家鼻祖。事跡載《史記‧老子韓非列傳》。世傳其名著《道德經》《太上老君內丹經》竺經典。	其事跡《史記‧周本紀》。世傳其《周易》。
孔子	尹喜	孫子
儒家始祖。事跡載《史記‧孔子世家》。拜老子為師學道。世傳其著《易傳》。	老子弟子。事跡載《史記‧老子韓非列傳》《道藏》。曾為函谷令。世傳其《文始經》。	中國兵家之祖。事跡載《史記‧孫武列傳》。世傳其《孫子兵法》。
莊子	鬼谷子	范蠡
事跡載《史記‧莊周列傳》。世傳其著《莊子》。	為春秋戰國時高道。事跡見《史記‧蘇秦張儀列傳》。	商業始祖。後為隱者。事跡載《史記‧越王勾踐世家》。世傳其《陶朱公書》。
商山四皓	黃石公	麻姑
秦朝時隱者。其事跡載《道藏》《史記‧留候世家》。	秦朝時高道隱士。事跡載《道藏》《史記‧留候世家》。世傳其著《黃石公素書》。	古時丹道女真。事跡《道藏》。世傳《麻姑仙人上壽功》。
馬鳴生	張良	曹參
事跡見葛洪《神仙博》。世傳其著《太清金液神丹經》。	事跡載《史記‧留候世家》。世傳其《張子房兵法》。	其事跡載《史記‧蕭何曹參世家》。

張道陵 事跡見葛洪《神仙傳》。 老子《想爾注》。	**魏伯陽** 事跡載《葛洪・神仙傳》。世傳其道學名著《抱朴子內外篇》。	**嚴光** 事跡載《後漢書・嚴光傳》。東漢初為高道隱者。
陶弘景 事跡見《陶先生小傳》。世傳其著《養性延命祿》。	**葛洪** 事跡載《晉書・葛洪傳》。世傳其萬古丹經王《財易參同契》。	**魏華存** 事跡載《太平廣記》。世傳其《黃庭經》。
蘇元朗 事跡見《羅浮山志》。世傳其著《龍虎金液還丹通元論》。	**孫思邈** 事跡載《舊唐書・孫思邈傳》。世傳其名著《四言丹詩》《千金要方》《千金翼方》等典籍。	**司馬承禎** 事跡載《舊唐書・司馬承禎傳》。世傳其著《坐忘論》。
張果佬 事跡載《舊唐書・張果傳》。世傳其著《黃帝陰符經注》。	**鍾離權** 事跡載《宋朝事實類苑》卷35。世傳其著《鍾呂傳道集》。	**崔希範** 事跡載《修真十書》。世傳其著《入藥鏡》。
麻衣道人 事跡載《搜神秘覽》。其傳著《正易心法》。	**呂洞賓** 事跡載《宋史・陳摶傳》。世傳其著《鍾呂傳道集》。	**陳朴** 事跡載《正傳道藏》。世傳其著《陳先生內丹訣》。
劉海蟾 事跡載《高道傳》，世傳其著《金液還丹訣》。	**陳摶** 事跡載《宋史・陳摶傳》。世傳其著《太極圖》《易龍圖》。	**譚峭** 事跡載《佛祖統紀》卷42。世傳真著《化書》。
張伯端 事跡載《鹽海縣志》。世傳其著《悟真篇》。 **白玉蟾** 事跡載《白玉蟾文集》世傳其《無極說》。	**火龍員人（賈得升）** 華山陳摶弟子，張三豐丹道恩師。事跡載《張三豐全集》。	**王重陽** 事跡載《正統道藏・致字號》。
	張三豐 事跡載《明史・張三豐傳》。世傳其《張三豐全集》。	**邱長春** 事跡載《元史・釋老傳》。世傳其著《大丹直指》。

李涵虛 事跡載《樂山縣志》世傳其作《道竅談》。	黃元吉 事跡載梅自強《養生內丹功九層十法點傳》。世傳其論述《樂育堂語錄》。《道門語要》。	李道純 事跡載《風陽府志》。世傳其著《中和集》。 伍沖虛 事跡載《伍真人修仙歌》。 柳華陽 世傳其著《伍柳仙蹤》。
陸西星 事跡載《興化縣志》。世傳其作《金丹大旨圖》。	陳致虛 事跡載《道統源流》。世傳其著《金丹大道》。	趙避塵 趙魁王一 其世跡載《性命法訣明指》。
劉神仙 事跡載，萬籟聲《武術匯宗》。	李青雲 事跡載《二百五十多歲人李青雲傳》。世傳其功《長生不老秘訣》。	唐道成 事跡載《河南日報》。世傳其《道家養生酒》。 李理祥 事跡載於《科學晚報》。世傳共作《道醫秘術》。
陳攖寧 事跡載《陳攖寧傳》。世傳其著《道教與養生》。	吳雲青 事跡載於《人民日報》《科學晚報》。世傳其述《吳雲青談，中國傳統養生之道》。	邊治中 事跡載於《人民日報》《世界日報》。世傳其著《中國道家養生長壽》。

附文２：虛道士長壽有術
——牛滿江北京學藝
（摘錄自 1982 年 4 月 4 日，現代明報）

著名生物學家牛滿江最近到北京，晤見虛道士邊治中（又稱邊智中），對他修練的一種道家養生長壽學給予很高的評價。

邊治中現在六十二歲，仍然步履矯捷，頭髮烏黑，肌膚結實。他的食量很大，每天要吃二斤糧食，可是力氣也大，單手提三十公斤重的石油氣罐，往返三百多米，繼而登上五層樓。平日睡眠時間很短，精力卻很旺盛。至於性能力，仍可維持青年人的水準。

他早年參加抗日，1940 年，有一次躲避日軍的追捕，逃進了北京長生觀，拜該觀道長馮禮亮為師，當了虛道士。

馮禮亮當時在修練道家秘傳的一種養生長壽術及生理自然避孕法。他的功法不同於一般氣功，是做功於生殖器官，調理內分泌系統功能，促進新陳代謝，從而達到健身長壽的目的。這套功法，包括站功，坐功、臥功、滾功、爬功…。可以因人而異，選擇學習其中幾種。功法簡單易學，但是效果神奇，每日練一，二次，每次不超過 15 分鐘，在戶外或住房內進行即可。

長練此功，無論男女，除了祛病延年之外，還會得到意想不到的效果。

（1）減肥嫩膚，自古道士肥者少，長壽者多，就是因為道家獨特功法，能改善內分泌，降低體內的脂肪，使全身各部份恢復人類的自然體態，獲得健美的效果。

（2）增強性機能。性機能是一個人生命活力的表現。凡練此功三個月以上，都有顯著的效果，可以防治陽痿、早洩及女子陰道鬆弛等症。尤其妙不可言的是，練到一定程度之後，還可掌握閉精術，從而達到自然避孕的目的。

過去，在道教內部，這種功法只在極少數正門子弟中流傳。邊治中獲得道長的真傳之後，到了山東濟南市玄帝廟，與一位一百餘歲的老道士（道長是道家華山派內丹功 17 代傳人名蔡義仙）深研術理，他博得各宗之長，經過 40 餘年的鑽研和實踐，果然獨悟心得，獲得奇效。

牛滿江在與邊治中的接觸中，用現代科學的觀點，加以分析，認為這套養生長壽功法符合科學原理，是以「生命在於運動」的理論為基礎，從增加生命之源著手，抓住了人類的根本。

這次牛滿江到北京，親筆題詞，鼓勵邊治中，並與邊治中共同探討這套養生長壽學的生理機制與健身作用，決定抽暇學習此功。

在牛滿江的鼓勵下，邊治中已經安排責任，命門生將其功法整理刊書，將之公佈於世。

牛滿江是舉世聞名的科學家，相信他在親身實踐中結合現代科學，必定能協助邊治中先生，總結這份寶貴文化的遺產，為全人類的健康長壽做出貢獻。

附文3：長風萬里紫雲間

——道學名家蘇華仁探求道家養生長壽內丹學生命密碼記

（錄自1992年5月2日，中國科學晚報，
其資深記者：葉欣榮作；他還是中醫師。）

　　1991年12月10日，中國七大古都之一的殷商古都河南安陽市，三九寒天，臘臘朔風透骨。一個從海外趕來的女士，氣度典雅，行色匆匆，叩開了一戶尋常百姓的家門。這女士不是別人，就是當今日本天皇、皇后主治醫師莊淑旂博士的女兒，國際廣和有限公司經理莊壽美。開門迎客的卻是一個普通的安陽人——蘇華仁，普通的身材，普通的相貌，就像中原的泥土一樣質樸無華。

　　一個多月以前，莊壽美在成都中華自然療法國際學術討論會上，目睹蘇華仁表演了精湛的中國道家秘傳養生長壽學功法，她以敏銳的洞察力看出：蘇華仁演示的功法中，蘊藏著中華民族數千年來探求長壽奧秘，破解生命密碼，深不可測的神奇光彩；她回到海外，又不惜萬里風塵急趕到安陽市，要向這位貌似平凡，卻又吞奇蓄異的蘇華仁探求道家內丹養生學術的真諦。

　　蘇華仁今年4月第一次來湖南，我作為採訪記者，自然很快結識了他。說實話，我對養生界與氣功界龍蛇混雜，良莠不分早就憤憤於心。當我第一次將挑剔的目光盯在蘇華仁身上時，竟被他地道的河南樸實勁兒鎮住了。隨後，不是我繼續挑剔他，而是他「溶解」了我：他講解道家養生長壽內丹學真機，睿智深邃，融會古今，說得實實在在，擲地有聲。我無意多談理論，要看更實在的東西。他明白我的意

思，只是意味深長地說：「你跟著學員一起練吧。」我想，也只有如此了。

他教的是中國道家秘傳養生長壽內丹學動功第一步，此功動作簡要，無須意念，也不論呼吸，我不免對它的健身功效頗有幾分疑惑。誰知剛練了第一動作「童子拜佛」，便覺任脈上三關溫熱，腑氣暢通，我不敢再有質疑，待練完「太極回春」，「兩儀回春」後，直覺得腎間真氣鼓蕩，面色紅潤，精神抖擻，身輕體爽，令我驚喜不已；再看整個面授班學員，練到第4天，百分之八十病患者，均顯減輕症狀，一位老人原患腰椎骨質增生，不能彎腰下座，豈料練了幾天功，忽然恢復功能。失眠者也能安然入夢，冠心病人變得心胸舒暢，血壓高的指數緩緩降下，腿痛的不覺痛，甚至連皮膚病也顯著緩解。在湖南省中醫藥研究院主辦的這個學習班裏，我無法運用自己的學識來解答這個奇異的變化。

原來這套養生長壽學內丹動功，破解了生命密碼，一舉手一投足，無不隱含天地、陰陽、五行、八卦、調動腎水，還精補腦，一關一竅，一開一合，無不助生精髓，返回青春。

透過蘇華仁深邃的思想和神妙的功術，我們看到了中華民族文化的燦爛繁星。其中最明亮的一顆慧星，便是道家養生長壽學——內丹理論；即以人身為爐，練生命不衰之丹。

人類的事業是何等宏大，久遠，而人的生命又何其短促！人們仰天慨歎：生命的密碼在哪裏？

其實，英國人萊布尼茲也曾接近了它的邊緣，他從《周易》六十四卦的排列中，發現了數學的二進制規律，成為當代電腦技術的起源。遺憾的是，他沒有進一步探索八卦對生命之機密。

然而，擁有養生長壽學的中華民族，絕大部份人並不知真正的長壽學，這是歷史的悲劇。

　　蘇華仁不甘心接受這悲劇性的結果。

　　作為中國作家協會河南分會會員的蘇華仁，站在高文化素質的基石上，拓展了他追求內丹術的新境界，他悟出真正的道家內丹術並沒有寫在書本上，也不可能在世俗流傳，這些無價之寶的中華民族養生長壽術僅僅掌握在當代幾位百歲以上的佛道高師手中；蘇華仁暗下決心：一定要拜師，而且要應拜百歲以上的高師！

　　1980 年 7 月，蘇華仁在 142 歲的高師——陝北青化寺長老吳雲青身邊學習黃帝、老子內丹道功。一個漆黑的夜晚，他辭行吳老外出，不幸在陝北深山迷路，他在漆黑的夜裏獨行大半夜，後幸遇一位山民收留住宿，才免於意外……

　　在河南泌陽白雲山 117 歲道長唐道成身邊，他學到道家陳摶老祖華山派內丹功。

　　中國佛教協會名譽理事，當代佛門泰斗、百歲法師釋淨嚴在開封古觀音寺親自傳他佛家秘功心法。

　　此外，他還是中國第一任佛教協會主席、禪宗泰斗虛雲老法師以及九華山首座大法師釋明心等人的親傳弟子，又在中國華山道功名家邊治中先生門下求得道家內丹動功……

　　在 1978 年至 1985 年，他拜師學藝足跡遍佈半個中國。

　　20 餘年的執著追求，使他成為道家秘傳養生長壽內丹術的正宗名家、著名的易學學者，他的內丹功力已步入一流境界，獲得多種奇特功能。

　　蘇華仁秘傳內丹功 20 餘年後，被國際自然療法聯合會舉辦的中華自然療法首屆國際會議推湧而出，他的功法、學術論文一舉驚四座。

道家內丹功與現代生命科學

多年來，他以道家內丹功的精湛功力，使數以千計的心臟病、高血壓、各類腎病、糖尿病、性病、胃腸病、癌症等患者恢復了健康。

更重要的是，他傳授的養生長壽內丹術，讓患者自練功法，調節生活，精髓源源生出，還精補腦，滋潤五臟，導致生命時鐘倒轉，中老年人內分泌水準接近青春期……

當代世界著名生物遺傳學家牛滿江曾向邊治中先生學練道家養生長壽內丹術，效果顯著，他深有感慨地說：「該術係人體生命科學，應稱為『細胞長壽書』、返老還童術。」並說：「我練這種功法受益匪淺，真誠地希望此術能在世界開花，使全人類受益。」

是的，蘇華仁正式背負這樣的希望，一步一個腳印的，並不及前程艱辛與否。

附文 4：內丹學效果及論述實錄
——各界行家習練道家秘傳養生長壽學
（錄自 1992 年 5 月 2 月中國科學晚報）

牛滿江　世界著名生物遺傳科學家

牛滿江教授認為：中國道家內丹養生長壽學名家邊治中先生親傳、倡導的中國「道家養生長壽術」是中華民族悠久的歷史寶庫中挖掘出來的強身長壽的寶貴經驗，是人體細胞養生術，應稱之為「返老還童術」。牛滿江教授還真誠地向人類推薦道：「我學練這種功法受益非淺；真誠地希望此術能在世界開花，令全人類受益」。

倪弄畔　原中國社會科學院領導

倪弄畔為革命老前輩，在當今中國有一定的影響，其平生因操勞過度，致患嚴重糖尿病及其它疑難雜症。1989 年 10 月中旬請邊治中先生門內知音弟子蘇華仁進行調治，而且向他習練中國道家秘傳養生長壽學。調治練功僅四天，倪老糖尿病便由 4 個 + 號減至 2 個，其他病狀也有明顯改善，倪弄畔寫信向蘇華仁表示感謝。

王定國　著名社會活動家，老一輩革命家謝覺哉夫人

王定國老人習練中國道家秘傳養生長壽學後，身心狀況日佳。為弘揚秘術，造福人類，遂與牛滿江教授一起支持邊治中先生於 1984 年 10 月 16 日，在中國北京成立了東方健身中心推廣該學術，又成立了中國古代養生長壽術研究學會，進行科學研究該學術。

張瑞芳　著名電影表演藝術家

如果世上真有「回春術」的話，那麼此話在著名電影藝

術家張瑞芳身上得到了應驗——。五、六年前，張瑞芳向邊治中先生的弟子沈先生學練了「道家養生長壽學…回春功」。從 1985 年至今，她利用每晚就寢前半小時，堅持不懈。一個階段下來，張瑞芳明顯感覺腹部脂肪減少，走路輕快靈巧多了，年輕時曾患有的腸結核病，也得到了控制。睡眠比過去香甜多了。尤其令人驚訝的是張瑞芳那白了多年的滿頭銀髮，竟從根部由白轉黑了。

徐仁和　中國中醫研究院廣安門醫院原院長

邊治中先生的功法公佈以來，引起許多群眾的反響，不少人詢問功法的作用。從中醫的角度看，邊治中先生的功法，是中國古代道家宣導的健身長壽，防病治病的寶貴文化遺產之一。由於積累了二千多年的經驗……可說是一種扶助人體的生氣，增加抵抗力的保健功法。

張殿華　中國中醫研究院原副院長

邊治中先生的功法發表以後，我跟著學習過。我今已是快 60 的人了，性功能已基本消退了。我練了不到三個月吧，性功能基本恢復了。我的老伴看見我說：你的老年斑減少了。從年齡上可以說，比以前年輕了……。

榮高棠——原國家體委主任

榮高棠先生對邊治中先生繼承、傳授的中國道家秘傳養生長壽學頗為欣賞。他曾就本秘功相關問題，在北京與邊治中先生做過長時間交談。

第三章

「生理」簡談篇

第一節　腎與免疫爲生命健康長壽之關鍵

　　道家內丹養生長壽學，是歷史悠久，淵源流長。「性、命」雙修，「動、靜」雙修的上乘養生之道，是傳統生命科學的精華。同時，它是傳統中醫養生術，導引、按摩術及傳統的太極拳，氣功養生術的源頭活水。其特點是著重於修練和養護「下丹」。這是本功的精華所在，也是道家養生長壽學內丹功與其他養生術唯一突出的地方。這套動功與其他功法相比較，其動作簡單而優美，功效顯著而神奇，其關鍵在於本功法是以修練「下丹」爲「綱」。

　　爲甚麼要修練「下丹」呢？久遠以來，道家所指「下丹」，就是中醫所講的腎臟（類似西醫所講的泌尿系統）。道家和中醫學家均認爲：人類的腎臟是先天之本，生命之源；也是元精《去氧核糖核酸》，元氣《留體臆肽》，元神《下丘腦》，是產生元精、元氣、元神的源泉。人的生長發育和衰老均與腎臟有很密切的關係。腎氣旺盛，身體自然會

健康，頭腦靈活清醒，智商高超，活力充沛；相反，腎氣衰弱，則體質自然會衰弱，力氣缺乏，乃至衰老速度增快，壽命也就因此而短促。人之衰老，根本原因是腎氣虛弱。所以道家和中醫學者特別著重對腎臟的保養。

腎臟是五臟中最為重要的器官之一。人體的疾病有百分之九十上均與腎功能失調，衰退有很密切的連帶關係。腎臟透過神經，內分泌、經絡、血液量、津液，與肺臟、脾臟、肝臟和心臟等具有絕對的影響。腎臟功能欠佳，其他的內臟必受牽連，人體就會出現各種毛病。

腎臟的主要功能是造精、生氣、生津、主管納氣、供應其他的內臟能量。心臟的推動力來自腎上腺素荷爾蒙。腎氣直接補充肺臟的能量。腎臟與免疫系統有極為密切的關係。腎臟調節血壓、調節水分。腎氣若是不足，體液、內分泌、神經系統及其它的臟氣和其器官，都會因氣之不足而深受影響，功效不呈理想的狀態。

人體內的慢性疾病，如高血壓、糖尿病、各種腫瘤、風痛、氣喘、肺病、鼻過敏、以及免疫功能失調等疾病，僵硬性脊椎炎，間質性膀胱炎，類風濕性關節炎等病，與腎臟功能的衰退具有決定性的關鍵。腎臟是根治免疫功能低下與失調的重要內臟，如果能強化腎臟的功能，疾病本身就好了一半，身體康壽就有了保障。

要知道腎臟、與肝臟及心臟，都是沉默的器官。腎臟功能只餘下百分之十或二十左右，其病徵才會拼發。屆時腎臟的功能已經是受到重大的損害。這點我們不可不留意，不然後患就會無窮，生命也可能會受到影響，使精神受無上的壓力。內丹動功就是強化腎臟功能的一套功法，擁有不可思議的功效。並能增強身體的免疫的功能。其實內丹動功除了對

腎臟功能有特別的功效之外，對其他體內的腺體如：腦下垂體、甲狀腺、胸腺、腎上腺、胰島素及性腺等的免疫系統，都有很大強化的能力及幫助。只要免疫系統增強，人體的抵抗力就會增強，身體就會健康，疾病就會減少，身心就會愉快。

人體的免疫功能是針對體外細菌的侵入。內臟自發的病毒，來自食物以及其他因四季變化而產生的疾病。免疫系統牽連的組織器官很廣，它包括脊髓、淋巴腺、肺、脾、肝、腎臟、胸腺、胃、腸等組織。若要強化免疫功能，依賴藥物往往是達不到預期的效果，因為藥物本身就含有毒素，會傷害損壞肝臟及胃臟的功能，會降低整體免疫的功能。透過內分泌的正當調整，就會使人體的內臟、血管、骨髓、血液等保持健康和旺盛。

衰老和死亡是人類必定面對的命運規律。人體的細胞衰老的因素很多，也是很自然的現象。當每次細胞分裂時都會產生及造成染色體的破損，最後導致細胞的老化而死亡。

人體的衰老雖然是屬於全面性的。內臟的退化及血液的減少和血管老化，是人體衰退老化的重要關鍵。為了享有自然的壽命，後天的飲食必定要調整，節約過勞的房事，減低工作的勞累，營養適調，早睡早起，保持愉快的心情等因素；才不會造成壽命的減短，反而達到健康長壽。

要知道，一個人身體內能量的流失，是人體疾病和衰老的重要因素。性功能產生障礙，就表示人體出現衰老的現象。如果僅是依賴藥物的治療，是治標不治本。改善體質，根治疾病，強化腎臟、肝臟、膀胱及性腺，是最為主要和迫切的任務。

人體的頸部，古聖哲稱之謂「天柱」。是動脈供應大腦

血液，必經過的地方。要是後頸部僵硬無彈性，表示是動脈血管硬化的現象出現，有中風之虞！頸部血管，富於彈性，供應臉部和大腦的血液足夠，便能使氧氣充足，營養亦充沛。自然可使大腦清醒及臉部紅潤。鍛鍊頸部間動脈和頸椎神經，有助臉部肌膚，減少皺紋和臉肌下垂，又可以預防老年癡呆症及腦中風的可能性。所以說『氣行則血行，氣滯則血瘀』。如果經絡暢通，血液循環良好，身體健康是很自然的一件事。

大量事實表明，人體老化多是因免疫系統功能進入減退所造成。身體的組織在製造抗體上的減退，也會使人老化，並具體老化自我免疫的功能。內分泌系統的衰退萎縮，會比其他器官老化得更快。所謂老化，在生理學上說，是各器官的功能，從最高功能旺盛狀態，慢慢的降下。不單是指某部份的器官機能下降，是指全部器官的機能同一時期發生這種狀態。老化不僅單說由免疫系統所造成；實是綜合很多其他的因素而使然，而免疫系統荷爾蒙的分泌是其主要的原因。

要知道內分泌系統又稱為荷爾蒙分泌系統。但是內分泌系統並不完全等於荷爾蒙系統。在內分泌器官老化和發生變化，都會使人發生「病」的狀態。同時當各器官達到最高的運作功能時，就會開始出現退化的現象。如前所說體內的內分泌腺有多種；都對壽命的長短和疾病有很密切的連帶關係。對它們有較深入的瞭解，就可以知道如何適宜的補救，使到生命可以延續。

以下是現代醫學，對內分泌腺有關的一些基本認識或常識：

胸腺分泌的荷爾蒙，可以促進骨骼成長，防止早熟，可惜三歲以後，成長就停止，青春期過後就退化萎縮。

松果腺，在人體大腦和小腦之間。功能有抑制性腺發育的可能性。人在成長後，它就出現退化和萎縮的現象。它的真正功能直到現在，生理學家還不完全瞭解。

腦下垂腺，分為前、中、後三部份。亦能各自分泌荷爾蒙。前部份分泌的荷爾蒙特為重要，它有負起對其他內分泌器官發揮命令的作用，目的是調節體內的分泌系統，使它們得到平衡的運作。年老時體重增加，就是此荷爾蒙缺乏的原因。

甲狀腺的功能，就其分泌液，促進體內的新陳代謝。人到中年之後，此腺就開始退化。故很多中年人過於肥胖，與甲狀腺分泌有其密切的關係。人到四十與五十之間甲狀腺就開始萎縮。

性腺是分泌性細胞和類固醇的荷爾蒙，性細胞與種屬保存有關。類固醇對生命持續特為重要，並對生殖直接發揮很大的功能。人在二十多歲其功能發揮最大，隨著年紀增加，其性能就開始衰退。

人體的內分泌對人的壽命長短有很密切關係。內分泌系統退化後人就開始老化，有如胸腺及松果腺，在孩提時期就開始退化。甲狀腺和腦下垂腺，在人到中年時就開始退化。

既知並對自身及其內分泌結構有基本認識，就可採取適當的運動來預防，及去強化體內各器官，做些補救，使到它們的退化緩延。這就是道家內丹功之動功所能負起的一部份功能，而達到『添油接命』的使命。

道家養生長壽學的過程有五步：（一）添油接命，（二）練精化氣，（三）練氣化神，（四）練神還虛，（五）練虛合道。傳統的內丹功的動功就是成就「添油接命」的目標。人無論男女，由成長後到老，都不斷地在消耗

自己的精、氣、神。而精、氣、神的損耗，都是在自己不知不覺之下而發生的。所以不知如何去補救，往往直到器官功能出現問題才去補救，為時已晚。而大多依賴藥物是不能治本的，並且也是暫時性的緩和而已。「添油接命」，強化五臟六腑的功能，特別是強化腎臟的功能，才有改變，轉換體質的可能。適宜的運動，是每一個人，不論是年輕、年老，都是每天必定要做的首要任務。

張三豐《丹經秘訣》引「了真子」說：「欲點長明燈，須用添油法。」呂祖說：「塞精宜急早，接命莫教遲。」接則長生，不接則夭死也。人生氣數有限，而盛不知保，衰不知救。劉海蟾祖師又說：「朝傷暮損迷不知，喪亂精神無所據！細細消磨，漸漸衰耗，元陽斯去。」

「添油接命」注重生精、養精、固精。實為「練己築基」之要道。是強健身體養生的金玉良言。可惜很少人能自覺，並求得「添油接命」之修法。道家的五步養生過程，也就是道家所說的「性、命」雙修；亦是內丹功「動、靜」兩項修持方法。此書推介的內丹動功，就是為「添油接命」建立基礎。培養健康的身體，後繼續學習靜功。修「動功」就是修「命功」和保養身體，使到五臟六腑都運作旺盛，免疫系統功能提高，抵抗細菌及一切慢性疾病的侵害和邪氣的影響（則是：風、寒、暑、濕、燥、火等，外來因素的干擾），使人類都能得享健康和幸福的生活。

道家內丹功之「靜功」，是以「動功」作為基礎。動功主要目的是在於增強人體「精、氣、神」，進而自然會打通氣脈，啟開穴道，竅內能量，促使全身經絡真氣暢通，內氣存集於身內，而產生熱能。如果動功未打好基礎，就進入靜功的修練，例如：由「觀想、導引」「氣」的運行，並啟開

任、督二脈。氣脈的軌跡本就不通，貿然修練帶動氣的運行，易使氣滯於某處，或者燥火衝入大腦，會造成腦內荷爾蒙分泌的失調現象。促練功者宜於謹慎，這是修靜功無師指導必須留意的一點！

　　「動功」是入門功夫，「靜功」是體悟的修練。動功的功法在修習方法上，沒有靜功的細膩。但是要知道「動功」是基礎功夫。所以傳統內丹功的修練是配合「動、靜」兩項功法。先練「動功」達到「添油接命」的目標，然後再練「靜功」，達到「練精化氣，練氣化神，練神還虛」。能使其練成功者，自然會達到養生長壽，掌握自己的生命規律。

第二節　　津液、精液與血、氣的關係

　　津液對普遍大眾來說，認識的是很缺乏。在孩提時口水（津液）是常流不斷，直至到三或四歲時、才自然受到控制而不再住外流。但是仍有一部份的人，在熟睡時還是不自律的流，有時一個枕頭濕了一大部份。這顯示了些什麼呢？這就是腎臟的旺盛，產生津液的能力旺盛。

　　在今天的醫學上，津液稱為體液。它是由每天的飲食、水和穀物中攝取（無機鹽，葡萄糖，蛋白質等）所組成的。其實體液在身體內是非常的重要，除了血液之外，是體內的一切液體，及新陳代謝的總稱。由於體液含有很多的營養，例如蛋白質，和其他體內所需的礦物質，而它的濃度亦各有不同。中醫學將清而稀者稱為「津」；有如輸散分佈在體表的汗、唾液、淚，以及含於氣、血中的「血清」；而濁及稠濃者叫「液」，例如關節液、腦脊液、消化液、尿液等。無

論是稀或稠濃，由於它是源於飲食穀物，所以通稱為「津液」。

　　既知津液的產生源於所攝取的水和食物。所以對食物的選擇，是生活中重要的一門學問。因為津液占人體總體重的百分之六十有餘，故不可忽視。每天所攝取的水及穀物，經食道而進入胃及小腸。水及穀物，經消化後，其所含的無機鹽、維生素、礦物質等，由腸細胞而進入血液和淋巴液，形成體內所需的營養。在吸收的過程中產生「濁」者，則是新陳代謝的廢物而被排出體外。津液或體液的輸散分佈在外可達皮膚、毛髮、內臟腑，滋養灌輸全身各個組織及器官。中醫學稱之「水精四布，五經並行」。體內的津液，由神經，各個臟腑的組織，及內分泌分泌運作正常和調節，每日由水及穀物攝入和排出的水量是平衡的。津液的生成、散佈、排泄，其實是一個非常複雜的過程。體內的五臟六腑所產生的病變，都可形成津液平衡或失常，對臟腑的功能亦會產生不可想像的影響。

　　津液的功能是什麼？

　　1. 體液或津液占人體總體重的百分之六十有餘，人體由百分之六十以上的液體所組成，其中百分之四十分佈於細胞內。

　　2. 要知道人體所攝取外界的營養物質，必須由細胞外液才能進入細胞；也要由細胞外液，而將細胞產生的新陳代謝，再經有關的器官排出體外。

　　3. 津液參與體溫的調節，亦平衡體內的酸鹼量，及調節某些體液激素的轉運。

　　4. 「津液」對關節液、胸腔、心包腔液、淚及唾液，有起潤滑的作用。體液對腦脊液，體液免疫物質等功能，亦有

起潤滑及保護的效能。

　　5.津液幫助胃消化和有很強的殺菌力等功能。

　　以上所說津液的功用更不是平常人所能瞭解。人由於年長，逐漸的衰老，膚色乾燥，缺乏水分，均由於體液或津液的減少，而不知補救，視而為常，這是很可惜的。然而道家內丹功之動功就是「添油接命」，助你增強腎的功能及產生更多的津液，補充津液，助你滋潤全身，恢復生活的活力。古聖哲有說：「津水補精水」。練腎生津，練津生精，這是修練道家養生長壽內丹功的上乘秘法，唯有修練者能自我體會得到。

　　以下一節提及的血與氣的關係，除了學醫者知道瞭解之外，更不是普通的人所能理解。但是它對人的衰老又是那麼的重要，又不可不知。

　　中醫學說，血漿中的營養成分，稱之為「營氣」。經呼吸，吸入的氧氣，稱之為「清氣」。當氧氣進入血液後，其中一部份溶於血漿中。這種含「營氣」及「清氣」的血漿，稱為「宗氣」。它的功能是推動呼吸活動和心臟脈搏跳動的動力。所以又稱之為「氣行則血行」。人體的血細胞衰老，及受破壞後，必須由骨髓製造釋放出新的血細胞，並製造新的血細胞所需要的原料和能量等物質。這一切都是由血液中的「清氣、營氣或宗氣」所提供的。在中醫學稱這為「氣能生血」。

　　所謂的「營氣、正氣、衛氣、宗氣」，溶於血液中，隨著血液的流動，就是所謂的「血行氣亦至」，「氣由血化」。氣與血在人體中濡養五臟六腑，使每一臟腑之氣都能運作正常，中醫學又稱之為「臟腑之氣」；不產生任何問題，調節平衡，這稱為「血能化氣」或說「氣由血化」。

這氣與血的化學作用，對生命的延續是何等的重要。但是人類對它的認識卻微之其微。那你又怎會對你的個體生起珍惜之心呢？要知道待得心臟、肝臟及腎臟，產生問題時已是病危，已是藥石無用的時候了；幾乎是百分之七十至八十處於無救的狀況，既使是救得了，只是暫緩生命。故要知道一切病患，預防是勝於治療啊！

所以津液或體液對人體的重要性是可想而知。要知道一切所說的「氣」均是源於水穀物的「精氣」。只要脾與胃氣旺盛，運化水穀物精氣是充足，那津液的產生也必是充足。也就是說：「氣旺生津」。體內的陽氣溶附於津液中，而滋潤全身，中醫學稱之為：「津液化氣」。

對於血液與津液，均是來自每日所攝取的水與穀物中的精氣。說實在血液中的「血清」與「津液」是屬同一物。它們是可以相互滲透轉化的。所以在醫學上說「津、血同源」。所以不要隨意吐掉津液，它與血液無異；是體內的珍寶，又怎樣可以隨意吐掉它呢？

「神」者，是有「意識」作用而沒有其形體者，是生命外在的表現。精、氣、血、津液是「神」住和存在的物質基礎。唯有體內的精、氣、津液、血液相互濡養、溫煦，並推動臟腑的功能運作，人的生命活動、意識、思考及精神活動才能展開和延續。這一切臟腑器官之間的關係，是物質基礎與功能活動的關係是很密切。若是臟腑器官之間的平衡失調，毛病四出，津液、血與氣，均會受到影響。

若是津液的不足，就會產生與津液有關的疾病，而其病症也很多，可分為津液不足與水液內停兩方面的病症。

津液的不足，中醫學稱為津虧，津傷，是由多種因素造成：（一）大汗、盜汗；（二）劇烈嘔吐、腹瀉；（三）大

量的出血；（四）尿多；（五）熱度過高，傷耗津液。它的病症有：口渴咽乾、唇焦舌燥、皮膚乾燥、便秘、尿少色深、脈細數。療法有：增補津，或喝增津湯。

至於津液在人體中，有其一定的新陳代謝過程。它的運作是無停息的，使津液潤滑滋潤濡養全身。若是臟腑的機能失調不平衡，就會影響津液的新陳代謝，它會停滯，聚留於某一部位，成為人體無用的廢物或物質，中醫學稱之為「痰」。

要使身體得良好的運作，血液流暢，精氣足，就要作適宜的運動，特別是能強腎生津的運動。這就唯有道家養生長壽學的內丹動功，可以達到這個理想；因為內丹功之動功，史載為聖哲黃帝、老子精心所創的。是專對強化腎臟而創立的一種動功，世面鮮有傳授，不但是強腎，亦是補充精液與津液的一種特別動功！

第三節　認識腎臟

修練內丹功之動、靜二項功法，目的都是在強腎；讓其功能達到理想的狀態。腎臟對人體是很重要的器官，身體的健壯主要來自腎臟。腎臟的功能也很多。中醫學以及道家的重點修練，都在對腎的保養、維護，確使其運作正常，因為與腎臟有關連的疾病確是不少。

腎是先天之本，生命的根源。腎的主要功能是：生精、藏精、生髓、主骨。腎臟產精，是人生命活動的物質基礎。缺乏精，人就失去活力，更影響到與生殖有關的問題。道家的「練精化氣」是強腎修練的基礎。其實腎精主要是從「津

液」生化而來填補。按摩保健的功法是「聚津生津」，就是攪海漱津生精法。實是攪舌漱口，讓唾液產生於口中，然後吞下，經過任脈和衝脈低達丹田，就會起生化血生精的功能。津液分泌旺盛，除了「補精」之外，還助胃臟消化。故有說「津液精液也」。

說到腎主骨生髓，牙齒為骨伸延之餘。閒時作叩齒，有幫助防止蛀牙，鞏固腎，堅硬牙齒的功效。尤於牙齒的堅固，說明骨髓生化有源。固腎及培補腎精，可以施行按摩腎俞和湧泉穴，對補腎陰腎陽是很有效的；又維持陰陽動態平衡。要知道，腎精充足精氣就強盛，精髓滿身體輕逸快捷而有勁，一身輕鬆，走路輕快敏捷。

道家及中醫學者都說，腎精有先天與後天之精。所謂先天者，源於父母，而後天之精，來自飲食、穀物、水之精微所生化。只要保持脾、胃的運作功能正常，助以食物進行消化和吸收，就能促使後天之腎精起生化作用，讓人體的各個器官吸收得保養，使其運作正常。攪海漱津能助補精，培補脾，腎得增添後天之精，維持身體健康，亦是道家養生之道。

腎臟的疾病也非常之多，也不易於治療。與腎臟有關連之疾病，有些是很難治療的。若是一旦變成慢性化時，就難於復元。所以對腎臟的保養要特別小心。腎與膀胱是表裏，是排水疏通的主要管道。腎與肝亦不分；腎病不治，肝臟亦同時病發。腎臟功能失調影響肢體，使腳末梢的血管硬化，皮膚變的脆弱，血液的循環減慢。腎功能失調或衰退，造成骨髓減少，形成骨易粹，視力減退，導致飛蚊症、複視及耳鳴等問題。腎氣之不足，造成怕冷，氧氣不足，體內有虛熱或低熱，體溫不是溫度計可測出來的。

　　腎臟是濾水排泄的器官。若尿毒、尿酸疏通及排不出，會造成腎發炎。日久尿酸能使腎生石。故腎疏通排泄正常，有助濾水，使膀胱排泄不受影響。若是失調或功能衰退，會儲積尿酸或會有骨質增生之情形出現。

　　患有腎炎者，則是腎臟的動脈生起了障礙的緣故，會引起高血壓，從腎臟分泌的腎酵素及其它物質會增加，會使血壓升高。若是血壓持續，會造成腎硬化症，致使慢性腎臟機能失去平衡，功能降低的情況出現。如果是嚴重的，會造成腎萎縮，尿毒病症出現。因腎病而出現高血壓的症狀，統稱為腎性高血壓，形成的病症有：急性腎炎、慢性腎炎、腎盂腎炎、懷孕期間中毒病、腎臟結核等病症。

　　何謂急性腎炎，它就是腎臟的絲球體引起了發炎的變化，是在腎病中最多的一種。而慢性腎炎，則是急性腎炎尚未完全康復，就會逐漸演變成慢性腎炎。若高血壓經年的持續，會出現腎硬化症的可能。慢性腎炎治療是相當的困難。

　　腎盂腎炎，就是集中尿液的部位發炎。

　　有關懷孕期間中毒症，是指懷孕後期，血壓升高，稱為後期懷孕中毒症，主要原因是胎盤所製造出的特殊物質，刺激腎及血管系統，導致血壓升高所致。

　　萎縮腎，主因是高血壓經年持續，腎小動脈硬化，接著，腎臟本身也會變硬，造成腎的容積縮小。通常慢性腎炎的後期，都常會變成腎的萎縮。

　　常談及的尿毒症，就是因為腎的功能不好，使得體內的老化廢物，如尿素、氮等不能排出而儲積起來，就會造成種種的障礙出現。

　　由此可知，腎對人體的健康，其重要性是不可以輕易處之。適宜的運動，有助保持身體的健壯，及減少疾病的發

生。內丹功之動功，則要比很多其他運動強的多，因為它是健腎的唯一功法，是專為強腎而創立的。

第四節　展　望

本書推介的皆是站功，是動功的基本鍛鍊要求。因為本書敘述之動功是道家養生長壽學內丹最基本之法，是生精水、養精水、固精水的最佳方法。可以選數項開始練，而後漸漸的增加，全部練完，是較為完善的選擇。此動功既是基礎，在將來會推介高級的動功，更為適宜協助那些已經打通任、督二脈的修者，助他們儘快的打通奇經八脈及十二經脈，以達到體內元精、元氣暢通無阻，免疫系統旺盛，抵抗一切疾病的侵害，助延年益壽。使內丹功能普益大眾造福人群，得享身體健康的快樂。

內丹動功除站功之外，還有臥功、蹲功、滾功、坐功、頭及臉部按摩等功法。站功是養生長壽學的基礎，一定要掌握要領，堅持鍛鍊 15～20 分鐘，早晚各一次，即可收到意想不到健康身心的奇效。

下一部書推介的則是道家所說的：練精化氣，練氣化神。是啟開任、督二脈的修練法。這是速成法。自古以來，啟開任、督兩脈，進而練成「返精補腦」，是「道、佛」兩家，修身養性的修者所祈求的。可惜對任、督二脈啟開的奧秘，知者很少，更是難遇懂者。由古至今，能得學這方面的知識，是可遇不可求。

古人有緣者，以古法也要經過三、五、十年的長時間，或者才能打開任、督二脈。任、督二脈經打開後，精氣旺

盛，免疫系統抵抗之強，自不在話下。如繼續修練可以相續的啟開奇經八脈及十二經脈，高級內丹動功就是不可缺少的部分。養生學真正的目標就在此。是增強與強化五臟六腑，更使奇經八脈及十二經脈的通暢無阻，成為一大聯網，血氣營養於人體中的新陳代謝，就能負起其餘各器官的應有任務。人修身健體的目的就可以達到，命功的目標也在此。

這些秘密自古以來都是不公開，是秘傳的。寫《練精化氣，練氣化神》此書，是將奧秘打開，使世人有心修學者得其法，讓清楚任、督二脈的打開，不是用「意領導」或「觀想」所能達到的。它是啟開體內先天氣（真氣），「自發自行」的功能。就是古人所說的「小周天」自動運行，又說「河車自轉」。將這些奧秘公之於世，也免這珍貴的養生長壽學修法失傳，讓後代有緣的善良人可獲得強身益智，終身受益。

第四章

道家內丹動功實踐編

第一節　內丹功——站功法

　　中國古代養生長壽學，這珍貴的文化遺產；據有歷史的記載，起源於東漢時期，至今已有 2 千餘年。又據道家傳承來說，已有五千多年的歷史。由黃帝、老子等……當時的道士或方士以及彭祖和其他養生家的長壽之道綜合進行修練，演變發展而來的……

　　道家養生長壽內丹功，自古傳承下來，便分為動功與靜功兩項。其中動功，是由中國道家華山派第 20 代傳人老師蘇華仁（道號信仁），亦是龍門派第 23 代傳人，向道家華山派第 19 代傳人祖師邊治中（道號邊智中）學得。祖師自幼在其故鄉，山東省濟南市，玄帝廟內，向華山派第 17 代傳人、玄帝廟主持辛義鶴道長學得。後來，得辛義鶴道長的推薦，祖師又到北京長生觀，向身為長生觀主持、全真道華山派第 18 代傳人馮禮亮（又稱馮禮貴）道長門下繼續修練內丹功之動功。（有說：祖師早年參加抗日，在 1940 年，有一次躲避日軍的追捕，逃進了北京市長生觀，而後拜該觀道長馮禮亮為

師）。此後，祖師嚴格的遵循道規秘不傳而秘密修練了數十年。後來，得到著名生物遺傳學家牛滿江博士的協助，於1982年始將道家養生長壽內丹功之動功，逐漸公諸於世；除了著書外，後來還在北京成立了「中國古代養生長壽術研究學」。

道家養生長壽內丹功之動功，有站功、坐功、臥功、蹲功、行功、滾功、爬功等功法；在此所推介者，僅限於動功之站功的一部份。首先推介站功中的8項動功，是定授功法。而另9項，則胥視個別體格要求而傳授。這8項定授動功法，是必修之功法，由淺入深，至動作繁多及連貫等。唯練到純熟時，其功效之神奇，是不可預料的。所謂：有病治病，無病康壽。是一套，可遇不可求之功法。習練此動功，能康復各類慢性疾病，並得身心健美、開智等益處。故無數實踐經驗表明：只要能持之以恆地習練，自然而然會達到不可思議之理想功效。

注意：每次練功的時間最好不要超30分鐘，免過累；休息10分鐘後可以繼續下去。

第1式：童子拜佛
（側掌畫圓，沉肘三丹）

【預備式】

晨朝東、午向南、夜朝月直立；兩腳併攏，舌舐上顎，目視前方，自然而視，身體放鬆，兩臂自然下垂，身體脊椎要直，練功時，身體不可前傾後仰，亦不可左傾或右斜（圖1）。同時在練功時，心情放鬆，臉帶微笑，對練功的效果會很好。所謂：「笑一笑，十年少」。

道家內丹功與現代生命科學

圖1　　　　　圖2　　　　　　　　圖3

【功法】

　　兩眼（心眼）看著手掌，
意跟隨著手的動作：兩手中指
尖與食指尖側邊相觸，置於下
丹田處，拇指相對伸直，稍停
約八秒鐘（圖2）；然後兩手
掌往兩身側慢慢的展開，手掌
心向上，漸漸的展開往上舉起
（圖3），至兩手臂伸直舉至
與肩平時，抬頭向上望於頭頂

圖4　　　　　圖5

正上方處，手臂繼續向上抬舉至兩手臂伸直於頭頂，胸、腰
略挺直，兩眼仰看雙掌，是時兩掌相合攏，同時雙眼閉上，
稍停八秒鐘（圖4）：隨後，相合的兩掌，兩拇指微曲，藏
於掌心中，兩掌食指及其餘三指略曲，相合形成如含苞欲開
的蓮花，與拇指略形成三角狀，將兩掌慢慢由上下沉（降
下），置於雙眉之間（上丹田），稍停八秒鐘，待微熱後
（圖5）；沿著任脈慢慢往下沉於中丹田（心窩或膻中）

　　　　圖6　　　　　　　圖7　　　　　　　圖8

處，稍停約八秒鐘，待有微熱後（圖6）；倒置相合的雙
掌，繼續慢慢沉於下丹田時，十指攤開，食中兩指尖側邊相
接觸，置於下丹田處，拇指相對伸直，待有微熱（圖7）；
同時拉開雙手及睜眼，將兩手臂置於身體的兩側（圖8）。

【要領】

　　一舉一動形神宛若童子，動作鬆、柔，圓融自然，身心
自然，自會使身體康壽。

【數次】

　　一或三次。

【練功口訣】

　　兩掌相接陰陽連，側掌上畫太極圓，

　　閉目沉肘三丹田，自有丹熱從天來。

　　回春功三式：（1）太極回春功；（2）兩儀回春功；
（3）天地人回春功。

第2式：太極回春功

（騎馬蹲襠，同轉雙肩）

【預備式】

晨朝東、午向南、夜朝月直立；舌舐上顎，身體放鬆，兩臂自然下垂，身體正直，腰直，目視前方自然而視，兩腿拼攏（圖9）。同時在練功時，心情放鬆，臉帶微笑，對練功的效果會很好。所謂：「笑一笑，十年少」。

【功法】

左腳平行向左邊踏開一步，兩腳與兩肩同寬（或略寬），身體慢慢的下蹲，屈至兩膝尖與兩腳趾尖成垂直（圖10），兩手臂垂直不動，然後慢慢地同時將兩肩尖輕輕向前轉動畫圓。首先兩肩尖向前舉起，慢慢的往上轉（圖11），漸漸的往後，隨著緩緩向下轉，完成一個圓形（圖12）。

圖9

圖10

圖11

圖12

　　兩肩尖轉動畫圓時要柔和，動作要慢，要連貫，圓融和自然，渾然一體。

【要領】

　　身體不動，腰直脊椎直，兩肩向前、向上、而向後、再向下，慢慢轉動畫圓。轉動兩肩的時候，不要用力，兩手鬆輕自然。

【數次】

　　兩肩同時轉八次。

【功效】

　　輕鬆柔和，慢慢轉動時，兩肩及大椎部位肌肉鬆懈，又因屈膝時，幫助運動脊椎及背部的肌肉舒緩。轉動兩肩，達到轉活兩腎產生生命本源「精水」的目的，成就「添油接命」。

　　因屈膝，陽氣或內氣，自然由腳底經雙腿、直往身軀上沖至頭頂、後又往下直流，復至腳底；蹲屈腿時，陽氣往返不息，有助血氣的運轉通暢，促進新陳代謝之功效。

【練功口訣】

　　兩腳分開同肩寬，下屈膝腳垂一線，

　　轉動兩肩活兩腎，精水涓涓湧玄關。

第 3 式：兩儀回春功
（左右弓步，交叉轉肩）

【預備式】

　　如回春功一式（圖 13）。

【功法】

　　左腳平行向左邊踏開一步，兩腳與兩肩同寬（或略寬），身體慢慢的下蹲，兩膝與腳趾尖垂直（圖 14）。身體

圖 13　　　　　　　圖 14

圖 15　　　　　　　圖 16

向左轉約九十度，隨著將身軀往左轉，於同時左肩提起右肩
下沉，左腳弓步，右腳蹬直，將體重心移到左腿（圖 15）；
已屈弓步的左腳再略為下沉，於同時左肩下沉右肩提起，身
軀向左往後轉，右腳向內移三十度，兩腿根部夾襠，微微夾
生殖系統（圖 16）；隨著身軀由後右轉回到正面，（保持左
肩下沉右肩提起），慢慢輕輕地將身軀往右移，體重心置於

圖17　　　　　　圖18　　　　　　圖19

右腿，下屈右膝成弓步，左腳蹬直（圖17）；右腳再略為下沉，身體向右往後轉；於同時右肩下沉提起左肩，左腳向內轉三十度，兩腿根部微微夾襠（圖18）；跟著將身軀由右後轉回到正面（圖19）。

保持左肩提起右肩下沉之勢，再往左而後往右，兩肩尖交叉轉肩，兩臂自然下垂、放鬆，整個上身保持端正，脊椎直。如是左右弓步，交叉轉肩，持續往返轉肩。

【要領】

上身端正，雙腿站椿屈膝，兩臂自然下垂不曲。向左與右轉身時，慢慢柔和向後交叉轉動兩肩不停，兩腳底輕輕慢慢磨地時，兩腳要平放。練功時，身體各部位動作要同時運作連貫，做到渾然一體，不可用力過大過猛，轉肩畫圓定要圓滿。依上體的扭動擠壓五臟六腑，吸進清氣排出濁氣。

【功效】

回春功二式，可以使兩腎、膀胱、襠（生殖系統）達到同時運動。可以收到神奇回春之效果。同時體重左右交移和

屈膝，使到大小腿肌肉結實，膝肌有力。此外，由於左右轉肩，肩背的肌肉得到適宜的運動，消減背脊肌由於無運動造成的酸痛。

【次數】

每次左右各做四次共八次。

【練功口訣】

兩肩交叉向後畫，左右弓步襠微夾，

身直轉腳磨大地，兩儀神功天下誇。

第4式：天地人回春功

（站樁屈膝，自然抖動）

【預備式】

如回春功一式（圖20）。

【功法】

兩腳併立，左腳平行向左踏開一步，兩腳與肩同寬（或略寬），兩膝下蹲，兩膝尖與兩腳趾尖成垂直（圖21）；上

圖20

圖21

身不動下身動，作有節奏，富有彈性地抖動。因抖動帶動上身五臟六腑及上身所有部位一齊運動。抖動節奏是下、上、下、上。此有彈性的抖動，男子雙腎囊，在兩腿根部空檔中下上擺動，女子玉門微開。抖動過程中兩手垂直於身兩側（圖22）。

圖22

【要領】

抖動時，身體要輕鬆自然，要富有彈性和有節奏。胸及雙乳，全身肌肉和內臟腑器官皆要有震動感，牙齒會相互擊從而加強牙根堅固。抖動的速度與幅度是，開始稍為慢，幅度稍小，中間稍快，幅度稍大，結尾時，稍慢及稍小，而慢慢停止抖動。

【功效】

因屈蹲雙腿，陽氣由下往上運行，至頭頂；復由上往下，往返的運行，助使消化不良，常感胃氣脹，經過抖動蠕動，胃氣及六腑中濁氣，都會化成矢氣由肛門排出。若有輕微飲食中毒，使胃氣脹，抖動五百次以上，胃中濁氣自可被排出。若有男女手掌常流冷汗者，練時兩手掌一起彈動或抖動，久後血氣流暢，此疾自消。練完功時，會感到全身溫暖，暖氣充沛。功法簡單效果神妙！

【次數】

一上一下共抖動164次。

【練功口訣】

上身鬆靜如天雲，下肢抖動似地震，

一上一下適度顫，天地人兮自回春。

道
家
內
丹
功
與
現
代
生
命
科
學

　　上述三式回春功，古時稱：服氣養腎悠功。道家回春功，主要是活動人體先天之本「兩腎」元氣，達到增加生命本源：精、氣、神均衡穩定。古今中外無數修練者實踐經驗證明，練好回春功，可有效地預防與治療各種常見的慢性疾病與各種疑難雜症。並可增強及強化體質，提高性機能及腎功能，增強免疫功能及排除體內的毒素。

　　仔細的說，腸胃功能好與壞，對身體的健康影響很大。因消化不良，會有胃滿、腹脹、便秘、腹瀉等苦惱。增強腸胃功能是十分必要的。回春功三式動作，在增強精、氣、神的同時，可使腸胃有三種不同方式的蠕動。有利於增強腸胃的吸收功能。另外，轉肩時口自然呼吸，都會使部分新鮮空氣直接吸進腸胃，對腸胃，起一定的刺激和清潔作用。隨著腸胃的蠕動，滯留於腸胃的腐敗有害的氣體被排擠出體外，胃滿腹脹隨之消失，便秘等問題也會轉好。由於腸胃毛病而引起的疾病，亦會得到改善。凡練回春功的人，都會感身心回春與腸胃通達舒暢的感受。

　　三式回春功動作，不僅使身體回春，而且可以對腸胃有良好保健作用，而且對泌尿系統也有明顯的保健及增強作用。腎和膀胱隨著練功微微的抖動震動，可增強其功能，減少有機鹽的沉積，預防膀胱結石的產生，同時控制排尿的神經也得到調整和改善。故有患尿頻者，膀胱開闔有問題者，吃藥打針無法治療，改練回春功，短時間內便會有良好收效。

　　回春功三式是沒有收功式。

　　練者由回春功一式開始練時，是站樁屈膝的，這姿式可保留至到三式做完，才收回左腳併立都可以。如果在每式練完後，要稍作休息半分鐘，將左腳收攏即可。再練下一式時，再重新由預備式開始即可。

第 5 式：上元功（麻姑獻壽）

（左右雲手，推窗望月）

【預備式】

晨朝東、午向南、夜朝月直立；舌舐上顎，兩臂自然下垂，身體正直腰直，身體放鬆，目視前方自然而視，兩腿併攏（圖 23）。同時在練功時，心情放鬆，臉帶微笑，對練功的效果會很好。所謂：「笑一笑，十年少」。

【功法】

兩腳平行直立，左腳平行向左踏開一步，與肩同寬（或略寬）。兩膝下蹲，膝尖與腳趾尖成垂直：兩手提起置於胸前約 40 公分中丹田處稍停。掌心向上，五指分開略曲成荷花狀，如託盤（圖 24）。左手由胸前慢慢的往左邊漸漸提高，運轉到左側太陽穴處：於運作同時目視左手掌，身軀隨著向左側轉動（圖 25）；於轉身時，平行而下蹲的左腳向左作一

圖 23　　　　　圖 24　　　　　圖 25

個 15 度調位。

同時屈左腿弓步，而平行的右腳向內（左）轉 45 度，蹬腿垂直，承受體重心於左腳（圖 26）；停於胸前的右手不動，呈荷花掌，離胸前約 40 公分處，做撈月式，五指微曲掌心朝向上；處於太陽穴的左掌，掌心朝上，慢慢的往後左側旋轉 360 度，左肘向後平推至太陽穴前方約 40 公分，呈推窗望月狀，肘略略往上提高（圖 27）：身軀隨著左掌的轉動，兩腿根部微微夾襠。

然後左掌由內往右旋轉至左側太陽穴處，同時身軀也隨著轉動，左腳尖由左調位回到原位，右腳尖由左內側移轉向右方與左腳平行，恢復平行之式；而兩腿下蹲著，並同時於太陽穴的左掌呈荷花狀，慢慢地目視著手掌轉移到胸前中丹田約 40 公分外，如始式（圖 28）。

接著，右手慢慢往右轉移及提高至太陽穴處，身軀隨著向右後扭轉至盡處；於同時，平立的右腳向（右），腳尖作 15 度調位，右腳屈成弓步，承受由左移至之體重心；而平行

圖 26　　　　　　圖 27　　　　　　圖 28

的左腳向內（右）轉 45 度，蹬腿垂直（圖 29）；停於胸前中丹田處的左手不動，呈荷花掌，於胸前約 40 公分處；處於太陽穴處的右掌，掌心朝上，慢慢的向後右側旋轉 360 度，右肘向後平推至太陽穴前約 40 公分，呈推窗望月狀（圖 30）；兩腿根部同時微微夾襠。然後右掌由內往左轉移至右側的太陽穴處，身軀亦隨著右轉向左面，左右腳板磨地，隨著身軀的扭轉，右腳尖作 15 度的調位；左腳尖亦作 45 度的往左轉動，恢復平行之式，兩腿仍然下屈，兩手掌置於中丹田略高處離胸前約 40 公分處（圖 31）。

上元功如此來回左右各練 4 次共 8 次。

【收功】

當最後一次回復到起式時，兩手掌左右如握荷蓮花（圖 32），鬆掌合掌經面往上舉起至盡處，兩手拇指與食指相觸，其餘三指伸直形成一個三角形，手背向下，手心向上，並抬頭注視三角形約 8 秒鐘（圖 33）；然後兩手掌分開由上往兩側畫大圈，至手與肩平行時（圖 34），回收左腳併立，

圖 29　　　　　圖 30　　　　　圖 31

圖 32　　　　　　圖 33　　　　　　圖 34

兩手漸漸向下垂到兩腿側。

【要領】

整個動作要慢，身體放鬆自然，數個動作同時運作，渾然一體。雲手時，兩手掌如無風時的兩朵白雲似的，在胸前輕輕地，自然而然地飄動；兩眼隨著移動兩手掌移動，雲手雲左側，兩眼看左手掌；雲手雲右側，兩眼看著右手掌。功效幅度在於左右調位元成 180 度及 90 度，使弓步蹬腿作到最圓滿。

【功效】

上元功主要是活動與增強腎功能與腦功能，因此可開發智慧。同時在身體隨著雲手轉動至 180 度，肩與膝平行時，陽氣充沛運行於督脈上，使整個脊椎骨及背面的肌肉緩緩的運動，減除背肩肌肉的崩緊，使肌肉恢復彈性，對防止肩周炎，腰酸背痛，均有較好的療效；延年益壽，同時可防止腦神經衰弱引起的各類常見的慢性疾病。

【數次】

左右各做 4 次共 8 次

【練功口訣】

兩手交替畫大圓，太陽穴處推窗看，

左右弓步微夾襠，仙人上壽益萬年。

第 6 式：龍遊功

（雙掌畫圓，春風擺柳）

【預備式】

晨朝東、午向南、夜朝月直立；雙腿內側緊貼，兩腳併攏，踝骨相靠；兩手五指併攏，置於身側；微收下顎，兩眼平視自然而視，舌舐上顎，全身放鬆柔而不用力（圖 35）。練功時臉帶笑容，心情放鬆。

【功法】

身體站直，兩腳併攏，兩手合掌，掌指尖朝上，置於胸前中丹田處（圖 36）。接著合掌的雙手慢慢向左推至左肩尖，將由向上指的掌尖改為向正前方指；左旋掌 90 度，變成左掌在下右掌在上（圖 37）；隨著合抱的雙掌再略向左再轉 45 度，合抱之雙掌，轉換成右掌背向左方，而左掌背向右方。

於同時，右肘抬起略成平行，而左肘也隨著由左往右抬起到適量的高度，使合抱的雙掌能舒服；然後於左側漸漸抬舉雙抱之掌，從頭左側往上畫半個圓（圖 38），畫到頭頂正上方約 10 公分處；經頭頂朝右側畫圓回至喉嚨處；在順勢於右側下畫時，轉成左掌在上右手掌在下，手指仍指向前方；在雙手畫圓的同時，臀部由右向左擺動，形成握掌雙手在左臀部在右（圖 39）；微屈雙腿下蹲，使身體重心往下降

（沉）。

接著從喉部，慢慢地向身體左側往下畫半個圓，經胸部到腰部；於同時合抱的雙掌，隨著改成左掌在上右掌在下，臀部由左向右擺動，形成握掌雙手在右臀部在左，雙手持續向右畫半圓（圖40）；同時繼續屈雙腿，使身體重心較前又

圖 35

圖 36

圖 37

圖 38

圖 39

圖 40

有所降，完成第二個向下畫的半個圓；接著再從腰部，慢慢
地經右側畫半個圓到膝部，是時繼續下降臀部至與膝成平行
（圖41）；身體保持筆直，不可前傾，不可後仰，合抱雙掌
繼續由右往左畫圓，兩臀部隨著相握手掌慢慢移由左邊擺向
右側（手與臀成相反的姿勢），完成畫第三個半圓（圖
42）；以上完成由上向下畫圓的動作。

　　動作接前：合抱的雙掌，向左側往上方向右畫半個圓到
腰部；繼續保持合掌，左手在上，右手在下的姿態；同時，
兩臀再從右漸漸的回擺向左，身體的重心漸漸往上提，完成
向上畫的第一個半圓（圖43）；合抱雙掌向右側往上方畫半
個圓經胸前；合抱雙掌經右側畫弧時，順勢改為右掌在上左
掌在下，手指尖仍指向前正方，同時雙臀部，向左側擺，再
從左回擺至正中位置；身體重心繼續往上提高成直立，完成
向上畫的第二個半圓，回復到起式的動作（圖44）。

　　至此，全部完成練功一遍的動作。雙手抱合掌，從上至
下共畫了 3 個連續的圓，臀部從右至左來回擺動 6 次。此功

圖 41

圖 42

圖 43

圖 44　　　　　圖 45　　　　　圖 46

一上一下共做 3 次。畫完 12 個圓環後，做春風擺柳。

　　依原式站立，頭不動，腳不動，兩手合掌高舉至喉前時，五指伸直向上指，然後彎左掌在下右掌在上，彎雙掌至90 度，則漸漸推至與左肩處，然後放開雙掌往頭頂舉起，兩手向左右兩側擺動，身軀接著自然而然地擺動，同時兩掌亦自然擺動。擺的姿勢是：腰向右手掌向左，手掌向左腰向右（圖 45）；擺動的節奏是左至右，右至左，兩眼始終看著兩掌，左右自由的擺動，輕柔自然（圖 46）；春風擺柳的次數一般左右各擺 8 次。

　　做完後，自然回收雙手於胸前；之後，漸漸高舉雙掌置於頭頂正中處，拇指與食指相觸，結成三角形狀，其餘三指伸直，掌心向上，手背向下，雙眼透視所結的三角形，約 8秒鐘（圖 47）；兩手分開往雙側，由上往下畫大圓，慢慢地雙臂落在兩身側（圖 48）。

　　（1）神態：

　　龍遊功是取龍的神態及動作。練功時，脊椎被最大限度地

圖 47　　　　　　　　　圖 48

拉開呈（S）字形（從後背看）；而且頭，及脊椎各關節無一不順龍遊姿勢協調而動，姿勢搖擺柔順，好似龍在雲遊起伏。

（2）合掌：

全功由始至終合掌進行，雙手掌使陰陽渾圓一氣，氣不偏散。

（3）擺尾：

練功時，當手向一側偏擺時，臀部則向相反一側著最大限度地擺動，似龍遊一樣，始終連續不斷地在雲中遊動。

（4）夾襠：

練功時，兩踝始終相靠，兩大腿根部始終相夾，在有節律，有秩序的運動，對人產生有規律的生理效應，從而內分泌得到調節。

（5）提踵與重心升降：

此功主宰於腰，形於首，發於腿，使龍氣回轉，不會失氣，是道家傳統功法練好精、氣、神的妙絕之處。

道家內丹功與現代生命科學

【要領】

雙手掌畫圓，要準確，不可快。髖隨手掌畫上下屈伸，臀部移動，並掌握重心的高低。掌尖始終指向前方，往下畫圓時，小尾指始終在最前方，往上畫圓時，大拇指始終領先在前如領導似的；畫三個圓環，分別以上、中、下，三個丹田為圓心；三個圓直徑都與兩肩同寬。

從上往下畫圓，身體慢慢下蹲，至膝尖與腳趾尖成垂直；身千萬要直，不要彎腰。從下往上畫圓時，身體重心慢慢向上提起，而身軀保持直立，兩眼始終看著兩手掌，做全部畫圓的動作；兩腳始終自然拼攏，合抱雙掌畫圓時，腰隨兩掌自然擺動之力自然擺動。

【功效】

以腰為主宰，帶動以軀幹為主體的全身性龍遊柔動，調動任、督二脈。任、督通，就可使十二經脈氣血暢通；同時，作用於命門與氣海這兩個人體生命活動中樞，可以促進氣血的運行。全身筋骨順勢搖擺。由於主要運動於腰、腹，促進該處積蓄如大網膜的脂肪自然燃燒而化消掉。

人的肥胖，大多是由於內臟腺體激素分泌功能減弱老化，根本的新陳代謝率降低，從而脂肪堆積造成的。重心升降及提踵，可以調動足三陰經、足三陽經，對肝、脾、腎，也有一定的作用。同時提踵，使全身最大限度地拉長，臀、腹部收縮；鍛鍊日久，臀、腹部肌肉鬆弛能得到改善。

龍遊功主要活動軀幹部位，使督脈得到調順，並可防治脊椎的骨刺增生。老年人練此功，可保持腰直不彎；婦女練此功，尤為理想，可避免腰腹肥大，骨盆肌鬆弛；使腰肌柔韌靈活，體形健美。所以說龍遊功不但是一種減肥功，它對「強腰健腎」的功效，是無可質疑的，志在「補足先天」。

【數次】

8次。

【練功口訣】

合掌向前畫三圓，左右弓腰溫三丹，

春風擺柳練腎腺，宛如神龍遊雲海。

第 7 式：龜縮功

（抱球轉球，轉肩畫圓）

【預備式】

　　晨朝東、午向南、夜朝月直立；兩腳併攏，目視前方自然而視，舌舐上顎，兩手垂直於兩側，全身放鬆柔而不用力（圖49）。練功時臉帶笑容，心情放鬆。

【功法】

　　左側龜縮功：

　　站立，左腳向左平行踏開一步，兩腳與兩肩平寬（或略寬），兩腿微屈，膝尖與腳趾尖成垂直，兩手左右伸開作抱球狀，兩掌掌心，左右相對，相距與肩同寬（圖50）；接著左手掌向下轉翻90度，於兩膝間，掌心向上；右手掌往上翻移至胸前約60公分之距，掌心向下，仍作抱球狀，雙掌仍相對（圖51）；平行的左腳往左約移45度，而身體慢慢向左轉約90度，雙眼正視左方；同隨身轉移，左腳弓步轉球向左，右腳蹬直，右手轉向左邊平胸前60公分之處，體

圖49

圖 50　　　　　　　　圖 51　　　　　　　　圖 52

圖 53　　　　　　　　圖 54

重心移置於左腳（圖 52）。

　　是時，左手掌下垂於身前亦轉移向左，右手掌持續提著於胸前約 60 公分處（圖 53）；隨著慢慢地將於身前的左手伸直，並提起舉至與兩眼正方處，彎腕五指橫伸直向右，手心向內，拇指上翹；於同時，舉於胸前 60 公分處的右手慢慢的下落停於胯部（圖 54），然後慢慢地翻右掌，輕輕地向上抬起至與左手平高，彎腕五指橫伸直向左，與左掌四指相交

貼於後，拇指上翹（圖55）；爾後，鬆掌做握虛拳，慢慢地
拉至胸前，同時身軀向後傾，將體重移於右腳，沉雙肘握虛
拳，沉於腰位兩側；跟著身軀向前傾，重心移到左腳（圖
56），雙握虛拳雙手向胸前舉至臉部，轉雙肩畫小圓，順序
為，肩向前，上舉，挺後，往下（圖57）；接著身軀往後
傾，重心移置右腿及弓步；之後，往後坐右腳弓步，左腳蹬
直，身軀略彎如弓形，兩眼左視頭正，雙手握虛拳於兩腰
（圖58）。

圖55

圖56

圖57

圖58

　　於時慢漫將重心由右腳移於左腳，成左腳弓步，右腳蹬直；握虛拳兩手，由兩側往前伸至盡處，手臂五指伸直，翻掌往上畫大圓（圖 59）；同時雙腿挺起伸直，慢慢地往後坐，重心移於右腿，在雙手掌畫大圓至頭頂時（圖 60），雙掌漸漸拉下至雙肩前時，翻掌向下，轉握虛拳縮肘，雙虛拳置於腰間（圖 61）；接著身軀向前傾，重心落於左腿，雙虛拳經胸經臉前舉起，並同時轉雙肩畫小圓：順序為，肩向前，上舉，挺後，往下（圖 62）；接著身軀往後傾，重心移

圖 59

圖 60

圖 61

圖 62

置於右腿；之後，往後坐，右腿弓步，左腳蹬直，置於腰間之雙虛拳經胸前虛拳向外，往頭頂舉起至頂點，手臂五指伸直（圖 63），慢慢將身軀重心移於左腿及弓步，右腳蹬直，兩腿漸漸地下蹲，蹬直的右腳略曲，使身體能下沉，由前往後畫大圓；在左膝弓步時，身軀彎成弓形，頭挺起向前視（圖 64）；當雙手掌畫大圓至與膝平高時，手握雙虛拳手心向內，身軀往後坐，重心移置於右腿，換成右腳弓步，左腳蹬直，雙掌往身側畫過（圖 65）；接著立刻，又換成左腳弓步，右腳蹬直但略曲保持下沉的身體，曲小臂置於胸前，並舉起至臉前部，作轉雙肩畫小圓：順序，肩向前，上舉，挺後，往下，彎肘，將雙虛拳置兩側腰位（圖 66）；同時重心移置於中央，身軀由左往右轉；並轉移位於 45 度左的左腳與右腳平行而立（圖 67）；回復於起式，而面向前方正視。左側龜縮功完成。

　　右側龜縮功：

　　緊接上式，左右腳平行而立，兩腳與兩肩同寬，雙腿略屈，膝尖與腳趾尖成垂直，兩手抱球（圖 68）；右腳向右轉

圖 63

圖 64

約 45 度，持抱球雙手亦向右轉移，而右手掌向下沉，掌心向上；左手掌在上，掌心向下，兩手仍作抱球狀，雙掌仍相對（圖 69）；平行的右腳往右約移 45 度，身軀亦右轉約 90 度，轉身向右，面正視右前方；右腳弓步野馬分鬃，轉抱球向右，左腳蹬直；左手轉向右邊與胸平前 60 公分之處，體重心移置於右腳。

是時右手掌下垂於身前，左手掌在左側持續提起與心位

圖 65

圖 66

圖 67

圖 68

圖 69

平高約 60 公分之處；隨著慢慢地將於身前的右手伸直，並提起舉至與兩眼正方處，彎腕五指橫伸向左，手心向內，拇指上翹，左手掌慢慢下垂於左側胯部（圖 70）；於同時，下垂的左手，隨著左手掌向內，慢慢輕輕的向上抬起，與右手平高時，彎腕五指橫伸向右，與橫伸之右手掌四指相交貼於後，拇指上翹，雙掌心向內（圖 71）。

　　爾後，雙掌由前，往頭額處拉至胸前，右腳弓步，左腳蹬直，重心置於右腳，改掌為輕握虛拳，沉雙肘，虛拳置於腰位前兩側（圖 72）；向前傾，重心移至右腳，成右腳弓步，左腳蹬直，雙虛拳慢慢地往上舉起經臉部，轉動雙肩畫小圓：順序肩向前，上舉，後挺，往下（圖 73）；隨著重心往後移，形成左腳弓步，右腳蹬直，雙虛拳置於兩側腰位（圖 74）；接著往後坐，蹲左腿，略弓身，身往前傾，體重移至右腳，形成右腳弓步，左腳蹬直（圖 75）；順勢兩虛拳往前伸直，掌向上翹畫大圓到臉前；同時屈傾的身軀挺起，重心置於左腳而成左腳弓步，右腳蹬直，雙掌換成虛拳，停於兩肩前（圖 76）；馬上身軀又向前傾，重心移置於右腳，

圖 70

圖 71

圖 72

道
家
內
丹
功
與
現
代
生
命
科
學

圖73

圖74

圖75

圖76

形成右腳弓步，左腳瞪直，雙虛拳經臉部前舉起，轉動雙肩畫小圓；順序；肩向前，上舉，後挺，往下，雙虛拳沉肘於兩側腰位前。

接著身軀往後坐，形成左腳弓步，右腳瞪直，順勢雙虛拳往上舉起過頭至頂點，改雙虛拳換成掌，掌心向外，往上向前畫大圓（圖77）；順勢雙膝下蹲，弓身頭挺起向前看，當雙掌與膝平高時，雙掌往後畫，重心往後坐，立刻換成左

圖 77

圖 78

圖 79

圖 80

腳弓步，右腳蹬直（圖 78），雙掌勢盡返往身前時，將重心
移置於右腳，又形成右腳弓步，左腳蹬直；然後挺直身軀，
抬起雙手，握虛拳，沉肘置雙虛拳於兩肩前（圖 79）；同
時，握虛拳的雙手往上舉經臉部前，轉動雙肩畫小圓：順
序，肩向前，上舉，後挺，往下，沉肘，雙虛拳置於兩側腰
位前（圖 80）；接著雙虛拳向前伸，身軀由右轉回左側；調
移 45 度的右腳往左轉，雙腳平行而立（圖 81）。左右龜縮

圖 81

圖 82

圖 83

圖 84

功一遍做完。可繼續第二遍。

　　當練完龜縮功時，轉身回到起式時，雙掌握於身前經胸前，往上舉起至頭頂處，雙手拇指與食指結成三角形，其餘三指直伸，掌心向上掌背向下，舉頭直視三角形之空間，稍停約 8 秒（圖 82）；之後，雙掌向身側畫大圓，當雙臂與雙肩齊平時，稍停約 8 秒（圖 83）；回收左腳與右腳併立，雙臂輕輕慢慢地落於兩身側（圖 84）。全龜縮功習練結束。

【要領】

整套龜縮功的動作，要特別做到柔，慢、圓和連貫。龜縮功畫大圓與畫小圓時，頭自始至終保持正直，身軀挺直。勿論是在弓步，蹬腿時都要下蹲，弓步確實做到。整個動作速度越慢越好。形神有如神龜，兩眼要自始至終看著兩手做各種動作，特別要注意：肩，頸，腰，動作的配合；畫圓後收臂時，頸，胸，腰，腹呈（S）形，方為功夫到家。

【功效】

習龜縮功可使兩腎增產精氣，同時亦可助打通體內的任、督二脈、成就返精補腦的作用、使先天精、氣、神、貫通，周天有一道明確的軌道。因此，古今中外，無數實踐證明，練好龜縮功足可以延年益壽，健身開智。

此外，學好龜縮功，有助鬆弛的腿，臀，腰，腹等部位的肌肉結實和韌力加強；削減皮下肥厚的脂肪，可防治肥胖引起的老年性半身不遂和糖尿病；雙肩雙肘相對的運動，可擴展胸圍並增進呼吸，對體形健美能起妙效；上縮頭，伸頸，可調節大腦血液的循環。

龜縮功是一項最完善的功法。它幾乎包含了前數節功的動作。所以要學好龜縮功，確實是不容易，特別是在輕、慢、柔、圓、連貫方面，渾然一體，實是很難達到理想的狀態；因為在鍛鍊的過程中，要做到左右腿弓步及伸直，運作完美之外，並同時要支持體重，及屈蹲雙腿，身軀挺直，就會感到吃力非常。在不自覺之中，就會使用氣力，幫助支持身體運轉，就會失去輕、柔動作的美感，使動作變的硬邦邦似的。

【數次】

一次至三次。

【練功口訣】

（一）抱球轉球分馬鬃，三個小圓向後畫；

　　　反正交叉畫大圓，形神如龜壽無涯。

【學功口訣】

（二）一反一正兩個大，三個小圓向後畫；

　　　抱球轉球分馬鬃，形神如龜壽無涯。

第 8 式：童子歸佛功

【預備式】

　　晨朝東、午向南、夜朝月直立；兩腳併攏，目視前方自然而視；舌舐上顎，兩手垂直於兩側，全身放鬆（圖85）。同時在練功時，心情放鬆，臉帶微笑，對練功的效果會很好。所謂：「笑一笑，十年少」。

【功法】

　　兩眼看著兩手掌，慢慢舉起合掌如荷花似的雙掌，置於中丹田處（圖86）；手掌十指朝上，漸舉漸仰頭至頭頂上方

圖 85

圖 86

盡處，而後輕輕閉上雙眼，雙拇指屈藏於掌心內，兩食指結成縫隙（圖87）；上舉的雙掌慢慢下沉停於兩眉間，稍停約8秒鐘，待有微熱後（圖88）；下沉雙掌至中丹田，稍停約8秒鐘，待有微熱後（圖89）；繼續下沉雙掌至下丹田；雙手食、中二指側邊相觸，形成棱形置於下丹田處，待有微熱後（圖90）；睜眼，拉開雙手置於兩身側（圖91）。

【要領】

當雙手舉至頭頂端、胸、腰、略挺直，促使督脈之氣往

圖87　　　　　　　　　　圖88

圖89　　　　圖90　　　　圖91

上升至頭頂，可鬆弛雙肩及脊椎骨的繃緊肌肉。

【數次】

一或三次。

【練功口訣】

兩手合成荷花掌，輕輕上舉朝上蒼；閉目沉肘溫三丹，天人合一歸自然。

第二節　育天池、按玉枕、梳龍頂
（道家秘傳按摩法，有防中風之虞）

【預備式】

晨朝東、午向南、夜朝月直立；兩腳併攏，目視前方自然而視；舌舐上顎，兩手垂於兩側，全身放鬆（圖 92），心情完全放鬆。

【功法】

併腿直立，右手舉起五指直伸，按於頭頂百會穴；左手置於脖子後的天池處，包括風池、風府、啞門、天柱諸穴；由右向左摩擦，捂捏 8 次（圖 93）。之後，舉左手食指至小

圖 92

圖 93

指，略曲全四指，按於玉枕處，稍用力，往頸項下按拉（即右側腦下垂附近）；往返 8 次（圖 94）。

接著，左手取代右手按於百會穴處，而右手置於脖子後的天池諸穴位處；由左向右摩擦，捂捏 8 次（圖 95）。

接著，右手四指除拇指外，按在玉枕處，稍用力，往頸項下按拉（即左側腦下垂附近）；往返 8 次（圖 96）；接著雙手除拇指外，四指略曲，按於靠近兩肩、背處的肌肉、稍用力摩捏兩肩的肌肉，有助鬆弛肩膀肌肉的酸疼（圖 97）。

接著以右手掌，拇指握著前右頸側，其餘四指握在前左頸項，四指用力按摩左側頸項（包括整個左側頸項及甲狀腺的範圍）15 次（圖 98）；再換左手掌，拇指握在前左頸側，其餘四指握在右頸項側，四指用力按摩右側頸項，範圍盡量放大，按摩 15 次（圖 99）。

接著，用左手的拇指與食指，按著

圖 94

圖 95

圖 96

圖 97

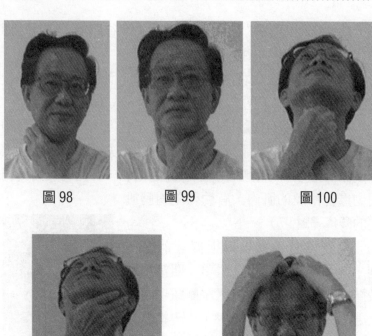

圖 98　　　　　圖 99　　　　　圖 100

圖 101　　　　　　　　圖 102

下顎端（下吧）頸側；而右手的拇、食兩指按著喉道，順頸
往下拉按至胸骨起處（圖 100），交替的拉按摩 15 次。然
後，以同樣的手式，拇指與食指按在頸部末端，往上推摩至
下顎（下吧處），往返交替由下至上推摩 15 次（圖 101）。

　　之後，做擦龍頂。用雙手十指的指甲背部，從額前頭髮
際處「神庭穴」開始，往後重複推梳至後腦「玉枕穴」處，
用力推梳，刺激頭皮層；共做 36 次（圖 102）。之後，兩手
掌互相搓熱（圖 103），由頭頂往下摸抹臉頰，使掌中之熱
能滋潤臉部（圖 104）。

圖 103　　　　　　　圖 104

【要領】

摩擦捂脖子時，同時亦捂捏連肩附近的肌肉，稍為用力，有助消除頸項間肌肉僵硬繃緊；減少頸部的酸痛。在按玉枕穴，亦是腦下垂腺的部位，有助鬆弛神經，促進腦部和臉部血胺通暢，促進新陳代謝。

按摩前頸項左右時，有助輸通甲狀腺體的新陳代謝；按頸喉處則是按摩任脈經行處，使繞頸上頭往來的經脈氣、血通暢。推梳龍頂時，實是按摩頭上經脈的表穴，使血液循環旺盛並刺激表皮層，促進頭髮的增長。

【功效】

兩手在諸穴上摩擦，捂捏，可防治精神分裂、頭痛、視物不清、面部肌肉抽動、中風等症。由於頸部，是動脈供應大腦血液必經之路，頸背肌肉僵硬無彈性，是動脈血管硬化的象徵，有中風之虞；更因按摩腦下垂腺，因壓力，使血液通暢，可以防老年癡呆症及腦中風的可能性。又按摩大椎左近的肌肉，舒減繃緊，避免肩周炎的發生。最後，以兩掌熱能摸抹雙臉，使面顏紅潤現光彩。

　　按摩捂捏脖子有利於繞頸上頭循行的 8 經脈，亦則是按摩捂捏 8 脈之表穴；使它運行暢順，促進頭部血氣疏通，及新陳代謝旺盛。繞頭循行有：任脈、督脈、膀胱經、三焦經、小腸經、大腸經、胃經及膽經。

　　按摩頸項的前後左右，促使八經脈運行輸暢，防甲狀腺病患的發生。在梳龍頂時，促進八經脈於頭頂表穴的活躍，減少滯塞和氣塞於頭的種種病患；減少頭髮的脫落，因為血液提供頭皮層下旺盛之故。由雙手十指的推梳，刺激頭頂的百會、通天、四神聰諸穴，可防治頭暈、目眩、鼻炎、腦貧血、嘔吐等症。

【次數】

左右各種動作各 8 次（或依指示）。

【練功口訣】

常摩天池鬆八脈，勤按玉枕疏丘腦，
指力壓大椎近處，頸肌血暢避中風，
龍頂梳表穴活躍，頭頸舒暢精神好。

第五章

道家『內丹功』要點及脈絡略談編

第一節　　精，氣，神

　　精，氣，神，人體中的三寶，缺乏其中的一項，人就會出現缺陷或從而死亡。以現代的生理科學的語言：有「氣」並有形的則稱之為「精」。無「形體」但具有物理作用者稱之為「氣」。而有「意識」作用而沒有形體的稱之為「神」。道家的觀點又大有深入的觀念：

（1）精

　　精者，為人生命之本源，同時為練內丹基礎物質。黃元吉祖師說：「要知人若無精，則無氣無神，亦猶如燈之無油，則無火無光也。」古人認為：精有先天，後天之分。先天之精稱為「元精」；元精無形寓於神氣之中，五官百骸皆元神、元氣所統轄，亦即元精之所貫，則言神氣而不必言精也。故養神於寂，養氣於靜。精無洩漏，而化為元氣。精與氣相養，氣聚則精盛，精盈則氣盛，情慾一動，此精則化為後天之精，又稱「交感情」。人能忘情絕慾，妄念不生，自能精不洩漏，精氣旺盛，神自虛靈。（現在科學經過化驗，

人體之精液，發現其內含量「去氧核糖核酸」。）

（2）氣

氣者，為人生命之根本。《難經·八難》說：「諸十二經脈者，皆繫生於氣之源。所謂生氣之原者，謂十二經之根本也，謂腎間動氣也。此五臟六腑之本，十二經脈之根，呼吸之門，三焦之源，一名守邪之神。」故氣者，人之根本也，根絕則莖華枯矣。

氣有先天氣，後天氣之分，先天氣又稱「元氣」，為生命之原始動力，故又稱「原氣」。後天氣即呼吸之氣。練功者，先天氣、後天氣，相互為用。元氣有抵抗疾病的能力，故又稱為「正氣」、「真氣」，致病因素稱為邪氣。練氣功就是培養鍛鍊元氣（真氣）。欲得先天至陽之氣發現，別無他術，只是一靜之功夫耳。靜功之道，只在去妄念上做功夫。故古人認為：精、氣同源，精由氣化，氣由精滿，練精者，即是練氣。精氣合一，先天氣又用「氣」字以表示之。《悟真篇》中又稱之為「外藥」。（現代科學經過化驗，人體之氣，發現內含大量「甾體一臆肽」。）

（3）神

神者，為生命現象的綜合體現也，是調節控制生命的能力。內丹文獻中又稱之為「性」「火」「心」。丹經所謂築基、藥材、爐鼎、鉛汞、龍虎、日月、坎離，皆從練心上與精、氣、神立名。所以整個練功的過程，就是個「練神」為主導的過程。通過大腦的有秩序化運動鍛鍊，使精、氣、神之間發生轉化。使機體各系統在大腦的統一指揮調控下，處在一種協調、代謝的最優狀態，因而出現一種最佳的生命活動方式，也就是一般所看到的健身祛病、抗衰老的表現。因此「神」在精、氣、神三者中取主宰作用，練神也是整個練

功中的關鍵。

　　古人將神分為「先天元神」，「後天識神」，又稱「欲神」。練功要用「元神」去「識神」，「有為而為者，識神也。無為而為者，元神也。『識神』用事『元神』退聽；『元神』作主，『識神』悉化為『元神』。」元神者，修丹之總機括也。藥生無此「元神」，是為凡精，無用；還丹無此「元神」是為幻相，不能成嬰。《樂育堂語錄》說：「其實於練功中，能排除各種雜念之干擾，頭腦保持虛靈狀態，這時的神，就是『元神』。每天處理各種雜務的『神』，就是古人說的『識神』。神志處在『識神』狀態，是不能練功的。」（現代科學經過解剖學而得知，人體大腦，發現內含「下丘腦」為「元神」之源。）

第二節　練精化氣，練氣化神，　　　　　練神還虛，練虛合道

　　此為道家修練內丹靜功的總綱領。在此書，我以七步功法，助修練靜功者，進到練神還虛的初級階段。因為能夠做到練神還虛，已是進入修「性」的階段；又因為，內丹靜功是「性、命」雙修的整個過程。修「命功」就已能成就「練精化氣，練氣化神」；已經助修者打通任、督二脈，周天已是運轉。續而修「練神還虛」，就能夠將十二經脈及奇經八脈聯貫，達到修「命功」的益壽延年、身體健康的目標。進而修「練虛合道」就是「性功」的修練，亦是禪修的境界了。而禪修的成果，也是因人而異，深淺的境界只有修者自能領會，亦是天人合一的境界，故不在此書敘述。能悟入這

道家內丹功與現代生命科學

總綱領，已是能夠修持靜坐了。

（1）練精化氣（百日關）

元氣產生之後，凝神於下丹田，籍助於呼吸，不久丹田中即產生出氣來。《樂育堂語錄》說：「腎精為丹頭，又以一呼一吸之胎息為火，以慢慢的呼吸神火燒灼此個元精於丹田之中，久之，火力到時則變化生焉，神妙出焉。何也？精生無形，不過一個精明之真知，只一心無兩念，從此以元神為主宰，以息吹噓，不久那丹田中忽有一股氤氳之氣，蓬勃之機從下元湧起，漸漸至於身體，始猶似有似無，不大有力。「平旦之氣」是，久則油然心安，浩然氣暢，至大至剛，有充塞天地之狀。自亦不知此氣從何而始，從何而終，此即精化氣時也。」

（2）練氣化神（十月關）

十月關又稱中關，比喻孕育有如十月懷胎一樣。練氣化神又有「大周天」之稱。當練己築基上進行的練精化氣為「小周天」，經過凝神入氣穴，於一陽初萌的活子時採「小藥」入通任、督，然後又把「藥」文烹，武練一個階段後，就可以進入「練氣化神」的高一階段。

「練氣化神」就是把經過練精化氣的「精」已歸「氣」的先天祖氣，再進一步地練進「神」裏。如果說，前一步「練氣化神」，小周天的功夫，屬於合三為二練製「小藥」功夫的話；那麼「練氣化神」大周天，就屬於合二為一練製「大藥」的功夫。

（3）練神還虛（九年關）

以元精養元氣，以元氣養元神，元神壯旺之後若有心、若無意，成一虛靈狀態。《樂育堂語錄》說：「丹田交會之神氣聽它自鼓、自調、自溫、自鍛、我惟致虛守寂，純任自

然，神入氣中而不知，氣周神外而不覺。如此烹練一陣，自有一陣香風上沖，百脈遍體薰蒸，此所謂神生氣也。又覺精神日長，智慧日開，一心之內但覺一氣從規中起，清淨微妙，晶瑩如玉，此所謂氣生神也。如此神氣交養，兩兩相生，斯時正宜撒手成空，不粘不脫，若有心，若無意，此練神還虛之實際也。」

（4）練形化氣

一心內守丹田，身中元氣及天地之元氣悉歸而充滿一身。《樂育堂語錄》說：「必內藥有形，外藥可得而採。內藥，吾身之元氣也；外藥，即太虛中之元氣也。此殆不增不減，隨地自如，但非照養有功必不能招回外來之藥。」故《大集經》云：佛成正覺於欲色界二天中，即是以元神寂照於中下二田，內之元陽發耀，外之元氣自蓬蓬勃勃包果一身，渾不知天地人我，此殆內外合一，盜得天地靈陽歸還於我形身之內。久之則練形而化氣。」

第三節　周天

道家的修練，練己築基，目的是完成及達到周天運行，周天的運行有分大周天、小周天兩種。

何謂大、小周天呢？

（1）小周天

練精化氣，氣行任、督脈。《道源淺說篇》說：「末成後天精質之先天氣名『元精』者是也。夫此氣雖動，不得神宰之，而順亦不能成精；不得神宰之，而逆亦不返氣。修仙者於此逆修，不令其出陽關，即因身中之氣機合以神機，收

藏於內，而行身中之三妙運，以呼吸之氣而留戀神氣，方得神氣不離，則有小周天之氣候。」

（２）小周天功

見《勿藥元詮》。功法：盤腿而坐，排除雜念，調息和平，掐無名指，右掌加左掌上置於臍下。叩齒三十六通，舌攪於牙齒內外三十六遍，雙目隨舌轉運，舌舐上顎，唾液滿口時分次緩緩咽下，引丹田氣過肛門到尾閭，徐徐上夾脊中關，閉目上視，吸氣引氣過玉枕，到腦，下口腔，經胸部，下入氣海。連行三次，口中唾液亦分三次咽下。又稱天河水逆流。靜坐片時，將雙手擦丹田，各一百八十次，注意丹田部位保暖。再將大指背擦熱，拭目十四遍，去心火；擦鼻三十六遍，潤肺；擦耳十四遍，補腎；擦面十四遍，健脾；雙手掩耳，鳴天鼓；徐徐雙手向上，同時徐徐呵出濁氣，收入清氣；雙手抱肩，轉動腰身；擦玉枕二十四下；擦腰眼一百八十下，擦足心左右各一百八十下。

功效：通任、督脈，強身。

（３）大周天

指練氣化神時綿綿不斷之胎息神火。《樂育堂語錄》：「斯時凡息停而胎息見，日夜運起神火，胎息綿綿，不內不外，若有若無，練為不二元神，如此練氣化神適為大周天火候。」

張祖云：「終日綿綿如醉漢，悠悠只守洞中春。」

（４）大周天功

功法，見《雜病源流犀燭》。作法：坐式，凝神調息，神氣相合，注於丹田，手背沿手臂外側而至肩，從大椎而下，直達尾閭。再從尾閭沿督脈上泥丸，面部、舌、經胸入腹，至右腿，經膝、入足背、轉湧泉，沿腿內側到尾閭、又

上頭腦中。再由面、舌、胸、腹而入左腿，到湧泉，再沿尾閭升泥丸，下入璇璣沿右臂內側而下指尖，由手外側至肩入腦而下丹田。

功效：協調五臟，疏通四肢百骸。

第四節　三田及三關

何謂三田？即是上、中、下、三丹田之簡稱。《道樞・太清養生篇》說：「身有丹田者三。何謂也？腦者，上丹田也；心者，中丹田也；氣海，精門者，下丹田也。」又說：「三田者，氣所生也。氣藏於中丹田而生神，神藏於上丹田，即藏而不可失也。」

（1）上丹田

何謂上丹田，又名「性根」。為神志、思維發源地。《修真十書》說：「萬神會集之鄉」，即腦。上丹田開發智慧，保全性命，溶通混元。亦稱泥丸即第三腦室，為存神之處，亦是人體內分泌主控區域。

靜坐意守上丹田，啟開腦部的能量，有助身體內分秘得合理的調節。唯靜坐守上丹田，難度很高。若患有高血壓者，是不適宜採用的。修道若能啟開松果體能量是與人類第三眼有關。因為松果體能量和元神能量是相通，啟開松果體，可得天眼通。泥丸穴是督脈上的一個很重要的穴竅。

（2）中丹田

三田之一。位於心下。《抱朴子・內篇》：「或在心、下降宮金闕、中丹田也。」亦指心，為中丹田，主要是指膻中穴，是任脈中的一個很重要的穴位。膻中穴與胸腺關係很

密切,脊髓幹細胞產生 T 細胞,被移至胸腺則成熟,成為抗癌的細胞殺手。故開發膻中穴之 T 細胞有助免疫功能,是很重要的。它關鍵於人體健康的問題。

膻中穴位於雙乳中間,向內是心臟的範圍。心屬火(心火),推動血液流行至全身。心氣亦稱「宗氣」。「宗氣」的推動點在胃底的「虛裏穴」。水穀精微物質由脾臟運化之胃氣,則提供五臟六腑以及全身器官所需要的一切營養物質。靜坐守膻中穴,意念要放輕,切實做到,勿助勿忘,效果才妙。

(3)下丹田

下丹田為練精化氣,神氣生起及歸藏的地方。通常說「丹田」,一般指「下丹田」,其名極多。凡是修行之人,行、住、坐、臥、常含納真息於丹田,則得元神成寶。《道樞・練精篇》說:「使其心常存於下丹田,久之,神氣自住,諸疾不生。」下丹田為任脈上一主要之竅。

下丹田是先天元「氣」所在之處,是太陽神經聚集之處。靜坐意守、凝神下丹田,易產生陽氣。若是下丹田氣動,隨能帶動腹部上下陽氣的震動。陽氣動時會感覺整體會抖動,可產生熱氣,運行全身,作為開關展竅的真氣。

下丹田在臍下三寸。為男性之精室,女性胞宮之所在地。亦是道家修練內丹之地。下丹田亦為任、督、衝三脈所起源之處,十二經脈會集之所,經絡之樞紐,經氣之匯海。有氣則開,無氣則合,故亦稱氣海。

(4)後三關

後三關,是督脈上及陽氣或內氣運行的主要三個穴竅。

它是指在督脈「陽氣」運行必經的三個主要穴竅。首先是脊椎最盡處的一竅「尾閭穴」。陽氣逆行往上行,必經

「夾脊穴」，則是脊椎骨上第九節的穴竅。陽氣普遍運行到此穴時，力量通常都會減弱、無力，所以此一穴是最難通過的一關。而另一關就是「玉枕穴」，位於後頭部枕骨粗隆處。玉枕一關，又說是鐵壁，居頭凹之處，有一高骨。此三穴稱為後三關。

前三田後三關，是任、督二脈上六個主要的穴竅。任、督是人身體十四經脈中的兩條主脈，為小周天元氣運行的通路。在奇經八脈考說：「任、督二脈，人身之子午也。」乃丹家陽火，陰符升降之道，坎水離火交媾之鄉。

關於任、督二脈的循行道路，一般認為起於小腹內，下出會陰，向前上行前陰，經過關元，沿腹正中直上，經咽喉，環繞口唇，上入目。督脈的循行道路，起於小腹內，下出會陰，向後沿脊椎裏邊直上，至玉枕入腦，上行巔頂，沿前額正中，到鼻柱下方。《慧命經》說：「任脈在臍前，督脈在臍後。」氣功文獻，一般認為任、督的走向，是從上向下；與醫家經絡學說略有不同。對此差異，李時珍認為《紫陽·八脈經》所載經脈，稍與醫家之說不同，然景內隧道，唯返觀者能照察之，其言必不謬也。

第五節　胎息，結胎，聖胎及溫養

（1）胎　息

胎息者，指神氣相依，呼吸不以口鼻，其氣出入於丹田、毛竅。《黃庭經講義》：「修持之道貴在以神馭氣，使神入氣中，氣包神外，打成一片，結成一團，組成一條，凝成一點，則呼吸歸根，不至於散漫亂動，而漸有軌轍可

循。」如是者久之，即可成胎息。

何謂胎息？即呼吸之息，氤氳佈滿於身中，一開一闔，遍身毛竅與之相應，而鼻中反不覺氣之出入，直到呼吸全止，開闔俱停，則入定神出之期不遠矣。

（2）結　胎

結胎者，喻「精氣神」合一。《樂育堂語錄》說：「元神者，修丹之總機括也。藥物無此元神，是為凡精無用，不能結胎。還丹無此元神，是多幻相，不能成嬰。」

（3）聖　胎

聖胎者，喻為神氣合一所結之內丹。《樂育堂語錄》說：「吾竊怪世之修士，徒知精氣為寶，不知元神為主，總說成藥，亦不過保固色身而已，焉能結成聖胎哉！」

金丹大成說：問聖胎？答曰，無質生質，結成聖胎，辛勤保護十月，如幼女之初懷孕，似小龍之乍養珠，蓋神氣始凝結，極易疏失也。

（4）溫　養

溫養者，練功用火之一種。聽心齋客問說：「客問溫養？曰，只要常常意守真息，使神『氣』常常交媾，若出息微微，入息綿綿，上至泥丸，下至命門，周流不已，神『氣』無一刻不聚。」此之謂溫養。

第六節　小藥，大藥

（1）小　藥

是術語，元氣初生，氣機萌動力微。《樂育堂語錄》：「但其始也，天性之自動，氣機之偶萌，亦覺微微有跡，不

大顯相耳，吾教所以名多小藥生，又曰：一陽初動。」

（2）大　藥

是術語。（一）精氣神合稱。《翠虛篇》：「大藥須憑神氣精，採來一處結交成。」

（二）伍柳派丹法，練大周天所採之藥。《金仙證論。小周天藥物直論》：「行大周天初採藥時，謂之大藥。此處行小周天初採藥時，謂之小藥，或謂之真種子。」

第六章

十二經脈及奇經八脈

　　下述，是人體十二經脈及奇經八脈；為其循行及分佈的路徑，並有其所屬的輸穴及其具有特定意義的穴位，即是：井、滎、輸、經、合、五穴，分別指出經氣湧出、細流、彙集、壯盛以及深入的階段。個別有興趣者，可深入去研究，此不細說。

　　於此、只略說十二經脈及奇經八脈，它們的重要性是相等的。奇經八脈，各有所司；但能調節十二經脈的經氣。自古以來，醫家就常將十二經脈比喻為江、河、川之水道，具備運輸、流通、灌溉的功能。奇經八脈則喻為湖泊、兼有儲積、調節的功能。

　　此所述的十二經脈及奇經八脈，是依據及摘錄自《黃帝內經·難經》中所說的。奇經八脈也各有其循行的道路，可是，它們並無有類似十二經脈絡屬的臟腑及其關係，而只有督脈及任脈、有其本屬的輸穴，其他的六奇經脈則沒有。所以有些時候，也會將十二經脈與督、任二脈並稱為十四經脈。

第一節 十二經脈

十二經脈是對稱分佈在人體的頭臉、軀幹和四肢，縱貫全體。每一經脈皆分別有其屬之臟腑。手經行於上肢，足經行於下肢；陰經屬於臟，陽經屬於腑。四肢內側三陰經排列順序為：太陰在前，厥陰在中，少陰在後；四肢外側為三陽經排列順序：陽明經在前，少陽經在中，太陽經在後。

（1）手太陰肺經

其循行，在呼氣時由胸走手。經：①起於中焦下絡大腸，②還循胃口，③上膈，④屬肺，⑤從肺系橫出腋下，⑥下循臑內、行少陰、心主之前，⑦下肘中，⑧循臂內上骨下廉，⑨入寸口，⑩上魚，⑪循魚際，⑫出大指之端，⑬其支者，從腕後直出次指內廉、出其端；與手陽明大腸經相交接。手太陰肺經、經氣流注於寅時，則清晨3至5點，所經過的穴位共有11穴；由中府開始經雲門——魚際至少商。其循行動向見於圖（1）。

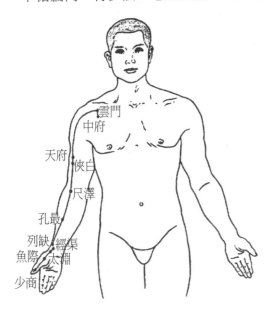

雲門
中府
天府
俠白
尺澤
孔最
列缺　經渠
魚際　太淵
少商

圖1　手太陰肺經與臉穴概觀

（2）手陽明大腸經

　　其循行，在吸氣時由手走頭。經：①起於大指次指之端，②循指上廉、出合谷兩骨間、上入兩筋之中，③循臂上廉，④入肘外廉，⑤上循臑外前廉，⑥上肩，⑦出髃骨之前廉，⑧上出於柱骨之會上，⑨下入缺盆，⑩絡肺，⑪下膈，⑫屬大腸，⑬其支者，從缺盆上頸，⑭貫頰，⑮入下齒縫中，⑯還出挾口，交仁中，左之右，右之左，上挾鼻孔；與足陽明胃經相交接。手陽明大腸經，經氣流注於卯時，則清晨 5 至 7 點。所經過的穴位共有 20 穴。起於商陽經二間——口禾髎至迎香穴。其循行動向見於圖（2）。

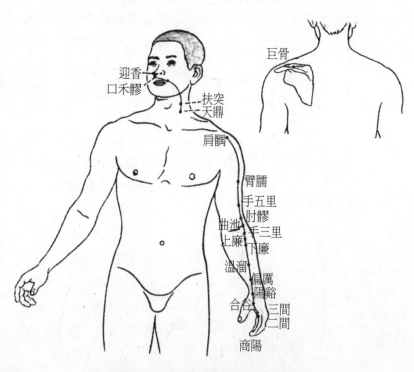

圖2　手陽明大腸經與腧穴概觀

（3）足陽明胃經

其循行、在呼氣時由頭走足。經：①起於鼻之交頞中，②旁納太陽脈，③下循鼻外，④入上齒中，⑤還出挾口、環唇，⑥下交承漿，⑦卻循頤後下廉出大迎，⑧循頰車，⑨上耳前，過客主人，⑩循髮際，⑪至額顱，⑫其支者，從大迎前下迎入，循喉嚨，⑬入缺盆，⑭下膈，⑮屬胃絡脾，⑯其直者，從缺盆下乳內廉，⑰下挾臍，入氣衝中，⑱其支者，起於胃口，下循腹裏，下至氣衝中而合，⑲以下髀關，⑳抵伏兔，㉑下膝髕中，㉒下循脛外廉，㉓下足跗，㉔入中趾內間（按：應作次趾外間），㉕其支者，下廉三寸而別，㉖下入中趾外間，㉗其支者，別跗上，入大趾間，出其端。與足太陰脾經相交接。足陽明胃經，經氣流注於辰時，則是早晨 7 至 9 點。共有 45 穴位。始於承泣經四白——到內庭至厲兌。其循行動向見於圖（3）。

承泣
四白
巨髎
地倉
承漿
水突
氣舍
頭維
下關
頰車
太迎
人迎
缺盆
氣戶
庫房
屋翳
膺窗
乳中
不容
乳根
承滿
梁門
關門
太乙
滑肉門
天樞
外陵
大巨
水道
歸來
氣衝
髀關
伏兔
陰市
梁丘
犢鼻
條口
足三里
上巨虛
豐隆
下巨虛
解谿
衝陽
內庭
陷谷
厲兌

圖3 足陽明胃經與腧穴概觀

（4）足太陰脾經

其循行，在吸氣時由足走腹。經：①起於大趾之端，②循指內側白肉際，過核骨後，③上內踝前廉，④上腨內，⑤循脛骨後，⑥交出厥陰之前，⑦上膝股骨內前廉，⑧入腹，⑨屬脾絡胃，⑩上膈，⑪挾咽，⑫連舌本，散舌下，⑬其支者，復從胃、別上膈，⑭注心中；與手太陰心經相交接。足太陰脾經，經氣流注於己時，則上午 9 至 11 點。所經的穴位共 21 穴。起始於隱白經大都——到周榮至大包。其循行動向見於圖（4）。

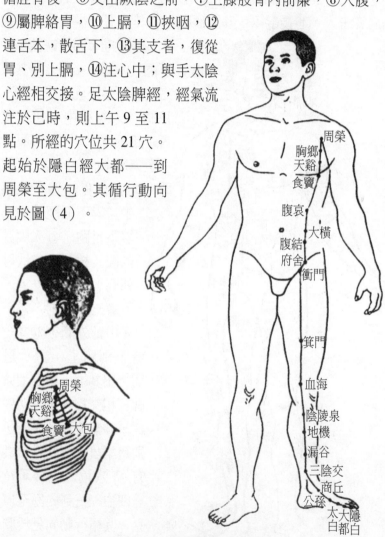

圖4　足太陰脾經與腧穴概觀

（5）手少陰心經

其循行、在呼氣時由胸走手。經：①起於心中，出屬心系，②下膈，絡小腸，③其支者，從心系，④上挾咽，⑤繫目系，⑥其直者，復從心系卻上肺，下出腋下，⑦循臑內後廉，行太陰，心主之後，⑧下肘內，循臂內後廉，⑨抵掌後銳骨之端，⑩入掌內後廉，⑪循小指之內，出其端；與手太陽小腸經相交接。手少陰心經，經氣流注於午時，則上午11至下午1點。所經之穴共有9穴。起始於極泉經青靈——到少府至少衝。其循行動向見於圖（5）。

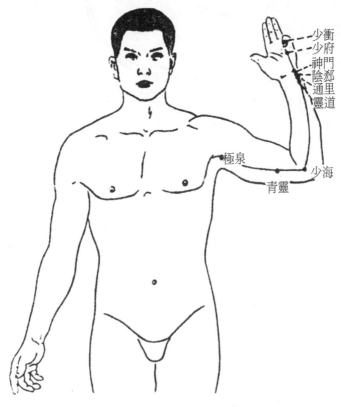

圖5　手少陰心經與腧穴概觀

（6）手太陽小腸經

其循行，在吸氣時由手走頭。經：①起於小指之端，②循手外側上腕，出踝中，③直上循臂骨下廉，出肘內側兩筋之間，④上循臑外後廉，⑤出肩解，⑥繞肩胛，⑦交臂上，⑧入缺盆，⑨絡心，⑩循咽，⑪下膈，⑫抵胃，⑬屬小腸，⑭其支者，從缺盆，⑮循頸，⑯上頰，⑰至目銳眥，⑱卻入耳中，⑲其支者，別頰，上䪼，抵鼻，⑳至目內眥，斜絡於顴；與足太陽膀胱經相交接。手太陽小腸經，經氣流注於未時，則是下午1至3點。所經的穴位共有19穴。起始於少澤經前谷——到顴髎至聽宮。其循行動向見於圖（6）。

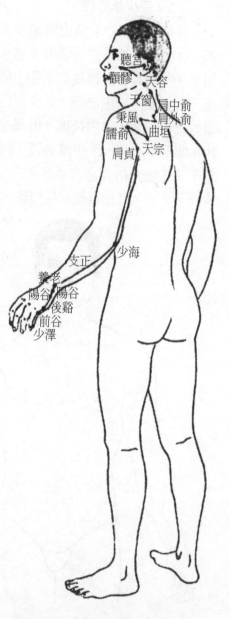

圖6　手太陽小腸經與腧穴概觀

（7）足太陽膀胱經

其循行，在呼氣時由頭走足。經：①起於目內眥，②上額，③交巔，④其支者，從巔至耳上角，⑤其直者，從巔入絡腦，⑥還出別下項，⑦循肩髆內，挾脊，⑧抵腰中，⑨入循膂，⑩絡腎，⑪屬膀胱，⑫其支者，從腰中下挾脊，貫臀，⑬入膕中，⑭其支者，從髆內左右，別下貫胛，挾脊內，⑮過髀樞，⑯循髀外，從後廉，⑰下合膕中，⑱以下貫踹內，⑲出外踝之後，⑳循京骨，㉑至小趾側；與足少陰腎經相交接。足太陽膀胱經，經氣流注於申時，則是下午 3 至 5 點。所經的穴位共有 67 穴。起始於睛明經攢竹——到足通谷至至陰。其循行動向見於圖（7）。

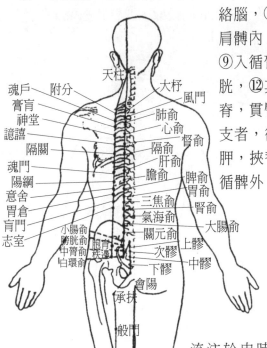

天柱　大杼　風門
魂戶　附分
膏肓　　　　　肺俞
神堂　　　　　心俞
譩譆　　　　　督俞
隔關　　　　　隔俞
魂門　　　　　肝俞
陽綱　　　　　膽俞
意舍　　　　　脾俞
胃倉　　　　　胃俞
肓門　　　　三焦俞　腎俞
志室　　　　氣海俞　大腸俞
小腸俞　　　關元俞
膀胱俞　胞肓　次髎　上髎
中膂俞　秩邊　　　　中髎
白環俞　　　下髎
　　　　　會陽
承扶
殷門
委中
浮郄　委中
委陽
會陽
承筋
承山
飛揚
跗陽
申脈　崑崙
　　　僕參
至足束京金
陰通骨骨門
　谷

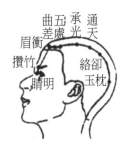

曲五承通
差處光天
眉衝
攢竹　　絡卻
睛明　　玉枕

圖7　足太陽膀胱經與腧穴概觀

（8）足少陰腎經

其循行，在吸氣時由足走腹。經：①起於小趾之下，斜走足心，②出於然谷之下，③循內踝之後，④別入跟中，⑤以上踹內，⑥出膕內廉，⑦上股內後廉，⑧貫脊屬腎，⑨絡膀胱，⑩其支者，從腎，⑪上貫肝膈，⑫入肺中，⑬循喉嚨，⑭挾舌本，⑮其支者，從肺出絡心，注胸中；與手厥陰心包經相交接。足少陰胃經，經氣流注於酉時，則是下午 5 至 7 點。所經過的穴位共有 27 穴。起始於湧泉經然谷──到彧中至俞府。其循行動向見於圖（8）。

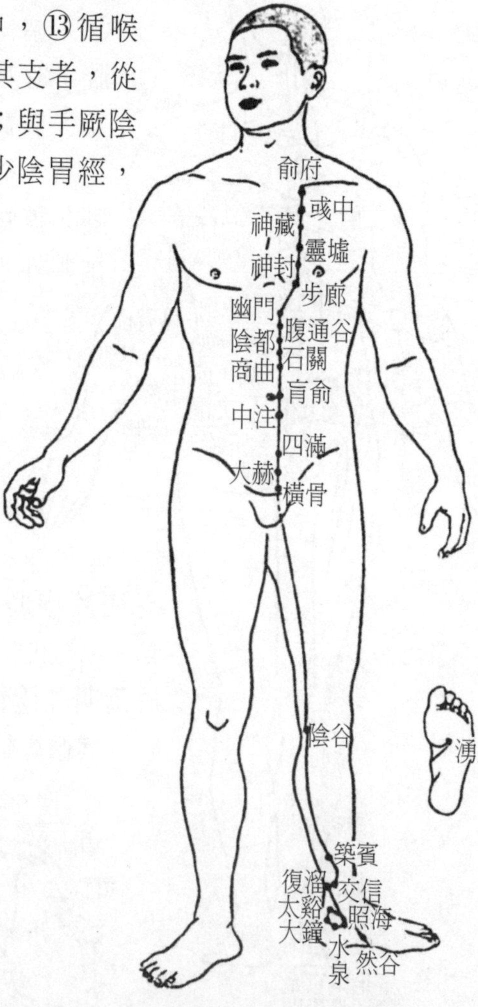

圖 8　足少陰腎經與腧穴概觀

（9）手厥陰心包經

其循行，在呼氣時由胸走手。經：①起於胸中，出屬心包絡，②下膈，③歷絡三焦，④其支者，循胸，⑤出脇，下腋三寸，⑥上抵腋下，⑦循臑內，行太陰少陰之間，⑧入肘中，⑨下臂，行兩筋之間，⑩入掌中，⑪循中指出其端，⑫其支者，別掌中，循小指、次指出其端；與手少陰三焦經相交接。手厥陰心包經，經氣流注於戌時，則晚上7至9點。所經過的穴位共有9穴。起始於天池經天泉——到勞宮至中衝。其循行動向見於圖（9）。

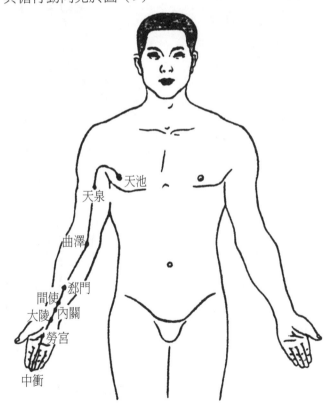

天池
天泉
曲澤
郄門
間使
大陵　內關
勞宮
中衝

圖9　手厥陰心包經與腧穴概觀

道家內丹功與現代生命科學

（10）手少陽三焦經

　　其循行，在吸氣時由手走頭。經：①起於小指次指之端，②上出兩指之間，③循手錶腕，④出臂外兩骨之間，⑤上貫肘，⑥循臑外，⑦上肩，⑧而交出足少陽之後，⑨入缺盆，⑩布膻中，散絡心包，⑪下膈，循屬三焦，⑫其支者，從膻中，⑬上出缺盆，⑭上項，⑮繫耳後直上，⑯出耳上角，⑰從屈下頰至頤，⑱其支者，從耳後入耳中，走出耳前，過客主人前，交頰，⑲至目銳眥；與足少陽膽經相交接。手少陽三焦經，經氣流注於亥時，則晚上 9 至 11 點。所經過的穴位共有 23 穴。起始於關衝經液門——耳和髎至絲竹空。其循行動向見於圖（10）。

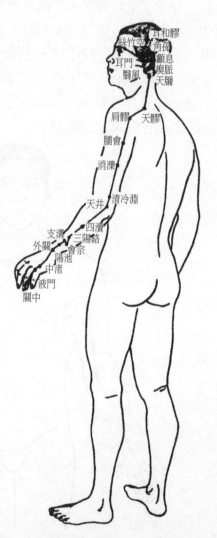

圖 10　手少陽三焦與腧穴概觀

（11）足少陽膽經

其循行，在呼氣時由頭走足。經：①起於目銳眥，②上低頭角，③下耳後，④循頸、行手少陽之前，至肩上，卻交出手少陽之後，⑤入缺盆，⑥其支者，從耳後入耳中，⑦出走耳前，⑧至目銳眥後，⑨其支者，別目銳眥，⑩下大迎，⑪合於手少陽、抵於頄，⑫下加頰車，⑬下頸、合缺盆，⑭以下胸，中貫膈，⑮絡肝，⑯屬膽，⑰循脇裏，⑱出氣衝，⑲繞毛際，⑳橫入髀厭中，㉑其直者，從缺盆，㉒下腋，㉓循胸，㉔過季肋，㉕下合髀厭中，㉖以下循髀陽，㉗出膝外廉，㉘下外輔骨之前，㉙直下抵絕骨之端，㉚下出外踝之前，循足跗上，㉛入小趾次趾之間，㉜其支者，別跗上，入大趾之間，循大趾歧骨內出其端，還貫爪甲，出三毛；與足厥陰肝經相交接。足少陽膽經，經氣流注於子時，則凌晨11至1點。所經過的穴位共有44穴。起始於瞳子髎經聽會——到俠谿至足竅陰。其循行動向見於圖（11）。

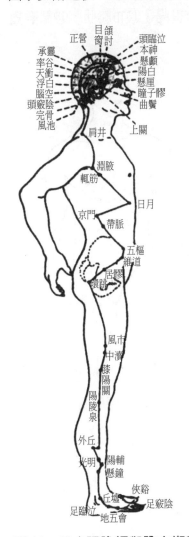

圖11　足少陽膽經與腧穴概觀

（12）足厥陰肝經

其循行，在吸氣時由足走腹。經：①起於大趾叢毛之際，②上循足跗上廉，③去內踝一寸，④上踝八寸，交出太陰之後，⑤上膕內廉，⑥循股陰，⑦入毛中，⑧過陰器，⑨抵小腹，⑩挾胃屬肝絡膽，⑪上貫膈，⑫布脇肋，⑬循喉嚨之後，⑭上入頏顙，⑮連目系，⑯上出額，⑰與督脈會於巔，⑱其支者，從目系下頰裏，⑲環唇內，⑳其支者，復從肝，㉑別貫膈，㉒上注肺；與手太陰肺經相交接。足厥陰肝經，經氣流注於丑時，則是凌晨1至3點。所經過的穴位共有14穴。起始於大敦經行間——到章門至期門。其循行動向見於圖（12）。

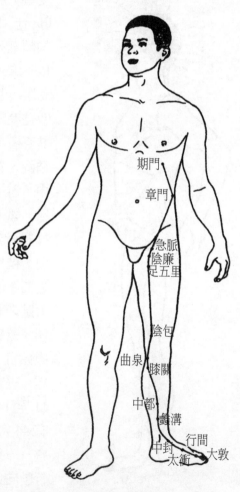

期門
章門
急脈
陰廉
足五里
陰包
曲泉 膝關
中都
蠡溝
行間
中封 大敦
太衝

圖12　足厥陰肝經與腧穴概觀

第二節　奇經八脈

　　張伯端在其八脈經曰：「八脈者，衝脈於風府穴下，督脈於臍後，任脈於臍前，帶脈於腰，陰蹻於尾閭前陰囊下，陽蹻於尾閭後二節處，陰維脈於頸項前一寸二分，陽維脈於頸項後一寸二分。」凡人皆有此八脈，俱受陰神所閉而不得開，唯打通任、督二脈，練成丹道周天始以「陽氣」所衝開。奇經八脈是先天大道之根，一氣之祖。打開奇經八脈陰蹻為先，此脈啟開諸脈皆通。次開任、督、衝三脈。為經脈造化之源。而陰蹻一脈，上通泥丸，下透湧泉穴，倘若能知使「真氣或陽氣」聚散皆經此關竅，則天門常開，地戶永閉。尻脈周流暢通於一身，貫通全身上下知，「陽氣」自然上朝，陽長陰消，水中火發，雪地花開，即是天根月窟往來，三十六宮皆是春也！

（1）督脈

　　其循行，在吸氣時往背脊上升。督乃陽脈之海，其脈起於腎下胞中，至於少腹，乃下行於腰橫骨圍之中央，繫溺孔之端，男子循莖下至篡；女子絡陰器，合篡間。俱繞篡後屏翳穴。別繞臀至少陰，與太陽中絡者，合少陰上股內廉，由會陽貫脊，會於長強穴。在骶骨端與少陰會，並脊裏上行。歷腰俞，陽關，命門，懸樞，脊中，中樞，筋縮，至陽，靈台，神道，身柱，陶道，大椎，與手足三陽會合。上啞門，會陽維，入系舌本。上至風府，會足太陽，陽維，同入腦中。循腦戶，強間，後頂，上巔，歷百會，前頂，囟會，上星，至神庭，為足太陽，督脈之會。循額中至鼻柱，經素

膠，水溝，會手足陽明，至兌端，入齦交，與任脈，足陽明交會而終。其循行動向見於圖（1）。

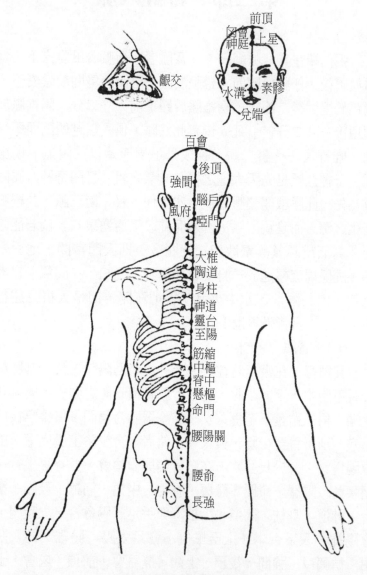

圖1　督脈與腧穴概觀

（2）任脈

其循行，在呼氣時由胸往腹下降。任為陰脈之海，其脈起於中極之下，少腹之內，會陰之分。上行而外出，循曲骨，上毛際，至中極，同足厥陰，太陰，少陰，並行腹裏，循關元，歷石門，氣海，會足少陽，衝脈於陰交。循神闕，水分，會足太陰於下腕。歷建里，會手太陽，少陽，足陽明於中腕。上上腕，巨闕，鳩尾，中庭，膻中，玉堂，紫宮，華蓋，璇璣，上喉嚨，會陰維於天突，廉泉。上頤，循承漿，與手足陽明，督脈會。環唇上至下齦交，復出分行，循面，繫兩目下之中央，至承泣而終。其循行動向見於圖（2）。

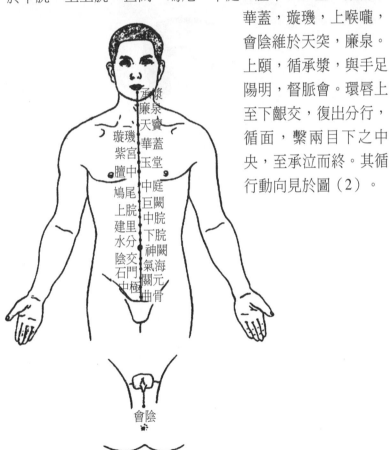

圖2　任脈與腧穴概觀

（3）衝脈

　　其循行，在吸氣時由腹往胸上升。衝為經脈之海，又曰血海，其脈與任脈，皆起於少腹之內胞中。其浮而外者，起於氣衝。並足陽明，少陰二經之間，循腹上行至橫骨。挾臍左右各五分，上行歷大赫，氣穴，四滿，中注，肓俞，商曲，石關，陰都，通谷，幽門，至胸中而散。其循行動向見於圖（3）。

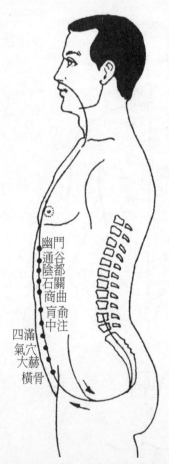

　幽門
　通谷
　陰都
　石關
　商曲
　肓俞
　中注

四滿
氣穴
大赫
橫骨

圖３　衝脈循行經（會陰上氣衝至幽門）

（4）帶脈

帶脈者，起於季脇足厥陰之章門穴，同足少陽循帶脈穴，圍身一周，如束帶然。又與足少陽經會於五樞，維道，凡 8 穴。其循行動向見於圖（4）。

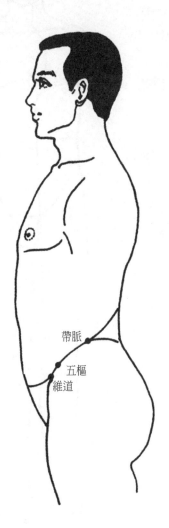

帶脈

五樞

維道

圖 4　帶脈循行路徑經（帶脈，五樞，維道）

（5）陰蹻脈

其循行、在吸氣時由左腳內側跟往左腹經胸上升至眉間。陰蹻者，足少陰之別脈，其脈起於跟中，足少陰然谷穴之後，同足少陰循內踝下照海穴，上內踝之上二寸，以交信為郄。直上循陰股入陰，上循胸裏入缺盆，上出人迎之前，至咽喉，交貫衝脈，入頄內廉，上行屬目內眥，與手足太陽，足陽明，陽蹻五脈，會於睛明而上行。凡經 8 穴。其循行動向見於圖（5）。

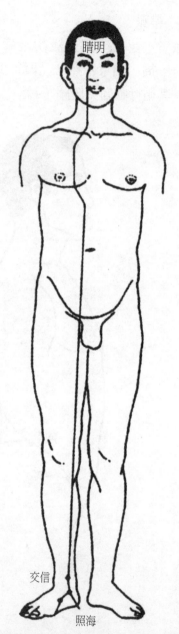

圖5 陰蹻脈循行經（由照海，交信至睛明）

（6）陽蹻脈

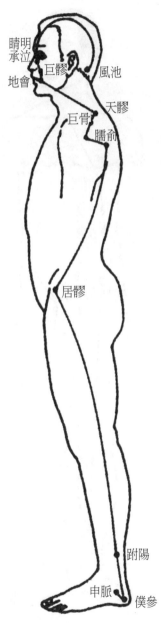

其循行，在吸氣時，由左腳外側經腰側往上升至頭。陽蹻者，足太陽之別脈，其脈起於跟中，出於外踝下足太陽申脈穴，當踝後繞跟，以僕參為本，上外踝上三寸，以跗陽為郄。直上循股外廉，循脅後髀，上會手太陽，陽維於臑俞，上行肩膊外廉，會手陽明於巨骨，會手陽明，少陽於肩髃，上人迎，夾口吻，會手足陽明，任脈於地倉，同足陽明上而行巨髎，復會任脈於承泣，至目內眥，與手足太陽，足陽明，陰蹻五脈會於睛明穴，從睛明上行入髮際，下耳後，入風池而終。凡經 22 穴。其循行動向見於圖（6）。

睛明
承泣
地會
巨髎
風池
天髎
巨骨
臑俞
居髎
跗陽
申脈
僕參

圖 6　陽蹻脈循行經（申脈，僕參上至睛明）

（7）陰維脈

其循行，在吸氣時，由右小腿上膝經腹往右胸上升至頸。陰維起於諸陰之交，其脈發於足少陰築賓穴，為陰維之郄。在內踝上五寸踹肉分中。上循股內廉，上行入少腹。會足太陰，厥陰，少陰，陽明於府舍。上會足太陰於大橫，腹哀。循脅肋會足厥陰於期門。上胸膈挾咽，與任脈會於天突，廉泉，上至頂前而終。凡經14 穴。其循行動向見於圖（7）。

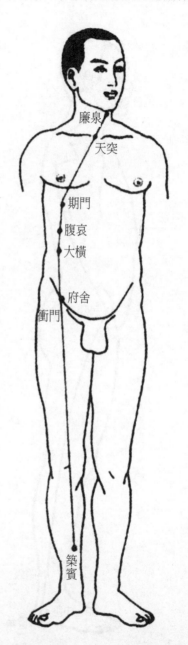

圖7　陰維脈循行經（築賓，衝門，府舍上至廉泉）

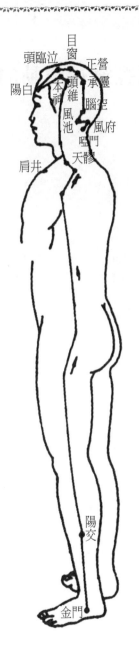

（8）陽維脈

其循行，在吸氣時，由左側腳跟側上經股、腰上肩往上升至左臉側。陽維起於諸陽之會，其脈發於足太陽金門穴，在足外踝下一寸五分。上外踝七寸會足少陽於陽交，為陽維之郄。循膝外廉，上髀厭，抵少腹側，會足少陽於居髎，循脇肋，斜上肘，上會手陽明，手足太陽於臂臑。過肩前，與手少陽會於臑後，天髎。卻會手足少陽，足陽明於肩井。入肩後，會手太陽，陽蹻於臑俞。上循耳後，會手足少陽於風池。上腦空，承靈，正營，目窗，臨泣。下額與手足少陽，陽明，五脈會於陽白。循頭，入耳，上至本神而止。凡經 22 穴。其循行動向見於圖（8）

圖 8　陽維脈循行經（金門，陽交上陽白至啞門）

第三節　呼吸經氣行的動向

1. 呼氣下注

（1）手太陰肺經（由胸走手）。

（2）足陽明胃經（由頭走足）。

（3）手少陰心經（由胸走手）。

（4）足太陽膀胱經（由頭走足）。

（5）手厥陰心包經（由胸走手）。

（6）足少陽膽經（由頭走足）。

（7）任脈（由胸往下腹走）。

2. 吸氣往上注

（1）手陽明大腸經（由手走頭）。

（2）足太陰脾經（由足走腹）。

（3）手太陽小腸經（由手走頭）。

（4）足少陰腎經（由足走腹）。

（5）手少陽三焦經（由手走頭）。

（6）足厥陰肝經（由足走腹）。

（7）督脈（由背脊往上）。

（8）衝脈（由前腹胸往上）。

（9）陰維脈（由右側體往上）。

（10）陽維脈（由左身側腿往上）。

（11）陰蹻脈（由右內側腿於右側往上）。

（12）陽蹻脈（由左外側身往上）。

這簡易之表，說明經脈，無論處於身軀的任何部位；當呼吸運行時，各經脈的經氣都同時在體內同時連貫運作，將經氣於軀內同時輸運到各經脈流注的地方。在奇經八脈及十二經脈中，除了帶脈之外，沒有上或下運行是受到呼吸影響的。

但亦會在呼吸之時，往左往右或前而後的運行，必會受呼吸的牽制。

由此，可使你體會到 20 經脈的大聯網，相互牽制及其運行功能制約，是不可思議的。這就是道家修練內丹靜功者，所要啟開的經氣流注的網路。由此，你可想像得到，在幾千年前，道家靜功內丹修者或禪家，是已經了解氣在體內運行的動向；特別是道家創下的「道家養生長壽學的＜周天運行法＞」，更是祖先們顯示出他們對脈絡運行有清楚瞭解的成果和智慧。

第七章

道家『內丹靜功』實踐篇

內丹功周天運行靜功實踐法

　　修煉內丹功的動、靜兩項功夫，主要是「治療未病之病」。就是增強腎臟的功能，以及打通任、督二脈，進而打通十二經脈及奇經八脈；使「氣」的營、衛功效達到最佳的狀況。同時自發治療病患，使氣成為自然防衛者，體內「無薪之醫生」。古人有說：「聖人不治已病，治未病之病。」防範是勝於治療。「陽氣」就是最佳的免疫系統，並促進內分泌自然的調整、運作於最高功能狀態；又使後天返先天，揭示人體生命活動的生理機能和規律。

　　學習內丹靜功的要求，準備和須知要點如下：

第一節　準備和須知

（1）正確的姿勢

　　坐式：坐式，有盤腿與垂腿兩種。可隨順習慣。一般盤腿久坐後腿易麻，故一般採用垂腿，則是坐在椅凳上，且別靠背，脊椎坐直，兩手輕放在大腿上，手心掌向下，輕按在

腿上。

　　盤腿坐，有雙盤及單盤或自由盤。雙盤腿，把左腳放在右大腿上面，再把右腳搬到左大腿上。兩手相合抱置於小腹前面，這坐法穩固不令搖動，但是不易做到。單盤，把右腿放在左腿上面，手勢如雙盤；自由盤，將兩腿相互交叉而盤坐。無論那一形式，兩肩下垂，腰要直挺，且勿用力，下額略向內回收。

（2）口　腔

　　口唇自然閉合，將舌的中部弓起成 90 度，舌尖輕點下顎。唾液分泌自然多了，放舌慢慢嚥下。咽津是很有益的，可幫助消化，並滋潤臟腑。古人說：「氣是延年藥，津為續命芝。」由此可知津液的重要性。咽津，使津液直入胃，有健胃與助消化的功能。仰頭吞津液，是引導津夜直接流入腎臟，對身體益處更大。

（3）眼　睛

　　閉目內視，跟隨功法所說的穴位。凝神內視，若久坐，精神散亂無法集中，睜開眼睛，思路自斷，閉目再坐。

（4）呼　吸

　　內丹靜功修習者，欲打通任、督二脈，呼吸是至為重要之關鍵。在修練的過程中，一直要注意呼氣，吸氣可不加理會，順其自然。初煉時以武火，感膻中心位處微熱，或身熱後；則改用文火，自然呼吸。在呼氣時，用「耳」聽氣息經膻中心位處；入身三寸處古稱「黃庭、華庭」或「天心」是也。

（5）修　煉

　　必持堅定不移之心，持之以恆，不求快捷速成，不要畏難而退。練功時，身體會發生很多「生理」上的變化，不要驚慌失措，泰然處之。亦不要執意追求，任何景象，稍後就會消

失。練功時，避免他人干擾，注意調息之呼氣，勿用口呼吸，宜用鼻子呼吸。當風雨交加，響雷時，請勿靜坐。內丹靜功著重在長期意守丹田，它是「陽氣、內氣或真氣」匯集的地方；是生命之本源地。全身之「陽氣」歸於氣海，即指丹田氣海。

（6）「陽氣或內氣」產生後

勿用意領或導引，任其自如。因為「氣」是無意識的東西。意領或導引，必得其反；但求勿忘勿助，自能撞關周天運行。

（7）呼　氣

由於兩肋向內向下合，橫膈膜上升，胸腔縮小，腹腔擴大，胸腔「陽氣」受壓力，即沿任脈入小腹，形成「心、腎相交」，產生真火；同時呼氣時，手三陰經陽氣，由胸運向手指，與手三陽經相接；足三陽經陽氣，由頭走足，與足三陰經相接，形成經氣的大運轉。在吸氣時經氣的運作剛好相反。亦說明了十二經脈在一呼一吸，「氣」的運行方法，凡習內丹靜功者需切記。

（8）張三豐《丹經秘訣》

凝神入竅有說：「太上曰，吾從無量劫來，觀心得道，乃至虛無。夫觀心者，非觀肉團血心，若觀此心，則有血熱火旺之患，不可不慎也。」

心與三焦在五行同屬火。故「觀心」者有血熱火旺之患，即也是「陽氣、真火」產生之處。只要神與氣合，緊緊不離，配以適當之呼吸方法，就能使在膻中心位處，陽氣、真火聚集，而產生「內氣」。經過呼吸運作的功能，而引發腎中之元氣。兩股氣隔合，形成另一股內氣、真火，於養生、生理、營、衛有很大的異效。三焦亦屬火，為何不能用以凝神合氣集於三焦呢？只因三焦，凝神內視「難」，而膻

中心位「易」的緣故。膻中心位就是「陽氣或真火」產生之
根源，並沒有其他更為直接有效之易法。

第二節　功法一：凝神回視膻中處

　　道家內丹功「靜功」築基之法，「煉之養氣，凝神調
息」。心靜則氣平，氣平則息勻，息勻則氣聚，氣聚則神
凝，神氣能合一；陽氣當旺，積聚久之，先天之真「氣」自
虛無而生也。

　　張紫陽祖師在八脈經曰：「八脈者、先天大道之根，一
氣之祖也。啟開經脈，惟陰蹻為先。此脈才動諸脈皆通。次
通任、督、衝、三脈。總為經脈造化之源。」氣動時一股氣
流在丹田中滾動，在練功時要留意此點。

（1）修　法

　　坐在椅凳上，準備好及坐定後，收神內視，即是閉目內
視膻中心位處或二胸骨（二乳中間）交接處。凝神合氣則為
精神集中，作「武火式」呼吸。在吸氣時，任其自然，不必
理會。在「呼氣」時，意識（神）隨著氣（息）通往膻中心
位或中丹田，並凝神聽（回視）呼氣於膻中心位或交接處。
武火呼吸時，不要發出粗糙之氣息聲。凝念於神息（呼
氣），反覆的做就會排除雜念。初時可能會做不到，只要堅
持，注意呼氣，漸漸就能克服思潮的生起。這就是凝神於膻
中心位即中丹田處的做法。

　　修靜功，即是精與氣相養；氣聚則精盛，精化氣於無
形，精盈則氣盛，精氣旺盛，神自虛靈。一呼一吸，則是使
先天氣與後天氣相互為用。煉精化氣，就是鍛鍊元氣（陽

道家內丹功與現代生命科學

氣），使其產生能盛行於體內。

（２）時　間

每天要固定時間練習。養成靜坐的習慣，對穩定思潮必有一定的幫助。在功法一，每日、早、晚、二次練習，每次三十分鐘左右。若是認真的練習，大約經過 20 小時左右，就可以使陽氣或內氣凝集。

（３）效　應

練功經過 8 至 10 小時後，即感膻中心位或胸骨交接處沉重，或有微溫。經過 12 小時後，每一呼氣時，即會感到一股熱流流入膻中心位的感觸，以及背部、髖也會有熱感。這象徵「陽氣、內氣或真氣」已經產生及集中。有了此內氣的出現，就奠定下一功法的基礎。是周天運行成功或失敗的關鍵，也是修靜功最投入的時候。

內丹靜功首要的功能，就是使全身中的氣、血逐步的疏通；在習練時，全身放鬆，精神集中，將神志轉向「任脈」上的「膻中穴」；同時經由呼吸的作用，讓氣、血在經絡中循環加強。集中神氣於膻中穴，促使腎間氣動。李時珍認為：「任、督二脈，人身之子午也，乃丹家陽火陰符升降之道，坎水離火交媾之鄉也。」

（４）感　受

在開始時，會感到坐得很不習慣，精神欠缺集中力，腰酸、背痛。呼氣時不能凝神回視氣至（呼氣）膻中位心或交接處。另外，舌不能常舐上顎。然而只要堅持，練習操作假以時日，就能運作自如。古人有說：「心妄則情忘，體虛則『氣』運，心死則神活，昧者不知。」

注意：初修時必須採用「武火法」，使「陽氣或內氣」的產生；但要注意，過於採用「武火法」，會使「陽氣」迅

速的產生及使全身暖熱，會造成喉嚨乾燥及會影響便秘。故在陽氣或內氣產生後，則應改採用「文火」（自然）呼吸，或「武、文參半」，目的是使陽氣或內氣產生。

另外，在練習呼吸時，當呼氣由小腹升起，經膻中心位時，自然使到尾呼氣（部分）仍留存在膻中心位處，隨著吸氣，當氣入時，隨順將餘存膻中心位的呼氣壓回小腹去，氣往下沉，跟著又呼氣，重複提升小腹中的內氣，便使小腹中之「內氣與陽氣」如滾球般的在轉動！這是由於在吸入外氣時，順著吸氣，將體內的陽氣或內氣引導入任脈，而抵達小腹。這段氣脈是由膻中到小腹，如是的運行，會形成「逆氣呼吸法」，以後要與「肺臟呼吸」調整成一致。成就「內氣呼吸」亦就奠定「胎息呼吸」的基礎。就有機會練就煉神返虛，煉虛合道，「性功」最高的境界。

老子曰：「虛極靜篤。」對內丹靜功的修煉影響深遠；「修性靠靜，修命亦靠靜」。整個性命雙修的過程，由始至終，都是靠靜。唯至「虛極靜篤」的程度，才能結丹，成就養生的大藥。所以道家築基功夫，無不是靜而養精之意。……故說：「一曰靜形，二曰靜神，三曰靜意，四曰靜息。」呂祖說：「萬物歸於靜，真不可思議也。」皆是著手訓練之功夫也。

第三節　功法二：神息相依氣下腹

功法二：是將氣沉下丹田。它的方法就是神息相依，使陽氣或內氣直沉入下丹田。還是由凝神回視氣息於心位或中丹田。每當呼氣時，意念留意下丹田，內氣或陽氣隨念自然

下往下丹田。

（1）修　法

坐在椅凳上，準備好及坐定後，收神內視，即是閉目，凝神回視氣息於膻中心位處。神息相依，久後熱能或陽氣生，隨吸氣時注入下丹田。由於精、氣本同源，精由氣化，氣由精生；煉精則是煉精、氣、神合一，啟開先天氣，融於後天氣，由大腦的有次序鍛鍊，使精、氣、神之間發生轉化；久之，火力到時則會發生變化，神妙出焉！陽氣生時只要小心，內氣或陽氣，就會自然的注入下丹手。古人說：「心靜則息自調，靜久心自定。」又，築基法要曰：「神靜則氣回，氣回則息和，息和則生津，津多自生精。」

（2）時　間

練功最好每日、早、晚，定時靜坐三十分鐘。長則十天便能通過氣沉下丹田；快者三天就可完成。神不離氣，氣不離神。就是性不離命，命不離神，二者則二而一，一而二者也。微微入息，綿綿內氣不出，外氣反入，神爐藥生於丹田。則是鍛鍊精氣神。

（3）效　應

每呼氣時，都感到一股熱氣或陽氣往下丹田送。在一般情形下，小腹有如涓涓流水聲響，腸、胃蠕動增強，矢氣的現象也增多。陽氣或熱氣注入小腹，腸、胃的功能會發生變化，驅除體內的滯氣。

（4）感　受

在陽氣或內氣經通腹腔至下丹田，胃臟、脾臟功能會有改善；臟腑中的大、小腸，膀胱，腎、肝臟等，都會漸漸的發生生理上的改變，通常都會感到食慾的增加，大、小便會發生異樣，則會有清洗消毒的情形現象。（若是陽氣或內氣

成功聚集於下丹田，漸漸的由於陽氣的聚集，小腹會變得硬硬如一粒球，至此情況，可以暫時停止武火而改用文息呼吸法，或完全停止注息入下丹田。此則胎息還原之初，眾妙歸根之始也）。

第四節　功法三：聚火開關守下丹

張三豐《丹經秘訣》說：所凝之神，藏於氣穴（下丹田），守而不離，則一呼一吸，奪先天元始祖氣。久而真氣、陽氣或內氣充滿，暢流於四肢，散於百骸，無有阻礙，則自然神爐藥生，則關自開焉。

（1）修　法

坐在椅凳上，準備好及坐定後，收神內視，即是閉目，神息相依，作功法一及二，至陽氣或內氣有了明顯的感覺，就可將陽氣以意引注氣止於下丹田。至時不需要再凝神、神息相依注意呼氣，避免發生過熱的影響，會使喉嚨有乾燥的感覺。改而用自然呼吸，就是文息式呼吸，唯將神志守在下丹田。這就體現了「靜」的實質，也就是「精神內守」的真義。進而漸漸的引氣沉於會陰，自會過尾閭，直撞三關。

（2）時　間

每日早、晚靜坐四十五分鐘，依前二功法練習，使下丹田充滿陽氣或內氣。故需要較長的時間，將內氣建立於下丹田，有如硬球狀，大約也要花十天的時間。

（3）效　應

由於神息相依注氣入下丹田，小腹聚集內氣如硬球狀。隨著功夫的增長，就會覺得腹部力量越來越大，自會引氣下

沉往下運行；有時感到陰部發癢，會陰穴處會跳動，古人稱之為地震，四肢百骸無阻礙；此時全身氣血通暢非常的舒服，或者有發熱，腰、髖均有發熱感，不過亦會因人而異，效果亦會有差異。

（4）感　受

保身之道，以安心養腎為主。心能安，則離火不外熒。腎能養，則坎水不外湍。火不外熒，必元神不病，而心癒。水不外湍，必無精洩之患，而腎愈澄。腎澄則命火不上沖。心安則神火能下照，精神交凝，結為胎息，可以祛病，可以延年。按心火者，火性上炎，腎水者，水性下流，故不知胎息靜坐之人，心腎不交，水火不濟。心氣向下，腎氣向上，兩者交，結鎮於丹田，則百病遂治，道家坐功之精義不過如此。

當任脈通時，陽氣或內氣集於中丹田，順任脈而下。心腎相交，水火即濟，陽氣或內氣就旺盛，使至心神平靜，就能治療一切與睡眠不良的問題。經過修練功法，陽氣或內氣不斷的加強，胃臟，大、小腸熱能增盛，脾、胃臟的吸收功能就會增加。故有病患者在修練功法時，食量會增加及體重亦會增加。由於水火既濟，心腎相交，元氣充足，促使精神旺盛。同時腎功能增強，若患有慢性病者都會有明顯的好轉。很多患有慢性病者：如腎病者、糖尿病者、與肝臟有關聯的病者及種種疑難雜症、無名雜病或水腫等病，都會有很顯著的改變及好轉！

修練進入到這個階段；願修者知道，道家養生長壽「內丹功之靜功」，已是煉成道家所謂之「煉精化氣」的奠基功夫。道家內丹功的築基，首先要求精滿，精滿是氣足，而「精」化「氣」於無形。而且在煉精化氣的過程，就能體會到「氣」或「熱」流全身；或反應八觸的現象；最低限度會

出現「熱」，於背部胸部及腰和髖部，以及身上如有螞蟻在行走似的。但是亦是因人而異，這就是「精」化「氣」所產生的現象。

第五節　功法四：真火歸中運周天

修練前三功法、使至陽氣或內氣凝集於下丹田，飽滿如球狀時；息「武火」為「文火」呼吸法。神志放鬆，不引不導氣的動向。意觀或任其自然的自導下任、督二脈交接會陰穴處、自覺此穴跳動。宜以文息呼吸、守丹田或意照會陰穴，靜觀其變。若是凝神役氣，引氣衝關，則會得其反。必須嚴守勿忘勿助，不引不導之原則，順其自然，氣自會過尾閭上脊柱。

（1）修　法

坐在椅凳上，準備好及坐定後，收神內視，即是閉目，使陽氣則真火聚於下丹田，自會歸納入任脈，而往下運行，經會陰穴，古亦稱「生死竅」，此為任、督交結處。實說體內的經脈實無始末之分，只因任脈屬陰，督脈屬陽，故是陰陽交結處。時因會陰穴跳動，應以意識照，不要分散意念。適當提肛，陽氣或真火自然進入尾閭穴，切勿用意領或導氣的流向，會得其反。只要凝神勿忘，氣自往上行，若真火足夠就會通過夾脊、大椎到玉枕穴，上百會到泥丸，經印堂穴祖竅，下膻中穴，降神闕而歸入氣海，納於下丹田。

如真火行至某處停下來，切記不要用意識向上導引，則是勿助。真火上升的快與慢是基於真火或陽氣在丹田的力量是否足夠。如是足夠，撞關就會立刻過去無阻，完成周天的

運行。若是真火不足停下來，待丹田力量再補充實後，就會自然繼續上行。切勿引導，會導致丹田真火力量脫節，是非常有害的。故必須任其自然，真火或陽氣的運行，不是神志所能左右的。在上行時，於玉枕穴若是有阻，只要雙眼內視百會穴，就可以通過。

（2）時 間

修練的時間到此階段就要相應的增加，以達一小時為佳。若是許可，次數不妨增加，因為這是最關鍵的時刻。通關的情形也會因人而異，感受亦有很大的差異。真火力量夠強，一次則過，同時會很猛烈，震動力也很大。真火或陽氣不足，就需要較長的時間或數天。通關是後天返先天的生理現象，是人人潛心練習都能做得到的。唯有你放棄這黃金不賣的良機。是很可惜的。

（3）效 應

由於陽氣或真火在下丹田充實飽滿後，小腹硬如球。在陽氣或真火順任脈往下運行時，至會陰穴使其活躍（會陰穴是陽蹻脈之交接處），也會使身體發熱，特別是在腰、腎的地方，以及背部，象徵陽氣或內氣已經散佈全身，撞關時機成熟，自會覺得有一股力氣沿脊柱上升。若是陽氣旺盛，撞關一次則能過，有時會發出響聲，或見一縷光往上沖，剎那就過去；有時保持良久；之後，則隨經印堂穴往下降落入氣海丹田。陽氣經尾閭上督脈，包括垂直上升式，全面而上式，曲線旋轉而上，停一下再上、又再停，上升下壓一點又再上升等形態。陽氣上升時，背部及脊椎都有不同的感受：如背部常有往上拔的樣子，頭部周圍拘緊，麻如螞蟻在走，或一種清爽的感受。於此階段必會遇到這種情形，唯有堅毅的心念，不可放鬆，至通關後，全面的情形自會改觀。畢生

受用無窮。

陽氣充足，氣由尾閭上督脈，採取漸進方式為最佳，不可勉強，不可冒進，應循序漸進。一般來說，以站樁和跪的姿態較為好。由於身體重量的壓力，地心吸力之故，會使陽氣自然的上升，若是上升過程稍有往回壓縮，所產生的反彈力就愈強，效果就愈好。

（4）感 受

督脈暢通後，陽氣或內氣與任脈的運作始可說是接通了。自此後陽氣或內氣運行無阻，自然的循環。古人稱之為「小周天」，亦有說「河車自轉」。將腎水運轉至全體，滋潤臟腑。陽氣不斷地補益腦髓，增進腦皮層的功能。也成就了人類的生命活動；則是攝取天氣（宇宙之元氣）和地氣的能量，亦則是食物和水分，在體內進行活動，起「營與衛」的二種狀態。

營者，由食物與水中攝取的精氣，流動於經脈之中，具有滋潤臟腑的功效。衛者，由食物與水中攝取的悍氣，流動於經脈之外側，具有防衛身體的功能，有助經年治而不癒的慢性病：如腎精耗損、內分泌失調、失眠、腰酸、背疼、腳軟、心慌、氣短、性慾減退等疾病，都可以有顯著的改善。恆久的修練內氣，都可望恢復健康，精力充沛，身體輕快，人如再造。

小周天歌

1. 微撮穀道暗中提　　2. 尾閭一轉趨夾脊
3. 玉枕難過目視頂　　4. 行到天庭稍停息
5. 眼前便是鵲橋路　　6. 十二重樓降下遲
7. 華池神水頻頻咽　　8. 直入丹田海底虛

　　上述實是啟開「小周天或周天河車」的功法。了融於心，有助小周天的修練，亦是古人修丹道的精髓及經驗。道家養生長壽內丹功之靜功，修練至此，已完成道家所說的「煉氣化神」的境界。因為當「氣」化「神」時，在靜坐練功時，是可見或體會到「光」或「金光」的出現，有時良久不絕，或變化萬千！光顯是「氣」化「神」的現象。所以，有時當陽氣衝關時，會現縷縷的「金光」或「白光」照亮內心，細心體會就會了然於心。

　　小周天運行圖，前為任脈，後為督脈，循行由前下後上。

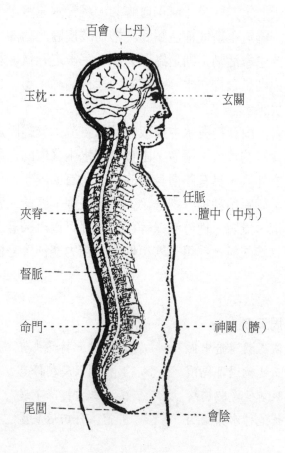

百會（上丹）

玉枕 ———— 玄關

夾脊 ———— 任脈

督脈 ———— 膻中（中丹）

命門 ———— 神闕（臍）

尾閭 ———— 會陰

第六節　功法五：坎離接養壽修真

　　坎離者亦稱乾坤。坎是水、在南；離是火、在北。是故有「取坎填離」之修法，又名河車功用，是道家的術語。水火即濟，乾坤交媾，三田返復，神氣合一等，均靠河車搬運來完成，則是小周天。在《鍾呂傳道記》論河車中說：「升天則上入崑崙，既濟則下奔鳳闕，運載元陽直入離宮，搬負真氣，曲歸於壽府。往來九州島，而無暫停；巡歷三田，何時休息？龍虎既交，令黃婆駕入黃庭，鉛汞才分，委金男搬入金闕。玉泉千派，運時正半刻功夫；金液一壺，搬過只時間功跡；五行非此車搬運，難得生成，二氣非此車搬運也，豈能交會？應節順時而下功，必假此車而搬之，方能有驗；養陽煉陰而立事，必假此車而搬之，始得無差。乾坤未純，其或陰陽而往來之，是此車之功也；宇宙未周，其或血氣交通也，是此車之功也；自外而內，運天地純粹之氣，而接引本宮之元陽；自凡而聖，運陰陽真正之氣，而補煉本體之元神，其功不可以備紀！」

　　水火篇曰：「夫火在心，為性者也；水在腎，為命者也」；二者實相以濟焉。腎之水，非心之火養之、則不能上升矣；心之火，非腎之水藏之、則不能下降矣。神與精氣交融則化為元氣。

　　《樂育堂話錄》：「大凡修道，必以虛靈之元神養虛靈無之元氣。此個元氣，非精、非氣、非神；然亦則精、即氣、即神、是合精、氣、神而為一者也。」

　　還精補腦，凝神煉精化氣，以神息運氣入腦，實是「取

坎填離」，陰陽配合，腎精、津液自然自生，造化精氣，相互潤養，循行於體，孕育滋潤五臟六腑，使身體健康而得長壽，以助修正真性，成就「性功」修持的宗旨。

（1）功　法

初修內丹靜功，則是人練功，次為功練人，最後則是人功合練。大道從中字入門。所謂中字者，一在身中，一不在身中，功夫須兩層做。第一，尋身中之中，「守中制處」。夫守中者，需要迴光返照，注意規中（丹田），於臍下一寸分三處，不即不離，此尋身中之中也。第二，求不在身中之中、喜、怒、哀、樂之未發時。此未發時，不見不聞，戒慎幽獨，自然性定神清，神清氣慧。到此方見本面目。此求不生身中之中也，以在身中之中，求不在身中之中。然後，人欲易淨，天理復明，千古聖賢仙佛，皆以為第一步工夫。

坐在椅凳上，準備好坐好後，收神內視，即是閉目。凝神意守丹田是基本長期的修持，使周天常運轉，以腎水營養滋潤身體。持續默守竅穴是很重要。故老子說：「常有欲觀其竅，常無欲觀其妙。」這是較為深入的靜坐方式。除守丹田之外，也可意守命門，百會穴或玄關竅。呼吸綿綿深入丹田或穴竅，使神氣不離。故心不外馳，意不外想，神不外遊，精不忘動，常薰蒸於四肢，河車不息，此為內丹靜功之正宗也。

（2）時　間

在這個階段的靜功修練，時間之長自不在話下。每天應該安排時間靜坐，時間越長就越好，最少一至二小時為適宜；使周天之氣運轉通暢，增強旺盛，有助啟開十二經脈及奇經八脈；對養壽修性會有很大的益處。自然免疫功能提高，疾病減少。所以靜功的時間是沒有說足夠的。別認為

任、督氣運行被啟開後，便可以一勞永逸，一暴十寒的心理是要不得的。經脈中之氣也會再次被阻塞，若是放棄持續修練；因為每一經絡都擁有很多支脈管，由於新陳代謝的輸清不完善，經絡就會重新被阻塞。若出了問題，重新再啟開經絡，促進新陳代謝運輸功能，又要再加一番周章。

打通任、督二脈，正是「靜功」修持的開始，「築基」剛好完成。現在是開始「溫養」，並對「氣」的功能取得領悟，及瞭解如何去保持，使到氣助延年益壽和「修真」是很重要的。所謂溫養，則是周天運行後，使陽氣集於下丹田，使用武息，將陽氣引上來脊後稍作溫養；在進行溫養時是採用文息，約5至10分鐘之後；以「吸」的武息，將陽氣提升到泥丸穴，作溫養5至10分鐘；又以「呼」的武息，把陽氣降下至膻中穴，又溫養5至10分鐘。於此，當陽氣下降時，必須把舌尖舐住上牙齦，若不，則會因任、督二脈不連接，陽氣會有「誤流」的後果。最後，將陽氣降下於下丹田，續溫養5至10分鐘。

初次「周天運行」後，須用武息呼吸法溫養。經三週後，應以文息進行溫養。長期採用武息，會引發全身氣的發動，使氣難於控制；因氣不穩定，若是作深及長的呼吸，會將氣大量的排出體外，造成身體冰冷的現象，不可不慎。

任、督二脈的打開為修「命與性」功的基礎也是剛開始，是促進身體的健康的第一步；還要進一步，修正內丹靜功的「性功」亦則是「修性」，才能達到道家「性命雙修」的要求。在任、督二脈打通後的三、五年，實會是命功的修持。之後，才會往「性功」的修練，因為周天運行「靜功實踐功法一至四」都是動功（內心神識主宰），而「功法五」是完成整個功法的過程。古有訓：「神行則氣行，神住則氣

住。」定時修練周天運轉就是那麼的重要。

當年鳥窠禪師與白居易有這麼一段對話！禪師說：「薪火相交，識神不停」，這就是心火相煎。人為什麼有病呢？心火煎之故！試想自己業識茫茫，生不知從來？死不知何去？不知父母未生以前的本來面目，不知無夢想時主人公何在？一天到晚在妄想中，學問再好，道理再懂，那也是心火相煎，不能截斷眾流，有什麼用？還不是任由生命掌握而不能自主。能夠成就練神返虛，及練虛合道，方可見到曙光；這條道路又不知還有多遙遠呢？甚麼時候能使「識性」停下來呢？

（3）效　應

任、督二脈通關之前後，陽氣或內氣在體內的運作是很強盛的，氣感很大很濃。陽氣或內氣所到的地方，亦會因人而異；有者整身發熱、有者身如觸電（身體本有電能）的感覺；有如冰水流至、有如螞蟻在身上走動、或某部位發麻或疼痛之感覺，引起種種異樣的感受，有時是難於忍受。這就是氣衝病灶，氣發生治療的原因。

另外，也有八或十觸的發生：則是，熱、冷、浮、飄、沉降、高、大、縮小、癢、壓等感覺。出現這種情形時，不要驚恐，是氣療的反應，唯有堅持，定心去接受，這種情況自然就會消失平復。

陽氣或內氣運轉之後，除了「營、衛」的功能之外，還幫助使血液流行暢通，減低心臟泵血液的收縮力。陽氣或內氣運行旺盛，溶於血液中，有助將營養輸送至極小的微細血管，使身體各部分及肌肉，都獲得所需要的營養，和負起新陳代謝完善的功能。氣行旺盛及有力，自然形成經絡及骨幹的氣牆，（有如輪胎中之氣）或氣包，起到保護經絡及骨

骼，當受沮擊或跌倒碰撞時，免受震盪和被折斷。實際上陽氣和內氣是人體天然的「鐵布衫」，以及氣行充沛，有助填補骨骼中的空隙。若是骨髓衰弱減低，或乾涸，有助骨骼之髓恢復增長，使骨骼不易折粹或跌斷。

（4）感　受

保持周天運轉恆常定時而修，陽氣或內氣的旺盛是必然的。心腎相交，腎水滋潤全身特別是大腦，必能增長內分泌的產生，調整荷爾蒙的分泌，必會促進身體的健康，陰陽得平衡，體能必然增強，生理活動的機能也會得調整及改善；原有的痼疾及慢性疾病，就會改善或痊癒，堅持修練，就可以達到身心健康益壽延年。家庭和事業也會出現喜氣洋洋之狀。

凡修周天運行靜功者，該是時候踏入性命雙修。在命功修時，陽氣運轉，形成腹息呼吸，會與肺呼吸，形成不同的動作同時發生。由此時開始，應著重於腹息呼吸。調整兩息的運作，有助漸入胎息的修習（這是煉神還虛的基礎，不在本書的範圍之內，故不細談）。同時行、走時，也要注意呼吸的運作，訓練自己，在呼氣時，觀想氣由玉枕行至印堂，經鼻呼出；在吸氣時，注意到氣有如在尾閭穴處被抽上玉枕穴處。如此恆常的運轉周天之氣，有助你在行、走時，不感到氣喘，口乾、行、走輕便，健步如飛。實是使神氣會合謂之「橐籥」。

「橐籥」者，皆我之呼吸也，指心、腎。《太上・橐籥秘要》說：「夫橐籥者，人之心腎也。心者，神之宅。腎者，氣之腑。」神氣會合，心腎既濟，腎水潤心身。益壽延年，助你成就修性修真的美好理想。

第七節　功法六：站樁守臍氣自發

　　「神行則氣行，神住則氣住」。任、督二脈既通關，陽氣自能周天運轉。有者以導引，或意領，使河車似自轉，仍是難達到完美的境界。故要進一步採取助煉法，使得陽氣能自發，無時不在運轉。若是達到自發的境界，只要稍為定神或留意，就可以測出陽氣的運作，氣感是很強很盛的，若是陽氣未能自發，是感覺不到的。這是「無為法」，是站樁入靜的鍛鍊，能助袪除心中的雜念。有說：「心不平，氣不和。」站樁效果不大。

（1）修　法

　　雙腳並立後，提右腳橫伸，右腳跟置於左拇趾側處，右腳拇趾之位置，就是站立應有的寬度，回收右腳與左腳平行而站。雙手下垂，兩膝下蹲，膝與腳拇趾尖垂直。精神放鬆，整身四肢皆應放鬆，下蹲調姿使尾閭突出，並略往後坐，兩手略屈伸，十指尖相對，相距三寸，兩手置於臍前，作抱球狀，掌心向內，離臍約八至十寸。舌頂上顎，凝神於印堂穴，使意隨神收集，兩眼微閉，心照臍內三寸的地方。

　　全身放鬆，萬念皆空。集神內視神闕，耳回聽神闕，意想神闕。心不外馳，耳聽元神於神闕鼓盪運轉通達全身，心安神寧，萬念歸一。貫徹凝神集意於神闕，成就目內回視，心不動亂，雜念不起。則是「恬淡虛無」。

（2）時　間

　　站樁的時間不需太長，一天兩次，每次只需十五至二十分鐘，重質不重量。結束時首先向大腦作個訊息，「不煉

了，收功了」。然後慢慢的站直，不可快，漸起漸體會膝漸伸直的反應，快反而不好。站直後避免馬上走動；首先作腹部前後左右搖動，依順逆時鐘等方向之運動。而後作鬆腳及兩腳踩的鬆弛運作。

跟著搓揉熱勞宮穴，貼於神闕穴。男者，左手魚際穴緊按於神闕穴，右手內勞宮穴貼左手外勞宮穴。女者相反，右手在內，左手在外，雙掌由左往下右繞臍轉動九次；再由右往下左繞臍轉動九次。按時觀想神隨手轉圈時轉，意想全身之「氣」被收入臍內。接著搓揉熱勞宮穴，將雙掌按在背後兩側腰肌，並上下輕搓揉腎俞三十六次，有強腎之效。

（3）效　應

練功時，形體放鬆。由於骨骼鬆弛，緊張度降低，耗能減少，耗氧低，達到促進氣、血高度的運行，效果顯著。

凝神於神闕穴不可執著，要做到若有若無。始有意，終無念，存無守有，神意歸一。最後做到無思無念，物我兩忘。這是站樁養心忘形最高的境界，亦是靜功氣動（動功使氣自發運轉）最高的成就。是上乘「靜功」中的動功，最為簡單亦最為直接，可惜很難使初修練者取信其效。

靜是練功治病的主藥。入靜程度深或淺與病療的功效是成正比的。生命在最安定平靜的情況下，才能發揮到最佳的狀態。身體一切活動相應地減少及變慢，就能減少不必要的能量消耗，生命自然得到延長了。

（4）感　受

修練站樁功會使陽氣或內氣出現自發的動象。就能自然疏通經絡，自動排除病氣，廢氣，濁氣。更有促進速疏通十二經脈及奇經八脈，使經絡運作旺盛，新陳代謝也能達到最佳的狀況。站樁功練到後期，自發動象自會消失。則由「煉

氣」轉入「煉神」的階段。

臍、神闕穴稱為「命蒂」，係先天真氣、陽氣出入之所。神闕穴在任脈循行路線上，是陰氣集中之所。凝神意守神闕，是導入靜，使氣打開穴位，疏通經絡，產生自發動象的關竅。

神闕直對命門，亦稱生命之門。是衝、任、督三脈的始源。是五臟六腑之本，十二經脈之根，吸收之門，三焦之源。也是元氣的儲藏地。是人「精神之舍」，元氣之繫。凝神意守神闕穴，牽連到生命之根。真陽氣動和增長，有助任、督二脈之氣旺盛，啟開奇經八脈，恢復胎息的功能。疏通代謝，協調五臟六腑，修護病灶，強狀體魄有不可思量的幫助。

腎俞在命門的兩旁，是腰關節最活躍的地方，是藏精之所。適當的搓揉腎俞有強腎壯腰的效果，並促進腰部血氣運作疏通，防止腰肌勞損和腎臟疾病引起的腰酸痛。腎精虧損，腎陽氣弱，揉腎俞有培元補腎的功效。治腎臟病的要穴是腎俞，搓揉腎俞對男子陽痿，女性白帶過多，療效顯著。

站椿功對性腺衰弱，性前列腺肥大，或性前列腺增長過盛，有特別顯著的療效。超過一半年齡六十歲以上的男性，會患上性前列腺肥大；而八十歲以上的男性，每十人則有八人，會患上性前列腺肥大，包括性前列腺增長，或前列腺癌症。這兩項病症，會造成排尿的困難，以及排尿次數明顯增加等。前列腺癌初期也可能沒有任何症狀。

打通任、督二脈進而煉站椿功，能使陽氣或內氣自發運行。更有助加速打通十二經脈及奇經八脈。站椿功的效果非常高，唯修練者自知。站椿功是周天運行更上一層樓的功法。所謂內丹功，「動、靜」雙修是相互補助其一不足之功

法。沒有打通任、督二脈，著重練習站樁功，益處不大。若是單練站樁功，三、五年後有可望打通任、督二脈。試問在今天商業繁忙，工作壓力大，不能立竿見影的功夫，幾人能有耐心堅持去練呢。

要知道修練站樁功，特別是在打通任、督二脈之後，修練的效果是非常的顯著。除了增長陽氣的暢通之外，初練此功時，會使你汗流浹背；練完功後，心身感到無比的舒服。此站樁功久煉之後，出汗就會越來越少，陽氣在體內循行就變越細精微，就能促使陽氣在體內侵入的越深。要知初通任、督二脈後，「氣」行是不很深入，或在肌肉脈管外循行。可是陽氣越細微時，你可以測知陽氣會漸入骨，後進入骨髓。這則是陽氣暢通於整個形體，亦是陽氣運行最高的境界。可惜不是容易做到，也要經過長時間的修練或許會有成果。而關鍵是在「意識」，它不知不覺的自行控制氣的運行。所以有說：「道法自然」。而「自然」兩字，在陽氣運行及修持時，是非常重要的，特別是在靜坐時。故「放鬆自然」是修持的最高境界，也是達到最完善深入的秘訣。但是在深入時，若境界出現時，不要害怕及馬上停止，放鬆自然，堅持下去，可成就的境界並不是言語可闡述的。盼望修者留意、謹慎！

第八節　功法七：側眠氣運體回春

道家睡覺時，練功的方法非常多，亦是最寶貴。道家、文始派和少陽派，集於一身的陳摶祖師，所傳的華山睡功，又有稱為「五龍蜇法」，多被後人學習及採用。凡修及成功

啟開任、督二脈及周天運行者，在實踐實修時，是用來聚集陽氣或內氣最高級的臥功。使修者在熟睡時，是「功練人」的方法，促進陽氣或內氣、無止休的在循環運行。見於「赤鳳髓」功法：右側臥、右手置於枕部、左手摩擦腹部、右腿在下微曲、左腿壓在右腿上，凝神調息、吸氣三十口、在腹運氣十二口。

（1）修　法

右側臥、右手五指伸直、貼在右臉下。中指觸太陽穴、舌頂上顎、右腿曲如弓、微提外陰夾襠；左腿壓貼於右腿上、左腳略曲、膝內側壓於右腳的腳跟上、適宜的調至舒服感；左手握拳後，置於臍前或放在左腿上；並凝神內視河車運轉。呼氣時、觀陽氣或內氣經玄關、鵲橋、十二重樓、壓下丹田；吸氣時、照氣由尾閭、經命門、夾脊、玉枕過泥丸穴至玄關。如是來往槖鑰不停，形成「功練人」，而自然放鬆，默默運行，呼吸綿綿。要知道，右手掌托耳、右掌心為心火，耳為水、二者形成水火既濟。

（2）時　間

臥功的練習，沒有時間的限制。恆常的練習此功，有助陽氣或內氣的凝集，自然會補充白天所消耗的精力。持續練自然而入睡。

（3）效　應

右側臥，不會有任何副作用。若是學習左側臥，亦可作為輪換；可惜左側臥久後，會感到不舒服，主要原因是，上側體重壓著心臟、因心臟略在左。故右側臥仍是最佳姿勢。全身皆自然放鬆，沒有任何壓力。身形如弓，腿曲才能使陽氣或內氣自然持續的運轉全身（試想河彎曲處，水流沖擊力之大）；因為兩腿伸直、陽氣或內氣不自行，不能完成「功

練人」的要旨。身形如弓，手三陽、手三陰、及足三陽、足三陰，經過「功練人」，在長夜漫漫中完成最如意的新陳代謝功能，助恢復體力，還精補腦，遍體舒暢；醒來時，精力充沛、氣力飽滿。

（4）感　受

內丹靜功的臥功，簡單容易，功效因人而異。患病者或有各種慢性病者，修練臥功，不但可獲得充足的休息，也可以治療疾病，一舉兩得，病自痊。凡修內丹靜功者，可以做到行、站、坐、臥都能使陽氣或內氣，時時在運行，達到「人功合煉」的效果；自然可以達到身體健康，延年益壽，這不是夢想，是可實踐的。

右側臥，不會產生「鼻鼾」，也不會因睡眠時由於肺氣不足，而產生「吹氣泡」的現象。這兩種毛病都是「仰臥」所產生及逐漸養成的生理問題。是很少有人注意到的生理現象，也是一種病態。

道家內丹功祖師　陳摶　聖像（臨本）華山睡功

道家內丹功與現代生命科學

附文1：張三豐《打坐歌》

初打坐，學參禪，這個消息在玄關；
秘秘綿綿調呼吸，一陰一陽鼎內煎。
性要悟，命要傳，休將火候當等閒；
閉目觀心守本命，清靜無爲是根源。
百日內，見效驗，坎中一點往上翻；
黃婆其間爲媒妁，嬰兒姹女兩團圓。
美不盡，對誰言，渾身上下氣沖天；
這個消息誰知道，啞子做夢不能言。
急下手，採先天，靈藥一點透三關；
丹田直上泥丸頂，降下重樓入中元。
水火既濟眞鉛汞，若非戊己不成丹；
心要死，命要堅，神光照耀遍三千。
無影樹下金雞叫，半夜三更現紅蓮；
冬至一陽來復始，霹靂一聲震動天。
龍又叫，虎又歡，仙樂齊鳴非等閒；
恍恍惚惚存有無，無窮造化在其間。
玄中妙，妙中玄，河車搬運過三關；
天地交泰萬物生，日飲甘露似蜜甜。
仙是佛，佛是仙，一性圓明不二般；
三教原來是一家，饑則吃飯困則眠。
假燒香，拜參禪，豈知大道在目前；
昏迷吃齋錯過了，一失人身萬劫難。
愚迷妄想西天路，瞎漢夜走入深山；
天機妙，非等閒，漏洩天機罪如山。
四正理，著意參，打破玄關妙通玄；

子午卯酉不斷夜，早拜明師結成丹。

有人識得眞鉛汞，便是長生不老仙；

行一日，一日堅，莫把修行眼下觀。

三年九載功成就，煉成一粒紫金丹；

要知此歌何人作，清虛道人三豐仙。

　　中國丹道名家、太極拳祖師張三豐之《打坐歌》為古今中外，稀有難得者。直指道家內丹功養生修真秘訣，開示佛道參禪之要旨；實是罕有珍貴，而為實修之經典。故爾特附它於所講的道家內丹功靜功之後。讀者中，如習練了推介的道家內丹功之動功後，再參研所介紹的道家內丹功之靜功後；如欲再攀登道家內丹修練新高峰，最好能在道家內丹功修者指引下，按照張三豐《打坐歌》及《丹經秘訣》中蘊含的道家內丹靜功下手功夫，認真修練；自會康壽超凡，天人合一，直入仙境。

道家內丹功祖師　張三豐　聖像（臨本）

道家內丹功與現代生命科學

附文 2：陳攖寧《性命雙修》丹訣 24 首

01. 光明寂照遍河沙，凡聖原來共一家。
    一念不生全體現，六根才動被雲遮。

02. 真心浩浩妙無極，仙佛聖賢從裡出。
    世人執著小形骸，一顆玄珠迷不識。

03. 兩儀肇分於太極，乾以直專坤闢翕。
    惟賴中間玄牝門，其動愈出靜愈入。

04. 天地之間猶橐籥，橐籥須知鼓者誰。
    動靜根宗由此得，君看放手有風無。

05. 性之根兮命之蒂，同出異名分兩類。
    合歸一處結成丹，還為元始先天氣。

06. 先天至理奧難窮，鉛產西方汞產東。
    水火二途分上下，玄關一竅在當中。

07. 一竅虛空玄牝門，調停節候要常溫。
    仙人鼎內無他藥，雜礦銷成百煉金。

08. 天機秘密難傾吐，顏氏如愚曾子魯。
    問渠何處用功夫，只在不聞與不睹。

09. 聞於不聞好溫存，見於不見休驚怕。
    尤貴勿忘勿助間，優而遊之使自化。

10. 杳冥才覺露端倪，恍惚未曾分彼此。
    中間主宰這些兒，便是世界真種子。

11. 恍惚之中尋有象，杳冥之內覓真精。
    有無從此交相入，未見如何想得成。

12. 天心復處是無心，心到無時無處尋。
    若謂無心便無事，水中何故卻生金。

13. 忽然夜半一聲雷，萬戶千門次第開。

　　若識無中含有象，許君親見伏羲來。

14. 西南路上月華明，大藥還從此處生。
　　記得古人詩一句，曲江之上鵲橋橫。

15. 塞兌垂簾默默窺，滿空白雪亂參差。
　　殷勤收拾無令失，佇看孤輪月上時。

16. 妙運三田觀上下，團成一氣合西東。
　　憑君遙指崑崙頂，夾脊分明有路通。

17. 子時氣到尾閭關，逆轉河車透甑山。
　　要在八門牢閉鎖，火符進退任循環。

18. 只求一味水中金，鎮攝虛無造化窟。
　　促將百脈盡歸根，念住息停丹乃結。

19. 怪事教人笑幾回，男兒今日也懷胎。
　　自家精血自交媾，身裡夫妻真妙哉。

20. 從此仙苗漸現形，隨時灌溉守黃庭。
　　養胎八九功將熟，忽覺凡軀已有靈。

21. 饑餐渴飲困來眠，大道希言順自然。
　　十月聖胎超脫出，奔雷震裂上丹田。

22. 空不頑兮色不礙，世界能壞他不壞。
　　有為事畢又無為，無為也有工夫在。

23. 法身剛大包天地，真性圓明貫古今。
　　若未頂門開巨眼，休誇散影與分神。

24. 打破虛空消億劫，既登彼岸捨舟楫。
　　閱盡丹經萬萬篇，末後一句無人說。

　　24首詩歌，出於各家之手筆，余將其集合一處，先後排列，頗具深心，學習果能全部貫通，即身就可成仙作佛，不必待到他生後世矣。

陳攖寧遺像。生於清朝光緒六年，公元 1880 年，仙逝於 1969 年，世壽 89 歲。

附文 3：呂洞賓《性命雙修》詩 12 首

01. 不負三光不負人，不欺神道不欺貧。
　　我人問我修行法，只種心田養此身。

02. 一日清閒自在仙，六神和合報平安。
　　丹田有寶休問道，對境無心莫問禪。

03. 奉眞修道守中和，鐵杵成針要琢磨。
　　此事本然無大巧，只爭日逐用功多。

04. 息精息氣養精神，精養丹田氣養身。
　　有人學得這般術，便是長生不老人。

05. 如鼎沸，如沉淪，失道迷眞業所根。
　　有人平卻心頭棘，使把天機說與君。

06. 酒色財色四堵牆，人人都在裡面藏。
　　有人跳出牆兒外，便是長生不老方。

07. 天涯海角人求我，行到天涯不見人。
　　忠孝義慈行方便，不需求我自然真。

08. 舉世人生何所依，不求自己更求誰？
　　絕嗜慾，戒貪癡，莫把神明暗裡欺。

09. 命要傳，性要悟，入聖超凡由汝做。
　　三清路上少行人，畜類門前爭入去。

10. 人人氣血本通流，營衛陰陽百刻周。
　　豈在閉門學引氣，正如頭上又安頭。

11. 精養靈根氣養神，此真之處更無真。
　　神仙不肯分明說，迷了千千萬萬人。

12. 一毫之善與人方便，一毫之惡勸君莫做。
　　衣食隨緣自然安樂，算什麼命問什麼卜？
　　欺人是禍饒人是福，天理昭昭報應甚速。
　　諦聽吾言神欽鬼伏。

道家內丹功祖師　呂洞賓聖像（臨本）

附文4：黃元吉丹法語錄

　　凡人欲學一事，必先見明道理，立定腳根，一眼看定，一手拿定，不做到極不休。如此力量，方能了得一件事，縱不能造其巔，亦不至半途而廢，為不足輕重之人。凡事有然，又何況性命之光哉？言及神仙，世上人人俱愛，而教之學習此道，百中難得一二。嗚呼！紅塵滾滾，孽海茫茫，有何樂處？有何美處？獨奈何人不及察，反因此而喪厥良心。不惟不能超凡入聖，且宛轉生滅，愈趨愈下，其受盡諸苦，更不堪言。吾師是以代之悲也。今又為爾生幸焉，歷年辛苦，一生真誠，故有今日之遇。如精神不振，淡淡相將，今日如故，明日依然，吾恐法收之後，緣了之餘，悔亦晚矣。論自古神仙，那一個是天生就的？都由菲伊朝夕，由少而多，自微而著，積而至於輔天匭地，亙古及今得來。

　　故曰：「釋迦不從地湧，太上不自天生。」即滿空真宰，無一不幾經折磨、幾遭屈辱，而始修成正等正覺如來金身者，又何況爾中等根器哉？又莫說年華已邁，歲月無多，恐有心學道，而無成道之期。不如聽其自然，一任造化為轉移，隨其意之所之。全不收拾精神，整頓心力，則如無繮之馬、無索之猿，勢必狂奔妄躑而不已。又況生居中國，有禮義文教之光華；又逢法會，得聞道德性命之真諦：此種因緣，即歷代仙師，亦少有如此之便易者。何也？生等但盡其誠，不待出門一步，自獲真傳。試思古來仙子，雖今日成道，神住大羅天宮，而當日遨遊九州，受盡多般苦腦，歷盡無數風霜，至於貨財之靡費，更無論焉。旁門之拐騙，且不言矣。待至積誠久而結念深，居心苦而行道難，然後仙真深憐困窮，切念勞苦；然後感而下降，始將大道玄機，一步一

步傳出。俟功圓行滿，始為一洞真仙焉。生等較前賢之遇師聞道，其難易為何如也？且自古仙師，多有因時會不良，星辰不偶，深處艱難，無可如何，然後看破紅塵，出而訪道。如呂祖四十而遇鍾離，五十而得聞至道。張三豐祖師六十而始拋家訪道，七十而得火龍授訣。以此觀之，只怕不肯一心向道，那怕年紀之已老耶！吾道有云：「凡人不怕不年輕，只怕向道不心誠。」縱至九十、一百歲，果能如法修練，無論男子婦人，都有移星轉斗之權，起死回生之妙也。

　　自古學道最年輕者，除文殊觀音外不多聞。非少年人道之難也，由少年奉道，多有游移兩可，二意三心，更有仗恃時光，怠於從事，不甚迫切，是以學者多而成者少也。惟爾等中年老邁之人，凡塵色相，已曾歷試其艱；世上名利，都是屢經其苦。非但世界聲華，視同嚼蠟，了無意味，且知諸般苦趣，皆藏於其中，所以道心生而人心死，人心隱而道心彰，始可了悟前因、深徹命寶。雖曰苦盡甘來，而當其矢志靡他，杳不知有修練之苦，是以一劫造成，不待另起爐灶焉。生等果能嘗得世味苦否，道味甘否，這邊重一分，那邊輕一分。切莫似少年人塵緣未了，凡心未空，且功修未積，孽障難消，是似徒思得道，而不能成丹也。生等具挺挺志氣，浩浩天衷，自然丹成，指顧雲騰足下矣。

　　諸子談及陽生之道，已非一端，總不外無思無慮而來。即如貞女烈婦，矢志靡他，一旦偶遇不良，寧捨生而取義。又如忠臣烈士，惟義是從，設有禍起非常，願捐軀以殉難。此真正陽生也，不然何以百折不回若是耶？由是推之，舉凡日用常行，或盡倫常孝友，或矜孤寡困窮，一切善事義舉，做到恰好至當，不無歡欣鼓舞之情，此皆陽生之候，只怕自家忽焉見得。忽焉又為氣陰也，又怕自家知道，因而趾高氣

揚，喜發於言，形動於色，洋洋栩栩，不如自收自斂，視有如無，因被氣習牽引而散矣。又或讀書誦詩，忽焉私慾盡去，一靈獨存，此亦陽生之一端也。又或朋友聚談，相契天懷，忽然陽氣飛騰，真機勃發，此亦陽生之一道也。更於琴棋書畫，漁樵耕讀，果能順其自然，本乎天性，無所求亦無所欲，未有不優游自得，消遣忘情者，此皆陽生之象也。總要一動即覺，一覺即收，庶幾神無外慕，氣有餘妍。而丹藥不難於生長，胎嬰何愁不壯旺？即或不至成仙，果能持守不失，神常返予穴中，氣時歸於爐內，久久真陽自發生矣。尤要知人有陽則生，無陽則死。以此思之，縱自家鮮有功德，不能上大羅而參太虛，亦可邁俗延齡，為世間地仙人仙焉。諸子從此悟得，方知陽即道，道即虛無自然。子思之謂「道也者，不可須臾離也」，其即此收斂陽光，不許一毫滲漏之說歟！諸子卓有見地，吾故以鋪天匝地、亙古歷今之真正元陽，無時無處而不有示之者。若以此示初學人，反使無路入門，將他本來色相，一片歡欣鼓舞之機，亦窒塞焉。

人生天地之間，除卻金丹大道、返還工夫以外，形形色色、享不盡之榮華富貴，無非一幻化之具。在不知道之凡夫，第以聲色貨利為務，謂家有贏餘，皆前世修積得好，今生受用甚隆。誰知享用多則精神消散，到頭來，不惟空手歸去，而且天地與我之真，亦消歸無有。此即太上謂「天地萬物，盜我之元氣」者是。是知榮華美景，即到帝王將相，不知修性立命，還不是日積日深，惟耗散其真元而已，而真身毫無益焉。故富貴之勞人，不如貧賤之適志者此也。古云：「在世若不修道德，如入寶山空手回。」斯言洵不誣矣。吾師往來蜀郡，見世人非役志於富貴功名，即馳情於酒色財氣，吾心甚是憐憫。獨奈何有心超度，而彼竟不知返也。且

不惟不肯受度，反嘖有煩言，謂吾道為奇怪。噫！如此其人，吾雖有十分哀憐之意，而亦未如之何也矣！諸子思之，當今之世，人心汩沒，不大抵如斯耶？獨不思一劫人身，能有幾何？轉眼光陰，就是遲暮，焉知今日富貴，轉世不貧賤乎？又焉知今日為人，轉世不畜類乎？古云「人身難得，中國難生，大道難逢」。既得人身，幸生中國，又聞正法，此即無上因緣也。較諸帝王將相，忽焉而亨，忽焉而滅，轉世即不堪零落者，此其境遇，不高出萬萬倍耶？苟能由此潛修，即使不成仙作聖，而轉世再生，猶為有根之人，斯亦幸矣。況乎今茲法會，天上格外加恩，直准一劫修成。諸子際此良緣，一個個努力前進，不怕難，不辭苦，惟有矢志於道德之場，潛心於功行之地，難道天上神仙，盡屬癡聾，而不見不聞者乎？只怕人不肯用心耳，莫患天神之不默護提攜也。諸子當此世道紛紛、人心昏瞶，在凡人以為時處其難，而在有道高人，則又以為大幸。何也？若使境遇平常，不經磨折，不歷坎坷，還不是平平度去，又孰肯回心向道，著意求玄？以便此千磨萬難，事不遂意，人不我與，方知塵世境況，都是勞人草草，無有一件好處。於是淡於名利，而潛心為我，厭於人世，而矢志清修。縱今日不得為仙，然仙道已歷其階。若使轉世為人，難道天神豈肯捨爾而他求哉？所以古人云：「神仙還是神仙種，哪有凡夫能作仙」者，此也。

　　吾再論今日之遇。如今學道人，不下千萬，能得真常妙道、全體大用無一不與之講明者誰乎？惟諸子從吾講學，無有一絲半點遺漏。而墮於一邊之學者，此其遇為何如也？足見神天之道，獨於生不吝焉。且生自入道來，屢遭磨勵，歷受風波。在旁觀看來，學道人還不荷天之庥，反遭許多驚恐。殊不知遭一番讒謗，即進一分道德；經一番磨煉，即長

一分精神。且也夙根習氣,為之一消,前冤後孽,由此一除。此正如人之染污泥,經一番洗滌,而身軀爽泰矣。又如金玉藏於石中,經一番鍛鍊,而光華始出矣。此福慧雙臻之道,不在於安常處順,而在於歷險經艱。生莫因人言肆起,而稍有退縮之志也。吾觀諸子,是神仙真品,不似拖泥帶水者,又想神仙,又思富貴、兩念交雜於一心者比。吾再諭修練之道,莫要於水火,須要水清火白,方為先天水火。火何在?心中之性,性即火也。然性有二:有氣性,有真性。氣性不除,則真性不見,仍不免事物之應酬,一時煩惱心起,化為凡火,熱灼一身,而真性為之消滅焉。故煉丹者,第一在凝神。凝神無他,只是除卻凡火,純是一團無思無慮,安然自在之火,方可化凡氣而為真氣也。諸子打坐,務將那凡火一一消停下去,然後慢慢的凝神。如此神為真神,火為真火,然後神有方所。不知其地,漫無歸宿,不知其法,何以下手?此氣穴一處,所以為歸根復命之竅也。其間一開一合,順其自然,我之神,只有主宰之而已,絕不隨其長短消息,此即凝神之法也。凝神於此,息自然調,日變月化,仙胎成就,猶赤子初得父精母血,有此一團胎息,不疾不徐,不寒不熱,而十月出胎成人矣。至於水,何在?腎中之精,精即水也。然有妄情、有真情,二者不明,丹必不就。苟妄情不除,則水經濫行,勢必流蕩而為淫慾。

學者欲制妄情,離不得元神返觀內照,時時檢點,自然淫心邪念,一絲不起,始是真情。倘有動時,即為真氣之累。我於此攝念歸真,採取而上升下降,收回中宮土釜,鍛鍊一番,則大藥易得,大丹必成。此水火二者,為人生身之本,成仙作聖之根,切勿混淆而用,不分清濁也。諸子勉之,此近時急務也。

吾示明心見性之真諦。夫先天之心即性，先天之性，即虛無元氣，要之一虛而已矣。人自有生後，氣質之拘，情慾之蔽，恩愛之纏，此心之不虛者久矣。氣為心使，精為神役，馳逐妄遊，消耗殆盡。此學人下手興工，所以貴凝神調息也，蓋神不凝則散，散則遊思妄想迭出，安能團聚一區，以為煉丹之主帥！惟能凝則一，一則虛，我心之虛，即本來天賦之性；外來太空之虛，即未生虛無之性。息不調則放，放則內而臟腑，外而肌膚，無非一團躁急之氣運行。欲其凝聚一團，而為我造命之本，蓋亦難矣。惟能調則平，平則和。我身之和，即我生以後，受天地之命，太和一氣。即未生以前懸於天地之命，此即真性真命，與天地人物，合而不分之性命，亦即神仙造而為神仙之性命也。生等欲復命歸根，以臻神化之域，亦無他修，只是凝神令靜，調息令勻，勿忘勿助，不疾不徐，使心神氣息皆入於虛極靜篤而已矣。但非造作之虛，乃自然之虛。

故天地鬼神人物，同一源也。然亦非虛而無實也。惟我之神既虛，則天地清和之氣，自然相投。人之所以參天地，贊化育，變化無窮，神妙莫測者，即此神息之虛，得感清虛之氣入來。此虛中所以有實也。久久凝聚，自然身心內外有剛健中正、純粹以精之景。如此見性，方是真性發見。心何以明？惟虛則靈，靈則明，明則眾理俱備，萬事兼賅。未動則浩浩蕩蕩，無識無知，所謂內想不出，外想不入，但覺光明洞達，一理中涵，萬象咸包，斯得之矣。及觸物而動，隨感而通，遇圓則圓，隨方則方，活潑不拘，似游龍之莫測。又云：「靜則為元神，動則為真意，神與意一也，不過動靜之分焉耳。」又聞古云：「心無性無主，性無心無依。」心所以載性，性所以統心，是知心之高明廣大，神妙無窮者，

即性之量也。明得這個真心，即明性矣。但此性未在人身，盤旋清空為元氣，既落人身為元神，要皆虛而不有。學者下手之初，必要先將此心放得活活潑潑，托諸於穆之天，遊於太虛之表，始能內伏一身之鉛汞，外盜天地之元陽。久之神自凝而息自調，只覺丹田一點神息，渾浩流轉，似有如無。我於此守之照之，有如貓之捕鼠，兔之逢鷹，一心顧諟，不許外遊。自然內外感應，覺天地之元氣。流行於一身內外，而無有休息也。性功到此，命功自易焉。彼世之山精水怪，能化人形，命功亦云極矣。但出而觀玩，見可欲則貪，見可畏則懼，甚至做出不仁不義、無廉無恥事來，所以終遭誅戮，而莫能逃者，皆由少煉性之工耳。吾師教人，必以明心見性為先務者，正謂此也。諸子知之否乎？

「煉心」二字，是千真萬聖、總總一個法門。除此而外，皆非大道。須知生生死死，輪迴種子，皆由一念之不自持、妄情幻想，做出百般怪誕出來。所以古人用功，必先牢拴意馬，緊鎖心猿。何也？蓋一念之動，即一念之生死所關：一念之息，即一念之涅槃所在。是則道之成也，豈在多乎？只須一念把持，自可造於渾渾淪淪，無思無慮之天。縱有時念起心動，亦是物感而動，非無故自動。如此動心，心無其心，雖日應萬端，亦真心也。否則心有其心，雖靜坐寂照，亦妄心也，學人造到此境，夫豈易易？要不過由一念之操，以至於如如自如，了了自了，神通造化，德配乾坤而已矣。只怕玄關一動，而漫不經心耳。果能常操常存，毋稍放逸，遇魔不退，受辱不辭，惟一心一德，將此虛靈妙體，涵養久久，自然日充月盛，而玄關現矣。夫玄關一竅，是吾人煉道丹頭，勿區區於大定大靜中求。孔子曰：「我欲仁，斯仁至矣。」若必待大定大靜，然後才有，孔子又不如是便易

指點。可見學人修養之時，忽然靜定，一無所知所覺，突起知覺之心之前無所思，後無所憶，乾乾淨淨，即乾元一氣之本來面目也。從此一念修持，採取烹煉，封固溫養，久久自成不測之仙。然而小定小靜，亦見天心之來復。若人事匆匆，思慮萬端，事為煩擾，如葛之緣蔓、樹之引籐，愈起愈紛，愈紛愈亂，無有止息，為之奈何？但能一念回光，一心了照，如酒醉之夫，迷睡路旁，忽地一碗涼水，從頭面噴去，猛然一驚而醒，始知昏昏迷迷，一場空夢，即此玄關竅也。昔南極仙翁示鶴臞子，真元心體，實自玄關一竅尋來，動靜與俱，隨時緣有。但非感動，無以覺耳。試有人呼子之名，子必應之曰「有」。此一應是誰？雖曰是口，然主宰其應者，真善於指點者也。是知知覺不起時，萬境皆滅，即呼即應，真元顯露，方知此心不與境俱滅。知覺紛起時，萬境皆生，一呼一應，真元剖露，方知此心不與境俱生。以此思之，知覺不起時，心自若也；知覺紛起時，心亦自若也。以其為虛而靈也，虛則有何生滅哉？只怕雜妄縈擾，恩愛牽纏，看之不空，割之不斷，斯無以為造道之本耳。

總之此竅，只此息之頃，以前不是，以後不是。如人當靜寂之時，忽有人呼其名，猛然一應，即玄關矣。一應之後，陰陽判為兩儀，又非玄關也。玄關者，太極將分，兩儀將判之時也。動不是，靜亦不是，其在靜極而動，動極而靜之間乎！所謂動靜無端，玄關亦無端，學者須善會之。

近來所傳者，都是上上乘法。生須從靜定中細心體貼，方有會悟，不然，恐信手翻閱，無大滋味。不知吾單詞隻字，都從心坎中掏出，無半句誑汝也。下工之始，神遊太虛，洞觀本竅，則以虛合虛，而心明性見，隨時俱在，不待真陽生也。可惜人只知養虛，不知去間虛之物。亦第知心馳

於欲為不虛，不知力絕夫欲，亦為不虛。夫以多欲令人神傷，絕欲亦令人心勞。二者雖有不同，其為心之障則一而已，顧不曰虛而曰陽生。蓋以虛言，則恐人墮於無一邊。曰陽者，即示人虛中得實，含有圓明洞達，無限神通在內。惟能虛之極，陽乃從中而生，我即以真意採取之，烹煉之，沐浴溫養之。一如天地初開，煙雲障蔽，真陽一到，而融融春意，無非是一團太和，醞之釀之，以外悉化為烏有矣。有者既化，而無者又從此生，蓋實者虛，而虛者實，要皆一陽之氣，自然造化於其中，而初無容心焉。定光經云，得道之驗，第一宿疾齊消，身心爽快，行步如飛，顏色光耀，皆一陽之化化生生者也。但願生具一堅固耐苦心，不造其極不止。平日用工，亦要識虛字之妙，方有進步。此處得力，才算真得力，真實受用。他如一切榮顯，皆春花在目、浮雲障天，毫無意趣也。若不得此般至樂，斷無有不傾於勢利場者。學人造到此境，才不枉一番心志。

再示生煉心之道；夫煉心，本自虛靈洞達，只因有心無心二字著之，所以不明而昏，不虛而窒。人能存誠以立其體，隨緣以應其機，即程子所謂「心普萬物而無心，情順萬事而無情」是也。生能如此，即一刻中萬事應酬，俱如山中習靜一般。若不如此，即閉門靜坐，亦如萬馬營中，擾攘不休。故莊子云：「不制其心，心不得其正；強制其心，心亦不得其正。」惟有存其心而不使之縱，寬其心而不使之忘，如此動靜惟一，隱顯無分矣。是豈易得者哉？生須從此審定玄關一竅：常常採取，不失其時；進退火符，不違其制；沐浴封固，不愆於度。則神氣打成一片，真機常在目前。自然天然，一任外緣紛集，此心直與太虛同體，毫不動心焉。

吾言玄關一竅，是虛而靈者之一物，才能了生死、脫輪

迴，為億萬年不朽之法身。從此體會出來，務令乾乾淨淨，精瑩如玉，不使纖芥微塵，染而壞之，即是仙家。若有一毫染著，算不得自在無為，逍遙快樂仙子。自此一想，不但酒色財氣，與一切富貴驕淫，一毫染著不得；即功滿人寰、德周沙界，亦須一空所有。名立而退，功成不居，才得靈光獨耀，回脫塵根。夫以本來事物，無形無影，不可捉摸，是色是空，難於擬議。惟養以虛無之氣，宰以虛無之神，斯虛與虛合，而大丹可成矣。他如才知聰明，所為一切文章技藝，極奇盡變，皆是身外之物，當不得生死，抵不倒輪迴。不惟於我無干，且心繫於此物之中，神牽於此物之內，適為我害道種子。就是立功立德立言，功參造化，德並乾坤，只算一點仁心。慈悲濟世，可以為民父母，若欲卓越成仙，則猶未也。蓋以德事在外，而非關乎己之修練、盡性立命，堪為後世規模也。爾等得聞此訣，亦是人間第一稀有之緣。孔子曰：「朝聞道，夕死可矣。」明道之得聞，亦大幸事，大快事也。何況爾等得聞訣後，吾師更加十分提示，十分校正，其成真作聖，有可必者。總之此訣，均由天授，必其人功德有加，心性不改，遇魔不退，受謗不辭，一任處之維艱，總是心心在道，方許傳訣，使之聞正法眼藏。否則且卻且前，私心宜用，莫說神天不許、吾師不傳；即使傳授親切，有時不免魔鬼阻滯心靈。故古仙云：「此道至神至妙，憂君分薄難消。」足見能消受得此訣者，皆是有道德仙根者也。爾等既聞此訣，莫看容易，皆由十餘年辛苦，歷試諸艱：在在無辭，然後得聞，且以其為載道法器，異日可成，然後得語，爾等要想十餘年日夜繫懷，都為此道，今日幸聞正法，不加功，不前進，不惟無以對我，捫心自問，其何心哉？為山九仞，功虧一簣，豈不可惜！爾等從此加功，不過百日之久即

可築基，而我命由我，不由神與天也，否則難矣。就說陰騭可以延年，然亦主之在天，非我可必。又況自古神聖，斷無不死，以氣數之命，尚且難傲，何況凡民哉！爾等既聞此訣，莫大宏福，趕緊將基築成，長生可必矣。

太空之所以生生不已，直至億萬年而不滅者，非果空而不空也。中有至誠之神，主宰其中，復有流行之氣，運用於外，而太空渾渾淪淪，初不知有神，亦不知有氣，並不知為空，只自順其氣化流行，盈虛消長，與時偕行之常。故曰：「其為物不貳；則其生物不測。」夫所謂物者何？無極而太極，太極本無極也。惟其如此，所以生化不測，變化無窮，悠久無疆也。又曰：一個太空，浩浩蕩蕩，團團圓圓；分之無可分，合之無可合；寂然不動之神，具感而遂通之妙。感而遂通之際，寓寂然不動之神。故無物無感、覺性不滅；有物有感，覺性不生。夫以其生滅在物，而太空無生滅也。若太空有生滅，亦太空有斷續時也。且太空之為空，無聲無息，又從何而生滅哉？人亦太空之所生，何以獨有生死，而不得上同於太空乎？蓋受生之初，其主宰之神，流行之氣，原自渾淪磅礴，不識不知，嬰孩之所以日長也。迨至成人而後，知識日開，私慾日起，又以物慾之乘，情偽之感，憧憧往來，朋從爾思，是以人心之空，直為物慾所塞，而與太空之空，不相似焉。人欲成不生不滅之神，與太空同無終始，可不虛其心、恬其神，而仍恃血氣流行之氣可乎？

吾前云，玄關一竅，實在神冥氣合，恍恍乎入於無何有之鄉、清虛玄朗之境。此時心空似水，意冷於冰，神靜如嶽，氣行如泉，而初不自知也。惟其不知有神，不知有氣，並不知有空，所以與太空之空同。功修至此，動靜同夫造化，呼吸本夫氣機，皆由吾身真陰真陽，合而為一之氣，所

以與天地靈陽之氣，一出一入，往來不停，以彼此混合，團成一區，空而不有，實而不著也。若使沾滯昏瞶，烏能感之而通，如此靈妙哉？諸子必須神凝氣中，氣包神外，兩者混融，了無分合，忽焉混混沌沌，入於杳冥之地。斯真虛真靈，兩相和合，不啻人呼而谷傳聲，風鳴而竅作響，自然之理也。此正靜合地體之凝，動合天行之健。其呼也，我之氣通乎天之氣；其吸也，天之氣入於我之氣。致中和，天地位，萬物育。豈有他妙？亦求諸己而已。

生問進火採藥，在後天原是兩項，不是一事。吾今細細言之。夫進火者，凝神一志不分也。採藥是用外呼吸之氣，一升一降，一出一入，順其自然是也。若陽動藥生之時，即將內之精神，一意凝於丹鼎，即是進火；將外之呼吸，出入升降，以包裹之，即是採藥。進火是進火，採藥是採藥，不可混而為一也。若但用外呼吸升降往還，而神不凝於丹鼎，則雖真機勃發，必散漫一身，而無歸宿之處。若但見陽氣勃發，以意凝注，而不用後天呼吸，以包裹之，則藥氣止於其所，惟以壯旺下元，沖舉腎氣而已。

生等若未瞭然，吾再喻之：夫進火猶鐵匠之爐，而加以柴炭也。採藥，猶鐵匠之風箱，而抽動也。若但抽其風箱，而爐中不加以炭火，則火不雄而金不化。若但加以炭火，而手中不抽動其箱，縱有柴有炭，亦只溫溫爐內而已，安望煉成有用之物哉！生等思之；火是火，藥是藥，進是進，採是採，後天法工，原是如此。他如採大藥於無為之內，行火候於不動之中，此是火藥合一，進採無分：生等此時工夫，尚未到此。以後陽生之時，還要自家審得歸真地步，方是有為無為、有作無作的實際。吾教生等用數息之法以收斂其心志。平居無陽之時，有此法工，可以把持自家的心，不至亂

走。一到陽生藥產，須採之歸爐，神火溫養，尤須要用火無火、無藥採藥，方合天地宇宙元氣，可以生生不已、化化無窮者焉。至於一陽初動，用提掇之法，此是生等邇時之工，亦不外內之神思，聚而不散，夕之氣息，調其自然而已耳。生每打坐時，覺有躁氣衝動不安之意，此不是意思打緊，即是自己色身上陰氣凝滯。法當用呼吸之凡火，真人之元火以溫養之，使之自化而後可。何謂真人元火？古云：「耳目口三寶，閉塞勿發通。真人潛深淵，浮游守規中。」此即真人元火，用而不用，不用而用者也。生等其向自家身心上，體認到恰好處，行持到極當時，自無此躁氣焉。不然，或陽氣大旺，將用河車之際，亦有此氣息沖沖之狀。然其神氣自若，而心無他也。若是心安氣和，又當運用河車，行小周天之法工，生其自審度可也。

人生天地間，不將自家性命修成，終為陰陽鼓鑄，天地陶溶。莫說旋轉乾坤，挽回造化，勢有不能；即此一身一心，俱被鬼神拘滯，無以瀟灑自如。夫人得天地之氣，為萬物之靈。堂堂七尺軀，不能做一主張；常為氣化所移，豈不大可慟哉！吾是以大聲疾呼，喚斯人夢中之夢，俾之自修性命，獨闢乾坤，以立天外之天，不受苦中之苦，豈不樂乎？無如世道日非，人心日下，各皆安於塵垢之汙，以苦為樂。以死為生，而不肯打破愁城、端出孽海者，隨在皆然，真可憂也。更有以吾提撕之言，喚醒之意，為惑世誣民之說。噫！是誠愚也。夫天地古今，只此身心性命一理氣之所維持耳，獨奈何迷而不悟者多也？良可慨矣！近日諸子用工修練，第一要調得外呼吸均勻，無過不及，一任出玄入牝，如如自如，可開則開，可閉則閉，為粗為細，略加收斂調協之意足矣。切勿氣粗而按之至細，氣浮而按之使斂，致令有形

凡火，燒灼一身精血可也。生須認真此火，或文或武，或沐浴，或溫養。雖火有不同，要無先天神火，斷無有後天凡息。一出一入，往來迭運，而可以成丹也。故曰：調息要調真息息，煉神須煉不神神。無息之息方為真息；不神之神，斯為至神。學者調息凝神之際，務要尋得真息，認得真神，斯可渾合為一。否則有形之息，皆凡火也，真火生神，凡火傷身，真神可作主張，凡神騷擾不寧。

何謂真息？即丹田中悠悠揚揚，旋轉不已者是。何謂真神？即無思無慮之中，忽焉而有知覺，此為真神。修練家欲採元氣，以化凡精，欲升真鉛，以制陰汞，使之陽還乾性，仍成不思不慮之元神，非採先天元息不能。夫元息在丹田，若有若無，不寒不暖，如火種者然。外不見有焰，內不知有火，只覺暖氣融融，薰蒸在抱。斯無形之神火，自能變化無窮，神秘莫測。否則有形之火，氣勢炎炎，未有不忽焉而起，忽焉而滅，其為身心性命之害，不可勝言。修行人以無形之真火為用，而外面呼吸有形之火，非謂全法不用，不過如鐵匠之風扇，吹噓於外，週遭包裹，以衛中間神息而已。吾恐諸子未明用火之道，故將呼吸有形之凡火，與先天無形之真火，相提並論，以免妄採妄煉。然外邊呼吸凡火，與丹田中悠揚活潑神火，未必劃然二物，猶燭照之火，無非成形後天之火，丹田外之呼吸是也。燭未燃之時，油中亦（自）有火，此即先天之神火，未經燃點者。採此神火，可以千萬年不朽。若採凡火，頃刻而即消滅，此可觀其微矣。願諸子閒時打坐，用此有形之火，袪逐一身之風寒暑濕，復用此無形之火，鍛鍊此身之渣滓陰霾，而金丹可成矣。

諸子近日靜養無非從色身上，尋出真性出來。第一要做一次見一次之功效、長一番之精神。法身涵養久久，始是昭

道家內丹功與現代生命科學

高明廣大之天。若真機初到，遽行下榻，則真氣未充，真神未壯，安能盪開雲霧，獨見青天？從今後不坐則已，一坐必要將真神元氣，收得十分完足，自然真機在抱，不須守而自存，不費力而自在。俗云：「久坐必有禪」洵不誣也。又三豐云：「大凡打坐，去欲存理，務云一槍下馬，免得另來打戰。」此等語非過來人不能知也。吾師教諸子靜坐，始雖有思有為，終歸大靜大定。如此打坐，可以三五日不散。否則忽焉而得，忽焉又失，如此行持，一任千百次坐，有何益哉？望諸子耐心久坐，不起一煩惱心，庶幾深造以道。此為近日切要，不似初入門時，但教之尋真機焉，顧人不肯耐煩就榻者，其故有二。一由於未坐之時，未曾將日間所當應酬之事，如何區處、如何分付後人一一想透，故上榻時，此心即為塵情牽掛，坐不終局也。非惟不能終局，且一段真機，反為思慮識神牽引而去者多矣。諸子打坐之初，務於當行之事一一想過，安頓妥貼，然後就坐，庶一心一德，不致於中攬擾焉，一則由於知升而不知降，知進而不知退，知存而不知亡，如得而不知失。是以攝提坎宮真氣，上衝泥丸，神因之而外越，不知低頭下盼，收斂神光於丹鼎。是以忙了又忙，慌了又慌，未到如如自如，了了自了，而即欲下榻也。且道本無物，修原無為。忽見真氣沖沖，元神躍躍，不知此氣機自然運動。於本來物事，無相關涉。卻死死執著這個消息，長存不放。因之惹動後天凡息，不能平靜；擾亂先天元神，無以主持。是以坐未十分如意，而遽行下榻也。究之未下榻時，覺得吾身事忙，有如救火追亡，一刻難緩。及至下榻，又卻無一急卻之事。皆由識神為主，而元神不能坐鎮故耳。吾勸諸子，須於不關緊要之事，一概丟開，先行自勸自勉，看這些塵情，都是虛假文章，不堪留戀。惟此先天大

道，乃是我終身所倚靠者。生與之來，死與之俱，真有不容一刻稍寬者。況桑榆已晚，日月無多，若再因循，後悔其何及乎！趁茲法會宏開，心傳有自，敢不爭著祖訓，寸陰是惜。如此看破，無掛無慮。於是安心就坐，向水府求玄。升提陽氣，將眼耳口鼻一切神光，匯萃中宮，不令一絲外入外出，蘊蓄久久，自煥發焉。尤要知道本無物，至此躍躍欲出，皆是氣機發洩於外。吾道貴收斂，不貴發洩。此處尤須防閒，毋許後天識神擾動，庶可安坐榻上。切記，切記。

今之稱道學先生者，莫不記得先賢語錄，古聖經文，遂高談性命，群推理學之儒。而問性命之在身心，究是如何光景、如何模樣，未有不咋舌而不能道者。又況既無下學，則基址無本。到頭來，書是書，人是人，所述皆其唾餘。而微言大義、一毫不能有於身心。雖高談闊論，一若博大通儒，而施之於日用事為，無有半點如人意者。此無本之學，不足道也。吾師望諸子為吾傳道，最深切矣。至於命功雖不一等，顧其要領，總不外一雙眼目。夫人一身之中，雖是神氣為之運用，要不若兩目之神光，炯炯不昧，惺惺長存。故昔人謂一身皆是陰，惟有目光獨屬陽。須常常收攝，微微下照，則精氣神自會合一家。到得丹田氣壯，直上泥丸，遍九宮注黃庭，自然陰氣消盡，而陽氣常存，猶之太空日照，雲霧自消歸無有。

諸子近時用工，不可專顧下田。雖下田氣壯，自能升至泥丸，消鑠上田渣滓。若神氣猶懦，未至圓明，須久久顧諟，不妨以真心發真意，回顧上田，則泥丸陰氣被陽氣一照；自當悉化，而頭目不至昏暈也。故古人謂頂上圓光者此也。又觀繪畫之工，塑一泥木神像，必畫一圓光於上者，就是此神光也。所謂毫光照徹世界，照開地獄者，就是此元神

之光。若單守下田，則神光一時不能自整，未覺多昏沉散亂。其昏沉散亂者，即真陽不上升，真陰不下降之故。今欲升降得宜，不可過急，亦不可太緩。比如半夜忽然陽生，此是一派寒冬，忽有陽氣生於地下深深之處，若不知提攝神氣，轉眼之間，又昏睡不知矣。爾等此時起立，即依吾前法修持，尤要知稍用意思，將神氣攝之至上，庶幾天清地朗，霎時間即三陽開泰，樂不可及矣。不但此也，平日守中，若神氣沉於海底，頭目昏暈，亦不妨提攝而上。夫玄工別無妙法，只在升降上下、往來運度而已。亦非教諸子專將神氣升散於外，而不收斂也。夫以神氣不運於周身，則周身陰氣不化，無非死肉一團，終是無用。且日積一日，不免疾病糾纏。故吾教修命，是教人以水火周身運動，使血肉之軀，化為活活潑潑、隨心所用、無有阻礙，到得一身毛竅晶瑩、肌膚細膩得矣。又不可貪神氣之周於一身、蘇軟快樂、流蕩忘返。還要收之回宮，不准外洩。卻不要死死執著一個穴道，認為黃庭。須知收之至極處，無非與太虛同體，渾不知其所在。時而動也，亦與電光同用，一動即覺，一覺即滅；前無所來，後無所去，仍是一杳冥光景，還於無極焉耳。功夫至此，身外有身；若未到此，不過有相之靈神，不可以云仙也。我喜生自幼至老，皆知從日用事積功累行修起。但以前省察存養，似稍疏虞，未能十分著緊，今茲用工已深，吾師特來指點，自下等初跡，尋出上上妙諦出來，庶幾近道矣。

　　諸子聞吾道之真，須切切提撕，時時喚醒，俾此心常在，此性長存，於以造之深深，習之熟熟，以幾乎天然自然之境。然後無歉於為人，亦隨在可對乎天，才算大丈夫功成道立之候。不然，一念不持，遂成墮落，不知不覺墮入六道三途，欲出苦海頹波，斯亦難矣。吾示諸子，欲求色身久

固，離不得保精裕氣，築固基址，然後可得人世天年。欲求法身悠遠，又離不得煉神還虛，煉虛合道。然後可證神仙之果，二者不容或缺也。若未能了道，須固色身以明道。既已明道，須煉法身以承道。近時吾不責以煉虛合道之工，但責以保精裕氣之學。果能久久積累，而法身自可成焉。

諸子起初，吾每教之積功累行者，非謂功自功而道自道也。蓋以功行廣積，陰騭少修，無非保其固有天良，仁慈本面，不使有絲毫塵垢夾雜於中。庶雜念邪私，消融盡淨，而一元清淨之氣，常在我矣。不然，雜妄未除，即使成仙，亦是頑仙，參不得大羅天闕，上不得逍遙宮。孔子曰：「修身以道，修道以仁。」子思子曰：「苟不至德，至道不凝。」是知人有一分德；即有一分道；有十分德，即有十分道。若無其德，至道不凝也。是煉道者，煉此仁慈而已矣。至於貨財，實屬身外之物，毫無補於性天。然而當今之世，因有其身，不可無財。因為其財，遂壞其心。於此而能割得愛，則凡事之能割得愛可知矣。人果能割得一切愛，此心已寂然無聲，渾然無物。於此煉之，則基可以築，道可以成。而不至另起爐灶也。又況人生曠劫，誰無怨尤？能積功行，則斷障消魔，怨猶自化，而大丹可成矣。且財也者，不但庸眾藉以肥身家，即鬼神亦藉以定賞罰。我能廣布金錢，大施拯濟，或為超度，或為拯提，又或扶持大道，救正人心。則天地鬼神，亦必愛之慕之，竊羨其心之至仁，而於是助之成仙，以為鬼神之羽翼、天地之參贊焉。由是觀之，天地鬼神，亦賴有我矣。寧不百般保護者乎？若塵根未除，私恩難割，在世只知名利，不能拔俗超群。及其為仙，享不盡清閒之福，受不盡明禋之享，一旦大劫瀕臨，還肯捨身以救世，下界以為民哉？無是理也。此神天之鑒察，所以必於貨財上驗操修，

分真偽耳。語云：「寶道德如金玉，視錢財若糞土。」斯難其人矣。要之天無心，以人之心為心；神無念，以人之念為念。人能事事在公道上做，則神天亦必以公道報之。否則，私心必無好報也。生等切勿厭聽焉。

生學玄道已經數十餘年，然而基猶未築者，其故何也？良由修練無序，作為不真，以行火採藥，不得真實把柄耳。若知吾道之真，採取有時，配合有候。烹煉溫養如法，何遲至於今而不成耶？今雖年華已老，而精神還健，堪為吾門嗣道之人。第念生家務零落，不能以財作善。

須知自古仙師，收取人才，第一以「財」字試他看他，能把此迷途打得破否。於此能看得穿，以下嗜好之私，不難一一掃除。且人非聖賢，孰無冤怨？能於財上施捨，廣積勤修，則天魔地魔人魔鬼魔，亦不難回照作喜，釋怨成祥。此「財」上消魔斷障之一法。若以責之於生，勢有不能。夫視聽言動，日用百端之感，其為善事猶多，只怕不細心檢點，真實奉行。苟能一心皈命，則在在處處，善舉之大而且久者，較此人天小果，高出萬萬倍也。

學道人要知，不用財、不費力之善舉，無論行住坐臥，到處俱有。總要時時省察、不許一念游移，不令一事輕過。如此善事多而良心現，大道斯有其基矣。否則徒修命寶，不先從心地上打掃，是猶炊沙而欲成飯，其可得耶？所以古仙云：「玉液煉己以了性，金液煉形以了命。」何謂玉煉，即修性是也。學道人必先從事事物物細微上做工夫。由此外身既修，然後言意誠心正之學。到得私慾盡淨，天理流行，則煉己熟而丹基可成，不然煉丹無本，其將何以為藥耶？悟真云：「鼎內若無真種子，猶將水火煮空鐺。」生屬知道之士，吾言然耶否耶？既將心地養得圓明自在，然後行一時半

刻之工，臨爐採藥之事。於是抽鉛則鉛有可抽，添汞則汞實可添。行周天火候，用沐浴溫養，則基可築成，永作人仙。再加面壁之功，而天仙神仙，不難從此漸造矣。

　　吾看生學道有年，其所以丹基未固，一由心地上未能掃卻塵氛，不免和沙拌土，難成一道金光，一由只知採取外丹，不知熟煉神丹。故一日一夜間斷時多，不能常常封固爐鼎，是以有散失之患。吾今示生一步。古云：「凝神於虛，合氣於漠。」此個虛無窟子，古人謂不在身中，卻又離不得身中。此即太上所謂谷神不死，是謂玄牝。此個玄牝門，不先修練，則不見象，必要呼吸息斷，元息始行，久久溫養，則玄牝出入。外接天根，內接地軸，綿綿密密於臍腹之間。一竅開時，而周身毛竅，無處不開。此即所謂胎息，如赤子未離母腹，與母同呼吸之氣一般。生能會得此竅，較從前煉口鼻之氣，大有不同。生自今後，須從口鼻之氣，微微收斂，斂而至於氣息若無，然後玄牝門開，元息見焉。此點元息，即人生身之本，能從此採取，庶得真精真氣真神。生年華已老，得聞妙諦，須日夜行工，如佛祖之不見如來，不肯起身，直於座下立見青天。斯用工猛烈，而功可成矣。非生有一片誠心，吾亦不敢私授，尚其改圖焉可。

　　此時秋氣初到，而餤陽天氣，仍無殊於三伏之期。其故何也？良由陽氣未能盡洩，至於夏秋交際，不得不洩其餘烈，而後秋涼可入矣。至人有傲天之學，於殘暑將退時，一心收斂，毫無一物介於胸懷，任他燒天灼地之烈氣，我自為我。彼焉能入而動我之心哉！蓋靜陰也，動陽也，人能靜如止水，如澄潭，又何畏暑氣之侵也？其侵之者，非暑之能侵也，亦由我心之動，因之氣動神隨，而與造化為轉移焉。以是思之，則知人之生死，非天之能生死乎！人由人之自生自

死於其間也。諸子知得此理，惟一心內守，獨觀虛無之竅，靜聽於穆之天，則心常存，氣常定，有如太虛之虛，自不與萬物同腐朽焉。總之，此個工夫，無非一個玄牝而已。古云：「玄牝之門世罕知，休將口鼻妄施為。饒君吐納經千載，爭得金烏搦兔兒。」是知玄牝之門，非如今之時師，傳人以出氣為玄，入氣為牝之謂也。又非在離宮，在坎宮，水火二氣之謂也。蓋在有無之間，不內不外之地。父母媾精時，一點靈光，墮入胞胎內，是為玄牝之的旨。爾學人細心自辨。若說是出玄入牝，是渾渾淪淪，毫無蹤跡，又墮於頑空，在他初學之徒，吾亦不過於形色間，指出一個實跡。

若諸子工夫已有進步，可以抉破其微。吾聞昔人云：「念有一毫之不止，息不能定；息有一毫之未定，命不我有。」是知玄牝者，從有息以煉至無息。至於大定大靜之候，然後見其真也。近日用工，雖氣息能調，究未歸於虛極靜篤，則玄牝之門，猶不能現象。惟於日夜之際，不論有事無事，處變處常，時時以神光直注下田，將神氣二者，收斂於玄玄一竅之中。始則一呼一吸，猶覺粗壯，久則覺其微細，則少靜矣。又久則覺其若有若無，則更定矣。迨至氣息純返於神，全無氣息之可窺，斯時方為大定大靜，煉丹則有藥可採。此可悟玄牝之門，此可見生身受氣之初。是即真正玄牝之消息，以之修練，可以得藥成丹也。不然，有一息之未止，則神隨氣動，氣與神遷，有何玄牝之可言哉！不知定息靜神，徒於有息有慮之神氣上用工，莫說丹不能成，即藥亦不可得。莫說命不我立；即病亦有難除。此玄牝所以為煉丹之本也。知此，道不遠矣。

道家以虛無之神，養虛無之丹。不是無形而有象，亦不是有象而無形。此中真竅，非可以語言文字解得。學道人須

從蒲團上，自家一步一步的依法行持，細細向自家身上勘驗，方識得其中消息。吾前言玄牝之門，其實「玄」即離門，「牝」即坎戶。惟將離中真陰下降，坎宮真陽上升，兩兩相會於中黃正位，久久凝成一氣，則離之中自噴玉蕊，坎之中自吐金英。玉蕊金英，亦非實有其物，不過言坎離交媾，身心兩泰，眼中有智珠之光，心內有無窮之趣，如金玉之清潤縝密，無可測其罅漏者。然非以外之呼吸，時時調停，周遍溫養，則內之神氣，難以交合。古云：「玄黃若也無交媾，怎得陽從坎下飛。」是知天地無功，以日月為功；人身無用，以水火為用。天地無日月，天地一死物而已。人身無水火，人身一屍骨而已。日月者，天地之精神。水火者，人身之元氣。惟能交會於中，則內之元氣，假外之呼吸以為收斂。始而覺其各別，久則會萃一團，而真陽自此生矣。倘陰陽不交，則氤氳元氣不合，而欲陽之生也，其可得乎？可笑世之凡夫，以全未鍛鍊之神氣，突然打坐。忽見外陽勃舉，便以為陽生藥產。豈知此是後天之知覺為之，凡火激之而動者：何可入藥？生須知真陽之動，不止一個精生，氣與神皆有焉。必先澄神汰虛。寡慾清心，將口鼻之呼吸，一齊屏息。然後真息見焉，胎息生焉，元神出焉，元氣融焉。由此再加進火退符、沐浴溫養之工法，自有先天一點真陽發生，靈光現象。以之為藥，可以驅除一身之邪氣，以之為丹，可以成就如來之法相。古云：「勿忘勿助妙呼吸，須從此處用工夫。調停二氣生胎息，始向中間設鼎爐。」是知安爐立鼎以鍛鍊真藥。未到凡息停而胎息見之時，則空安爐鼎，枉用火符，終不能成丹。即說有丹，亦幻丹耳。不但無以通靈，以之卻病延年，亦有不能者。總之玄牝相交，元黃相會，無非掃盡陰氣，獨露陽光，有如青天白日，方是坎離

交，真陽現。有一毫昏怠之心，則陰氣未消；有一點散亂之心，則陽神未老。猶不可謂為純陽。吾聞古云：「人有一分陰未化，則不可以成仙。」故呂祖道號純陽也。足見陰陽相半者，凡夫也。陰氣充盛者，惡鬼也。陽氣壯滿者，天仙也。易所以抑陰扶陽，去陰存陽也。然此步工夫，豈易得哉？必由平日積精累氣，去慾存誠，煉而至於無思無慮之候。惺惺不昧，了了常明，天然一念現前，為我一身主宰。內不見有物，外不隨物轉。即是金液大還之景象，稍有一念未除，尚不免有凡塵之累。生等要知修成大覺金仙，離不得慢慢的去慾存誠，學君子慎獨之功可矣。

　　修練之術，別無他妙，但調其火候而已。夫煉丹有文火，有武火，有沐浴溫養之火，有歸爐封固之火。此其大較也。夫武火何以用，何時用哉？當其初下手時，神未凝，息未調；神氣二者不交。此當稍著意念，略打緊些，即數息以起刻漏者，是其武火也，迨至神稍凝，氣稍調，神氣二者略略相交，但未至於純熟。此當有文火以固濟之，意念略略放輕，不似前此之死死執著數息，是即文火也。古云：「野戰用武火，守城用文火。」野戰者何？如兵戈擾攘之秋、賊氛四起，不可不用兵以戰退魔寇，即是武火之謂。迨至干戈寧靜，烽煙無警，又當安置人民，各理職業，雖不用兵威，然亦不可不提防之耳。此為文火，有意無意者也。若民安物阜，雨順風調。野無雞犬之驚，人鮮雀鼠之訟，斯可以文武火不用，而專用溫養沐浴之火。至於沐浴有二。「卯沐浴」，是進火進之至極，恐其升而再升，為害不小，因之停符不用，稍為溫養足矣。此時雖然停工，而氣機之上行者，猶然如故。上至泥丸，鍛鍊泥丸之陰氣，此其時也。況陽氣上升，正生氣至盛，故卯為生之門也。「酉沐浴」，是退符

退之至極，恐其著意於退，反將陰氣收於中宮，使陽丹不就。學人至此，又當停工不用，專氣致柔，溫之養之，以俟天然自然。此即為酉沐浴也。昔人謂之死之門是，是即吾所謂收斂神光，落於絳宮，不似卯門之斂神於泥丸也。

然此不過言其象耳。學者切勿泥像執文，徒為兀坐死守之工夫焉。至歸爐封固，此時用火無火，採藥無藥，全然出於無心無意，其實心意無不在也。此即玄牝之門，現其真景。然而此個工夫，非造到火候純熟之境，不能見其微也。爾等從此勤修不怠，不過一月之久，可以息凡氣而見胎息，到得真意生時，胎息見時，自然陰陽紐成一團，氣暢神融，藥熟火化，有不期然而然者。生等勉之，勿謂吾師之訣，易得聞也。若非爾等有此真心，又知行善為寶，亦不輕易道及。還望生等一肩大任，不稍推諉，不辭況瘁，冥冥中自不負汝也，爾生亦不虛此志願矣。

吾示生一活法。論丹書所云：「初三一輪新月，是一點陽精發生之始。」是為新嫩之藥，急宜採取。然以吾思之，不必拘也，如生等打坐興工。略用一點神光，下照丹田氣穴之中，使神氣兩兩相依，乃是一陽初動之始，切不可加以猛烹急煉。惟以微微外呼吸招攝之足矣。古人謂二分新嫩之水，配以二分新嫩之火，庶水不泛溢，火不燒灼，慢慢的溫養沐浴，漸抽漸添，水火自然調和，身心自然爽泰，而有藥生之兆焉。然氣機尚微，藥物未壯，不可遽用河車，以分散其神氣也。此即初八月上弦一點丁火之象。若要搬運升降，往來無窮，必待藥氣充盈，勃然溢然。上而眉目之間，朗朗然如星光點點，其氣機開朗無比，非謂果有星光點點，紛飛而可見也，下而丹田之中，浩浩然如潮水漫漫，其真氣流動充盈有如此，非謂果有潮水泛流也，此是比喻之法，切不可

著跡以求。有此景到,始如十五一團明月,遍滿大千,普照恆河,即是大藥初生。可以興工採取,搬運河車,升之降之,進之退之。由是而溫養烹煉之,日復一日,自然智慧日開,精神大長。否則水尚初潮,金生未兆,而遽以神火猛烹急煉,不惟金氣不生,反因凡火熾熱,燒竭一身元精元氣也。若藥氣已長,而猶以二分之火應之,則金氣旺而火不稱,猶之爐火煉鐵,礦多炭少,而火不宏,火反為礦所埋,安望融化成金,而為有用之物哉?此等細密工夫,在生等自家在坐上較量,為增為減,以柔以剛,定其分數銖兩可也。故曰:「臨爐定銖兩,二分水有餘,其三遂不入,火二與之俱。」是其義也。大凡用工採取烹煉,總要知得何者是真陽之氣,何者是假陽之氣。辨別瞭然,始不枉用工夫。如子進陽火,以採取真陽之物也。午退陰符,以退卻至陰之物也。

卯酉二時沐浴,以存真陽者,要知陽不宜太剛,太剛則折,當以柔道濟之陰不宜太柔,太柔則懦,須以剛德主之。卯門沐浴者,所以防陽之過剛也;酉門沐浴者,所以防陰之過柔也。若陽氣過剛,必將凡火引而至上,以為患於上焦;陰氣過柔,必將真陽退卻,而陰氣反來作主,私慾憧憧,往來無息,身亦因之懦弱不振,此又將何以處之哉,法在以神了照之、提攝之,不使陰氣潛滋暗長於其中,自然陽長而陰消,可以煉睡魔矣。

修養之道,是返自家故物還已失本來。無論老少賢愚,皆可學得。無奈世人不明這個消息,不以老自推,便以愚自畫。豈知這個天機,原在太虛中渾渾淪淪,不因老愚而有增減乎!只怕人不立志以求。是以先天一點至陽之精,落於後天塵垢之汙者,愈加陷溺而不返也。諸子亦知之乎?即如陽生藥產,總以端莊正坐盤膝為主,呼之至上,上則無形,吸

之至下，下則無象，以眼微微向上而觀，即採取也。若藥氣已壯，用吸舐撮閉之法，緊閉六門，存神定慮。此正法也。吾再進而言之，神要不動不搖，心要能虛能謙。身如泰山，心似寒潭，專心一志，自然真氣沖沖直上。不似旁門純以意思牽引。要知此氣不是外來之氣，是吾人受生之初，先天一點無精元氣，入於胞胎之中者是。只為後天氣息用事，先天氣息蔽而不見。一朝凡息已停，真息自露。尤要知真氣既生，我家主人翁，正正當當，坐鎮中庭，方有主宰。故丹法云：「內伏天罡，外推斗柄。」是其訣也。若藥氣已生，而行周天法工，內不伏天罡，則氣機無主，必有差度妄行之弊。若藥氣已行外不推斗柄，仍然死守中庭，則無生發之機，猶天地以日月為功用，日月以天地為主宰，斯為體用俱備，本末不違也。至於進火於子，是鴻濛未判之初，混沌初分之始。其時恍惚杳冥，法眼正藏，退符於午。又如春生萬物至午而極，時生其機勃退物發，陽氣極盛、即是正傳。若卯時沐浴者，是從子時進火起以後，陰而生陽，至此陽不多而陰不少。丹經所謂「上弦金八兩，得水中之金半斤」者，正是陰陽調和，兩不相爭也。故宜停符不運。然而陽氣猶未至於純，陰氣尚未幾乎息，不得不再運二時之火，開之直上，斯為卯沐浴。從望六之候，漸漸陽消陰長，謂之陰符者，蓋以命繫於坎，上半月為進為陽，性寄於離，下半月為退為陰。此殆謂潛心於淵，合氣於漠，動以煉命，靜以養性，使性之虛無者。至此而入於定靜，故曰：「退陰符，即捲之則退藏於密者，是其旨矣。」若如時師口訣，直謂陽之生十五而極，陰之長又自十六而生，謂為凡陰猶然昏昏罔罔，斯亦何必退符為哉？無是理也。吾師不為抉破，恐諸子不明升降進退之道，皆是扶陽抑陰。彼以退符為昏默寂靜，

斯大錯矣。吾師所傳，萬兩黃金買不得，十字街前送至人，斷無有徇情者也。諸子總要聽吾之教，一心向上做去。吾不負汝，切莫似他將信將疑，欲修不修，而以財為命也可。

諸子工夫愈進，火候愈老。滿腔之中，無非真意，蓋先天神火既長，則後天凡火自盛，倘念不自持，或生怒心，或生恚念，或起淫心，或生貪念，種種嫉妒嗔恨，要無非後天凡火之起，此火一起，即有邪火焚身之患。吾見幾多修士，平日修練，只在深山靜養，不與人事，及至出面和光，竟自一爐火起，而萬斛靈砂立地傾矣。此吾所以教人不專在靜處修，而必於市間人物匆匆之地煉也。夫未經收養之火，還不見大害，若收之至極，藏之愈深，自與火微之日大不相同。或一身抽搐，或六腑動移，或五官發現有像有聲。只要真氣游行，此神能定足矣。切不可因其有動，遂行驚訝。我總是一個不動心，不理他，愈加十分持養，十分謹慎。務期煉而至於死地可也，吾師從此抉破。生等須學曾子一生戰兢兢，自無百般之病。所以學道人，終身俱在無底船中坐，朽木橋上行也。即此日火雖新生，藥亦稚嫩，然猶要提防火起，以耗散吾之元神。不然，養之數年，敗之一旦，良可惜矣。他如接人應物，一切事為，當行則行，當止則止。已經定意，不必三心。即錢財之出，不允則已，允則一諾千金，無有移易，以免外侮之來而心不寧，內念之起而心亦作，此亦除煩惱之一法。蓋煩惱即火，火起丹傷，勢不能兩立也。諸子能體吾言，在在提防，時時保護，夫焉有不成丹者哉？總之丹道千言萬語，不過神氣二字。始而神與氣離，我即以神調氣，以氣凝神，終則神氣融化於虛空，結成一團大如黍米之珠，懸於四大五行不著之一片虛無境象。是即打破太虛空，獨立法身是也。而其功總不外性情二字，始而以性和情，繼

則以情歸性。到性情合一，現出本來法身，即返本還原，復吾生身受氣之初是。雖然，還未到無上上乘之妙境也。夫人未生之初，一點靈光，渾然藏於太虛，視之不見，聽之不聞，搏之不得，此時有何性，又有何情？以此思之，連性情二字，都是有形有質，只算得後天中之先天，以其猶有依傍也。到此絕頂一步，不著於有性，亦不著於無情，連性情之有無，亦且不立。此即跳出性情，獨煉一點虛無元氣。所謂空空忘忘，其實忘無所忘，空無所空，還於太虛連天地都不為我作用。是即可以化子生孫，現出百千億萬法身，變化無窮者矣。若只不離一個虛無，還是二乘，此連虛無亦無，所以神妙莫測也。要之此金丹始終之工法也。諸子體之慎之。

　　煉丹之道，雖曰先天元氣醞釀而成，其實非後天有形之氣，不能瞥見先天元氣，是知先後二氣，兩不可無者也。若無後天滓質之氣，則先天一氣，無自而生；若非先天清空一氣，則後天屍氣概屬幻化之具，終不足以結成胎仙。吾觀諸子，於先天真一之氣，不能實實在在認得真，修得足者，皆由後天色身太弱，無以蓬蓬勃勃，而洞見本來虛無妙相也。今為諸子再言後天之氣，夫人之身所以健爽者，無非此後天之氣足也，氣何在？即身間一呼一吸，出入往來，氤氳內蘊者是。此氣即腎間動氣，肺主之而出，腎迎之而入。一出一入，往還於中黃宮內，則內而臟腑，外而肢體，無處不運，即無處不充。所謂身心兩泰，毛髮肌膚皆精瑩矣。顧自後天言，肺之出氣，腎之納氣，兩相調和勻稱，無或長或短之弊，自然無病，可以長生不老。然先天則金生水，即天一生水是，而後天則必自土而生金，金而生水，金水調勻，生生不息，故必節飲食，薄滋味慎言語以養肺氣，少思慮以養脾氣，與夫一舉一動節其勞逸，戒其昏睡，則土旺自能生金，

金旺自能生水。水氣一運,則脾土滋潤,而金清水白,可以光華四達,無有違礙焉。諸子欲收先天元氣,蘊於中宮,吹噓不已,化化無窮,離不得一出一入之呼吸,息息歸根,神氣兩相融結,和合不解,然後後天氣足,先天之氣之生始有自也。若不於後天呼吸之息,息息向中宮吹噓,則金無所生,水不能足,一身內外,多是一團燥灼之氣。猶之天氣亢陽,而土無潤澤之氣,萬物之枯焦不待言,此一呼一吸,所以為人生生之本也。諸子於今用工,不必別尋奧妙,但於行住坐臥之時,常常調其呼吸,順其自然,任其天然,毫無加損於其間亦不縱放於其際。一切日用云為,總總一個不動心,不動氣,不過勞過逸,自然後天氣旺先天元氣自回還於五宮之地。不必問先天何在,而先天之氣自在是矣。若不知保養後天,徒尋先天元氣,勢如炊沙求飯,萬不可得。到得後天屍氣,一聚於中,先天之氣自在於內,氤氤氳氳兀兀騰騰,莫可名狀,而亦無可名狀者。若曰可名,皆是後天之氣,不足以還原反本,而成神仙骨骼焉。諸子知否,若先天元氣到時,只有一點可驗之處,心如活潑之泉,體似峻峋之石,自然一身內外,無處不爽快,無處不圓融,非可意想作為而得者也。故先天一氣,名曰虛無元氣。以此思之,足見先天一氣,無可名,無可指,後人強名之曰先天一氣。既屬強名,實無所有。學者於此元和內蘊之時,而猶欲於身內,實實摸擬一個色相出來,錯矣錯矣!且此摸擬之心,即是後天之意。有此一意,而先天淳樸之氣,必為後天之氣打散,雖曰先天,猶是後天也。諸子近於吾道已窺其淵源,諒於吾師今日之言,實能期其底蘊,不復以後天識神作為主翁也。在修道之始,恐其不明真諦,必要尋師訪友,求其實在下落,步步都有踏實處。及大道已明,修之於身,煉而為藥,

又要將從前一切知見，概行泯卻，不許一絲半點參錯於中，反將玄黃混合者打破，不能凝聚為一團也。古人謂打破虛空為了當，諸子思之。虛空二字，優著不得，何物可以添上。只似孩提之意，嘻笑怒罵，皆是天然自然。前不思，後不想，當前一任其行止而己，毫無與焉。然此言雖容易，而欲真真實實，會悟其妙，非數十年苦工，不能識其微也。

為師念生辛苦多年，未瞭然於此一氣，不妨預為抉破。此個虛無一氣，又謂真一之氣，又曰真一之精，又曰天然元氣，又曰清空一氣。種種名色，不一而足。要無非無聲無息，無思無慮之真，卻不在內，不在外，隱在色身之中，謂之法身。然如此難思量，難揣度，卻遠在天邊，近在咫尺。孔子所謂「我欲仁，斯仁至矣。」足見此個元氣，天然自然，未嘗一息偶離，離此即不得生，又何以成人耶？然必如何而後可覓哉？雖然，著一覓字，又千差萬錯，增數十重障蔽。惟有如生等所說一切放下，一絲不掛，萬緣不染，此個虛無之氣，即在個中。生積久功深，諒已明白無疑。要知此個虛無一氣，天地人物同是一般，富貴貧賤均是一理，極之生死患難，亦不為之改移。一氣息有盈虛消長，而此個元氣，無有盈虛消長。後學淺見，不知人有清濁明暗，皆是氣機運行，而專以氣之清明，尋虛無一氣，而於昏濁之際，則以為不在也。詎知此個元氣，不因清明而有，亦不為昏濁而無，只怕不知去慾存理，閒邪歸正。於氣清時，有一流連顧盼之意；於氣濁時，又加一憂鬱煩惱之心。明明元氣當前，如日月之照臨，無不光明洞達；反因此障礙心起，遂如浮雲遮蔽，而日月無光矣。尤要明得此個元氣，本無朕兆，亦無形色，實為後天精氣神之根本，先天精氣神之主宰。故虛無一氣，在先天而生乎陰陽，落後天而藏於陰陽。總之，人能

打掃得閒思雜慮，一切起心動念的障礙，乾乾淨淨，不染纖塵，足矣。然在後生小子，氣息壯旺，易得會其真際，而在年華已邁者，猶難調和氣血，保養靈光，採此一點至陽之精，此又將奈之何哉！吾再示生一個採煉法程，《易》曰：「寂然不動，感而遂通。」生等於元氣未見時，不妨以神光下照，將此神火去感動水府所陷之金。久久自然水中火發，而真金出礦矣。此感而彼應，其機有捷於影響者。故古人教後學，於寂然不動中，無可採取。教以神光下照之法，而於通處下手，以採取先天一味至真之氣出來，以為丹本者，此也。亦非此個動氣，即元氣也。要知此個元氣，方其未形之時，未嘗不在，然而清空之氣，不可見也。及其既形之際，又非此個有形者，即是真一之氣，而要不過此真一之氣之所發也。當其發時，恍惚杳冥，略有可以認識者。在此，亦猶見影知形之意，其實仍無所見耳。到此發現昭著，放之則彌六合，即天地亦不能載，所謂生天、生地、生人、生物之本者，即此是也。然雖無量無邊，而仍不離於方寸，所謂捲之則退藏於密者，是其義也。由此以思，氤氳者，仍是陰陽真氣，而主宰此真氣者，始是至真之元氣也，知否，故自古仙真，探斯之蹟而知源，窮斯之神而知化，煉形復歸於一氣，煉氣復還於虛無，要無非借假以形真也，又聞古人云：真一之氣，視無形，聽無聲，如之何而能凝結以成黍米之珠哉？聖人以法追攝，採取於一時辰內。法即迴光返照，以我去感，彼自相應者是也。及其既現真一之氣，猶不可見。此又何以捉摸之，而後採而服之，以成虛無之仙耶？聖人以有而形無，以實而形虛，實而有者，冥昏真陽也。虛而無者，龍虎二八初弦之氣也。要不過以此有形，而煉出那無形之元氣出來，才可為丹。生等今聞吾真一之氣，諒不復以後天陰

陽，先天陰陽，認為真一之氣，庶幾近道矣。

修練之道，人只知兩重天地，四個陰陽，豈知先天後天陰陽之外，還離不得真靈之知，才是天地之根，造化之本也。夫後天陰陽者何不即人身受胎之始，借父精母血而生者。到子時坎中有一陽之氣，運行於一身內外。午時離中有一陰之氣，周流於六腑官骸，二氣迭運，無有窒機，故日見其長，及至成人。多思慮以傷神，好淫蕩以損精，精神衰敗，此一身內外陰陽，不復運行矣。至人以順行之常道，為逆修之丹道，始而垂簾塞兌，息慮忘機，默默迴光返照於丹田一竅之中，以採取真陽之氣，烹煉至陰之精。此即先天陰陽，生於虛無之際，不區區在色身上尋討者也。如此凝神調息，調息凝神，陰陽交會，神息相依，而坎中之真陽，生於活子時。由是動以採之，上升下降，活午時到，離中真陰生於其際。由是靜以養之，收於玄關一竅。世人只知靜養，而不知動採，何以回宮。又或但知動採，而不知靜養，何以結丹。此處切不可胡混，尤要知活子時到，所謂恍恍惚惚，其中有物，杳杳冥冥，其中有精。有物有精等景象，猶是先天陰陽比象，還不是太極之體。太極之體，彼感此應，一動即覺，所謂時至神知，即先天之真知。學道人須於此認得清，方得先天一氣。活午時到，離中雖有至陰之精，兆而為象，如圓陀陀，光灼灼，猶非先天真精太極立基之本也。

要知此時惺惺不昧，天然一念現前，能為萬變主宰，此即古人所謂心中之靈知，先天至真之精發現也。斯時也，在無知之學人，偶然朕兆當前，心神歡悅，即存一了照之心，或欲其長存不去。如此先天，雖本無物，因此一心去了照他，留戀他，又添一重障蔽。先天頓為後天所蒙，天心頓為人心所汩。學者於此天然真宰現前，惟有不即不離，勿忘勿

助，得矣。但初行持，須要知腎中一陽生，而有真知現象，心中一陰生，而有靈知兆形。到得工深學久，腎中之真知，亦化為靈，心中之靈知，亦化為真。真靈合而為一，真靈化而無有，所謂陀羅尼諦真靈乾諦薩婆訶者是。吾觀諸子打坐，未嘗不是，但未得藥生之時，可數息以調息，至於藥氣已歸，切不可再用刻漏武火，須任其天然自然，元神始不為識神打散。知否，諸子行工雖久，不能大生陽氣者，由於此處少理會也。孔子稱顏子得一善，拳拳服膺而弗失，蓋未得而求得，不容不用武火。既求而已得，又不可再行武火，須以天然神火溫養還丹，主人翁坐照當中足矣。此方合一動一靜，一武一文，修養之道。吾師今日所傳，自古丹經，不肯輕洩者，吾已一口吐出。諸子切勿謂為偶然事也。

性命雙修之學，非獨吾道為然。即三教聖人，亦莫能外。始以性立命，繼以命了性，終則性命合一，以還虛無之體，盡矣。夫性本虛無，渾無物事，然必至虛而含至實，至無而含至有，始不墮於頑空一流。學者下手興工，萬緣放下、纖塵不染，虛極靜篤之時，恍惚杳冥，而有靈光昭著，普照大千世界，此即靈台湛寂，佛所謂大覺如來，道所謂靈知真知是。但人自有身後，一點真靈面目久為塵垢所汙，大修行人所以必除思慮、祛塵緣，面子靜中養出端倪也。此即明心見性也。諸子探出者個消息，始知我生本性，無時不在，非因靜而後有，不過由靜以養之耳。至人心一靜，又如冰雪融化於不知不覺中，忽然現出一線靈光，非但人不及知，而己亦不自覺。斯時萬境澄徹，片念不生，覺得天地萬物，無不自我包羅，古今萬年，無不自我貫注。此即孟子養浩然之氣，至大至剛，以充塞乎兩大之間者是。

如此見性，方為真見；如此養性，始成直養。斯時也，

神遊於穆之表，氣貫太和之天，寂然湛然，渾然融然。而後
不入於杳冥，使聖學等諸奇怪，亦不至逐於事物，使聖學流
於紛馳，斯道得矣。雖日用云為，萬端交感，亦惟任天而
動，率性以行。如大禹之治水，行所無事，卒之功滿天下而
不知功；名滿天下而不知名。渾如赤子之知能愛敬，一出於
天真，雖無所不知，無所不能，實則不自覺其知，不自覺其
能，有與物俱化者焉。諸子果明此道，以一貫物，以萬歸
一，自然煉精得元精，煉氣得元氣，煉神得元神，而長生可
得，神仙可幾矣。不論童真破體，不論老少賢愚，不論富貴
貧賤，只要有功有德，自成上聖高真。雖曰虛無妙道，其實
如如自在，了了長明。昔人謂針鋒上打得筋斗，電光中立得
住腳，才是虛中實，無中有，而不等旁門之依稀彷彿也。諸
子由此修持，始焉心無生滅，則性可長存矣；繼焉息無出
入，則命可長保矣。古云「心在丹田身有主，氣歸元海壽無
窮。」不誠然乎？無奈今之修士，不知清淨為本，真實為
宗。或但務於虛靜，而不知下學上達之原一致；或但事乎奔
馳，而不知天德王道之本一貫。即有究心性之源，明造化之
妙，又不知性為氣體，氣為性用，無性則命無由生，無命則
性無所立。漫說盡性即可至命，須知立命乃可了性。彼徒存
性不能立命。每見氣動而神隨，究不能斷夫情慾，神遊而氣
散，更不能逃夫生死，由此言之，修性大矣。而煉命尤急
焉。雖然，今之煉命者，但閉目靜坐，冥心寂照，徒守離中
陰神，不採坎中陽氣。倘念動而神馳，長生且不可得，安望
不入輪迴？又況徒事空靜，死守陰神，全無一點陽氣，眼前
即無生機，安望死後為神？雖有神境通、宿命通、他心通、
天眼通、天耳通之五靈，究皆陰神。而神未入氣，氣未歸
神，陰陽未合，神氣不交，息有出入，神亦變遷。心雖有入

定之時，只是強定之陰神，終未煉成不動之陽神，而生死難保，輪迴種子尚在，如此修練，又與凡夫何異哉？

　　自乾坤破為坎離，已非舊物矣。離外陽而內陰，坎外陰而內陽，外者假，內者為真。且離中所有者，精神；坎宮所有者，氣血。坎虛而成實，離有而成無。學者先採坎中真陽，補離中真陰，復還乾坤本來真面，即返本還原也。法在以汞投鉛，以鉛制汞，復用天然神火，久久溫養，以鉛雖先天之物，在人身氣血中，夾帶有陰氣在內。故曰運符火，包固己汞，必將鉛氣抽盡，化為明窗塵埃。片片飛浮而去，只存得一味靈妙丹藥。再加九年面壁工夫，始能無形生形，成就一位真仙。若但離宮修定，不向水府求玄，則離宮陰神，猶是無而不有，虛而不實。縱靜中尋靜，深入杳冥之境，只得一個恍惚陰神樣子，終不能聚則成形，散則成氣，欲有則有，欲無則無，實實在在有個真跡也。故曰：「修性不修命，猶如鑒容無寶鏡。」又有只知煉命者，但固守下田，保養元精。前此未聞盡性之功，後此但求伏氣之術，惟煉離宮陰精，使之化氣，復守腎間動氣，使之不漏。不知移爐換鼎，向上做煉氣化神工夫，雖胎田氣滿，可為長生不老人仙：然氣未歸神，神未伏氣，有時念慮一起，神行氣動，仍不免動淫生慾。故曰：「修命不修性，萬劫陰難入聖。」必也性命雙修，務令一身內外，無處不是元精，無處不是元氣。到得精已化氣，無復有生精之時，然後精竅可閉。於此急尋聖師口訣，用上上乘法，行五龍捧聖之功，自虛危穴起，上至泥丹，降下丹田，所謂「四象攢來會中宮，何愁金丹不自結」者，此也。斯時凡息停而胎息見。日夜運起神火，胎息綿綿，不內不外，若有若無，煉為不二元神。如此煉氣化神，適為大周天火候。張祖云：「終日綿綿如醉漢，

悠悠只守洞中春。」又謂「綿綿密密，不貳不息，上合於穆之天」，又謂「無去來，無進退」，是也。如此抽鉛添汞，以汞養鉛，待得鉛氣盡乾，汞性圓明外息盡絕，內息俱無，只有一點神光，了照當空，是即氣化神矣。

　　學人初入定時，未至大定，猶為少陽，未煉到老陽之候。尤必惺惺不昧，寂寂無聞，不著有相，不著無相，庶元神才得超脫。不然。神有依傍則不脫，神有方所則不超，安能跳出天地陰陽之外，而不為天地陰陽鼓鑄者。此煉虛一著，所以無作無為，無思無慮，純乎天然自然之極。前此煉氣化神，雖無為而猶有跡、到得煉神還虛，不似前此溫養之功，猶有朕兆可尋也。此為最上上乘之道。

　　精非交感之精，乃先天元精也。何謂元精？此精自受生之初，陰陽二氣，凝結一團，如露如珠，藏於心中為陰精，即天一生水是也。其未感而動也，只一氣耳。及乎有觸而通，在肝則化為淚，在脾則化為唾，在肺則化為涕，在心則化為脈，在腎則化為精，寒則為涕，熱則為汗，聞香生津，嘗味垂涎，所謂「涕唾精津氣血液，七般靈物總皆陰」。惟一念不起，一心內照，則七竅俱閉，元精無滲漏之區。久久凝煉，則精生有日，如春暖天氣睡熟方醒，一團溫和熱氣，常發於陰腎之中。斯時也，急以真意攝回丹田土釜，烹之煉之，溫之養之，則元精常住，元氣可生矣。但藥有老嫩，火有文武，運有升降，歸爐溫養，皆有法度。學者須虛心求師，抉破真機得矣。否則一有不明，妄採妄煉，鮮不為害也。此中危險，不可不知。所以煉精者必凝神於中，調息於外，到得精神團聚，氣息和平，則精自生而氣自化矣。所謂氣者，即此元精所鍛鍊而成也。但伏陰腎中，恍惚杳冥，凝結一區，靜則為氣，動則為精，氣存則人存，氣亡則人亡，

氣之所關，非細故也，氣之衰旺，人之老幼強弱因之。事為之舉廢，功業之成否，鮮不於氣是賴。當其靜時，無形無象，只有一團溫和之意。薰蒸四體，流貫一身，及有感而動，成孝悌之德，通乎神明，為忠義之舉，參乎天地，浩然沛然至大至剛，有包羅宇宙之概。孟子謂「集義生氣，集氣成勇，貫金石，格豚魚」者，皆此正氣為之也。志以帥氣，氣以成義，無是氣，則頹靡不振矣。

世上凡金凡玉，可以買得，惟有此氣，生死與俱，性命與共，非由積累功深，無以得其充裕也。生須知氣未動，靜以養之。氣偶露，動以煉之。古云：「忽然夜半一聲雷，萬戶千門次第開。」此即一陽來復之候，眼有金光發現，口有甘露來朝。此即大藥發生之驗也。急忙採取過關，服食溫養。此時淫具縮盡，陽關固閉，絕外呼吸，用內神息不許一點滲漏，務令息息盡歸真，神神齊聽命，使此氣入神中，神包氣外，久之渾然無氣息往來，惟覺一點靈光，隱約在靈台之上，則元氣已化元神矣。自此氣合於漠，神凝於虛，似有似無，不內不外，以煉至虛至靈之神。再行向上工夫，遷神於上田，以無為神火，煉七日過關服食之功，則玉液功成。自此不饑不寒，四時皆春，別有一重天地。在我主持，而我有真我矣。再接煉神還虛一步工夫，重置琴劍，再安爐鼎，現神則靈光普照，斂神則元氣渾然。倘若神有動時，急忙收拾，攝回中宮，務令定定相續，如如自然，由少陽而養至老陽。然後有感而動，念慮一起，可以跨鶴登雲，升天入地，做一切祛邪補正救人利物之事，且化百千億萬化身，到處現形救世，而不見其有損，即寂寂無跡，收斂至於無聲無息，亦不見其少益。蓋神之動也。以物之感而通，非神之無故自動也。其靜也，以物之無感而斂，亦非神之惡動常靜，其感

其應，概因乎物，全不在己。所謂常應常靜，常靜常應，寂寂而惺惺，惺惺而寂寂者，即是還虛之真諦。否則，神未養老，出之太早，不免見物而遷，墮入魔道而散。即養得老壯，而思慮未絕，則志有所向，意有所圖，縱行為得當，亦覺有為而為，殊非虛無之本體。何也？有為而為者，識神也。無為而為者，元神也。識神用事，元神退聽，元神作主，識神悉化為元神。此理欲之關，不容並立者也。若識神未化，猶難割斷塵情，一念不謹，即墮入於生死輪迴也而不自知。所謂無量劫來生死種，癡人喚作本來人是也。尤要知元神無跡，元氣中之至靈處，即元神也。然必如谷之應聲，影之隨形，自然而覺，自然而知，不假一毫安排，無容一絲擬議，如孟子謂乍見孺子將入於井，皆有怵惕惻隱之心，是元神也。由此推之，視聽言動，日用事為，無在不有元神作用。但有意者屬識神，無心者屬元神，元神識神，所爭只在些子，學者須自審之。能以元神作主，返入虛無境地，欲一則一，欲萬則萬，神通無外，法力無邊，豈但入水不溺，入火不焚已哉！

火候之事，別無機密，只是一個勉強、自然、分文、分武而已。藥未生時，必須猛烹急煉，以鍛真金，如打戰然，務要振頓精神，奮力爭先，切不可輸與他。故丹經云：「辟魔杵，斬妖劍。」字字皆金針也。藥既生後，當行河車工法。若精神不振，亦難使清升而濁降。古云：專氣致柔，亦不過言一心一德之專致。極其和順，非教之放弱也。總要將後天凡息停止，不可絲毫運用。蓋後天息，凡火也。凡火傷人，不可用他。必須織先天神息，無形無象者為主，縱有後天之息未止，我亦不理他，只心心念念，融會先天神息而後天凡息一聽上下往來，我不採他張他，與他作一個主，即得

先天神息之用。於是身心內外，自如水晶塔子，琉璃寶瓶，通天通地，亙古亙今，覺得天地人物，無不與我一體兩相關切。迨至三元混合，返乎太古之天，此時用火無火，幾於大化流行、上下與天地一也。學道人第一要煉劍，劍即先天元氣也。第二要鑄鏡，鏡即先天元神也。神無雜妄，常常喚醒，不許走作，即明鏡高懸，物來畢照矣。

氣由積累，時時提攝，不放他弱，即慧劍排空，能斬三屍矣。尤要有繩繩不絕，堅固忍耐之心，方能久道而化成。否則，時作時輟，不能到左右逢源之侯。此即《中庸》云：「智仁勇三者，天下之大德。」是慧即智也。慧劍即勇也，恆久不已，日夜無間，即仁而守之也。爾等須向身心上，實實討出憑據，方有把握。吾觀諸子用火有傷，不是用力之過，是動後天三焦火之過。而今又近柔懦，故陽陷溺，不經神火猛烹急煉，斷不能飛騰而上泥丸，以補腦而還精，為長生不死之仙。所以清氣不升，濁氣日重也。此須勇往為之，必一心一德，無許走作，方得神氣歸還。知否？

天地生生之道，不過一陰一陽，往來迭運，氤氳無間而已。然此皆後起之物也，若論其原，只是無極太極，渾渾淪淪，浩浩淵淵，無可測識，無可名狀焉。惟靜極而動，陰陽兆象，造化分形。而陽之升於上者為天，陰之降於下者為地，天地定位，人物得其理者成性，得其氣者成命，而太極不因之有損焉。即天地未兆，人物未生以前，而太極渾淪無際，亦不因之有增焉。夫太極，理也，無可端倪者也。而實為天地萬物之主宰。《易》有「太極，是生兩儀」，此言兩儀之發端，無不自太極而來。當其動而為陰陽，是氣機之蓄極必洩，非太極之有動也，其動也，其氣之屈而伸也，及靜而為太極，是氣機之歸根返本，非太極之有靜也。其靜也，

亦其氣之伸而屈也。要之氣機有動靜，而太極無動靜。爾學人務須明得這個源頭，始不墮於形氣之私。其在人身，父母未生以前，則虛無而已，此時有何動靜，即太極也。

　　然雖無動無靜，而動靜之機，無不包孕於虛無之內。故先儒謂理可統氣者此也。及氣機一動，落在人身，而太極判矣，陰陽分矣，五官百骸從此始矣。一陰一陽，往來升降，皆離太極之理不得。若無此理，則亦塊然蠢物耳。生等既明修練，要採陰陽之氣機，以為長生之藥物，尤要得太極之渾淪，才是神仙之根本，二者不容偏廢也。如打坐時，一心凝神，除卻思慮，滅去幻緣，惟以無心為心，出於有意無意，渾渾淪淪，是得天地之始氣以為氣者也。於是外調口鼻之凡息，內蘊呼吸之神息，一上一下，往來不息，氤氳不窮，而天地萬古不磨，即人物發生不息矣。

　　爾等行工，務令百無存想，萬慮全消，即得太極之理也。調其神氣，運行周天，即是陰陽之氣也。夫天地之所以萬古不磨者，由此理氣之運行耳。我能效天地之無為而行，生生不已，即盜天地之元氣也。其實有何盜哉？人與天地同一理氣，顧何以天地長存，而生物則有生死耶？只因人物之生，雖抱一而居，涵養而處，無如氣自為氣，不得無思無慮之真，於是紛紛紜紜，糾纏瘝寐，氣雖猶是，而理則無存矣。且理既無存，氣亦因之餒矣。惟以無思無慮，無作無為為本，其氣機之流行，一聽諸天道之自然，雖無採煉工夫，無作為意想，而總出之以自然，運之以無跡。如此，即虛合道，道合自然矣。雖然，初下手時，人心起滅不常，氣息往來不定，不得不勉強以息思慮，調氣息。但不可太為著意，如太著意，皆屬後天之物，非先天之道。縱云有得於身心，亦不過健旺凡體而已，不可以生法身也。知之否？

第八章

總結啓開生命之源

第一節　丹經秘訣總綱

　　道家數千年來，尋找驗證，延年益壽的精髓，完成性命雙修。總結在四句總綱內，而張三豐「丹經秘訣」，則以十章闡述丹道的修法：

總綱：煉精化氣
　　　煉氣化神
　　　煉神化虛
　　　煉虛合道

修法：添油接命
　　　凝神入竅
　　　神息相依
　　　聚火開關
　　　採藥歸鼎
　　　卯酉周天

長養聖胎

乳哺嬰兒

移神內院

煉虛合道

　　內丹靜功，是以張三豐祖師的十章修法而著成，只完成其 70% 的功法（至長壽聖胎或溫養階段）。內丹功，有動功及靜功兩部分。功法詳細指出打開周天運行的修練方法。唯要求勤奮的練習，必定能助修者，打開任、督二脈，使周天運行；並打通十二經脈及奇經八脈，成就胎息、及蒂踵呼吸法，而進入大定、成就「煉虛合道」最高的境界。

　　這是修大定的境界，成就也因人各異，更是心行語斷，不是闡述的範圍；所以不說定的層次及境界。

第二節　內丹動功與靜功

內丹動功

　　動功就是「添油接命」。此動功，強調煉腎、強化腎的功能；使腎氣旺盛，腎水足，腎上腺內分泌就能平衡。腎藏精，主發育與生殖。腎精能化氣，腎精所化之氣稱為「腎氣」。是由腎陽蒸化腎陰而產生。腎氣充足旺盛、生長發育和生殖功能都能正常，精力充沛，體力強壯。

　　腎主水。腎臟是人體的重要排泄器官，新陳代謝過程中，產生終末產物，多餘的水、進入體內的異物，由腎臟排泄出體外。腎主骨生髓：說明腎藏精生髓。骨髓滋養骨骼，

強化腎臟的功能，是健康基本基礎。

內丹靜功

功法一：凝神回視膻中處，及功法二：神息相依、氣下腹，就是「煉精化氣」

凝神回視膻中處，完成「凝神入竅」；注意呼氣經膻中心處，膻中心位屬「火」，使陽氣或內氣產生。陽氣或內氣聚集，則感胸部、背部及腰部發熱等現象出現。凝神則「氣與神合一」，才能化精；是經過外氣吸入，與內氣交流相摩擦而產生能量或熱能。在陽氣或內氣聚集於心處時，只要「神息相依」就能將使陽氣往下丹田聚。神息相依喻為「集神煉氣」使「神氣合一」或說「神氣」紐作一股。至此「煉精化氣」已完成。

功法三：聚火開關守下丹

膻中心位陽氣生，則要聚火開關。陽氣聚集飽滿於下丹後，只能守。本由武火生陽氣，現轉成文火，成自然呼吸；並守丹田，讓所煉之氣化為「精氣」與「神」合，而沿任脈往會陰運行。而採藥歸爐的「藥」，就是「元神」。「元神」與「元氣」交合；「神氣」合陽氣則流動，自沿任脈運行。是時、意守下丹田，勿忘勿助，陽氣自入尾閭，而沿督脈運行。

功法四：真火歸周天運行

真火者亦稱「陽氣」；是由觀膻中心位而聚集的熱能。續功法三，化「精為氣」及與「神」合一聚於丹田，直至飽滿則會撞關，入尾閭、上夾脊、過玉枕、上百會、往泥丸穴、下玄關、入任脈、經喉舌、十二重樓、入絳宮、膻中、經臍入氣海丹田，完成小周天的運行。使腎精水滋潤大腦以

及全身。歸則是「精、氣、神」合一，成為「純陽」之氣，直衝腦海，恢復和增強大腦的功能，身體與氣質變化就會更加明顯。功法三及四，是「煉氣化神」的階段，助任、督二脈之氣接通，而衍生能力強盛，使陽氣貫徹全身。

功法五：坎離接養壽修真

是進入「煉神返虛」之修神境界。因為水火既濟，周天運轉，氣於三田中返還流轉，神氣合一，為入小定之境界。功夫純熟精煉，氣於經絡運行無阻，負起營、衛之功能，使其達到最完善的境界；活力旺盛，大腦皮層得保護性抑制力量就會發揮的更好，有助入靜的境界亦會更好。持續勤奮修靜功，經三、五年的鍛鍊，或者能進入「返虛」的境界。要知道、功夫鍛鍊到「神氣合一」，還是在「守一」的過程中，修命功的前期境界，靜的程度不會很深。

「煉神返虛」要達到胎息，或細胞呼吸的境界。屆時，是內氣呼吸及細胞呼吸。口鼻呼吸會減至最低，是「神志」全面控制至「無為」狀態，很少人能達到這種境界。同時靜定之境界，也是因人而異，以及其功夫之深淺而定，最後達到「煉虛合道」的境界。

功法六：站樁守臍氣自發

雖說任、督二脈接，陽氣則自運行。但它強盛程度仍是不足。若是少於鍛鍊，而時間又短，陽氣是不夠旺盛的。站樁守臍，則能助陽氣自發運行，並且能起治療病患的功能，亦是強化陽氣或內氣運行的高級功法。配合前五功法修練，有助加速打通十二經脈及奇經八脈。若是陽氣或內氣不足，修練站樁時，周天不會自動運行；唯在陽氣充沛下，小周天之氣才會自動流轉，故練站樁功，具有補助增添陽氣產生的效果。

功法七：側眠氣運體回春

要使陽氣或內氣不停息的運作，維護身體，就要使到陽氣或內氣在睡時，都在無意識下持續的運作。所以睡眠這段時間是很重要的修行，並不可浪費。側臥睡時屈膝，利於調氣及氣血運行，掌握功練人，就能使陽氣或內氣 24 小時都自行運轉。另外，人熟睡後於無意識狀態下，陽氣療效是最高的時候，所以這臥功必須善於掌握，疾病經過陽氣的療養自然會痊癒。

能善於掌握修練這 7 步功法，內氣自然充沛，身心健康、延年益壽自不在話下。初煉內丹靜功，因不習慣靜坐，不能集中精神，難做到凝神內視，所以都會感到非常困難與吃力。唯有持之以恆和毅力，就可以達到心之所求。有說：初煉內丹功，是「人練功」、次為「功煉人」，最後則是「人功合煉」，是不同的境界和感受。

有者問，為什麼要開啟任、督二脈，打通十二經脈和奇經八脈呢？於子午流注不是言明，十二經脈是體內的計時表；按時辰經行於體內嗎？確是如是。

要知道這是自律的，不能覺察及操作的。啟開或連接了任、督二脈，進而打通其他的經脈，是使經脈能在練功或自發時，覺察到其運行的規律和動向；並可以用意識去引導或意領至身體要治療的部位或穴竅。又言打通，其意是將經脈中阻塞清除，或以「氣」沖，使血管闊大，特別是那些細微的經絡，阻塞清除，恢復正常的新陳代謝功能，就能確保血氣運行自如，身體就會健康。

第九章

認識「氣」的重要性

　　「氣」在內丹功來說，都有各異的解釋。但是道家及中醫學者對「氣」的研究與經驗，更是不可比的。道家用「氣」作為修練的方向，達到身體健康的目標。但是中醫學者將「氣」運用在醫理上，知其運行而達到為人治病。這兩項發展，對人類有很顯著和偉大的貢獻，是為世人所讚美的。凡是修練內丹靜功者，對「氣」都應該有精深的認識。現將中醫學者對「氣」主要認可的略說如下：

　　「氣」在純中醫學角度有兩種含意；

　　（一）人每天於飲食，穀物吸收後，在體內流動著的有營養的精微物質：如水穀之「氣」，呼吸之「清氣」等；

　　（二）普遍指運行於身體臟腑機能中者：如心氣，胃氣，肺氣，膽氣及脾氣等；可分為元氣，宗氣，營氣，衛氣及真氣等。

　　以下是「氣」在人體如何生成及其作用：

　　（1）體內所蓄藏之「元氣」，又稱「原氣」，其根源於腎（含命門意），主要由腎臟中的先天之精所生化（隱含體內各內分泌所分泌的激素），有賴水分穀物「精氣」的濡潤、滋養和補充。「元氣」藏於腎故叫「腎氣」。元氣以三焦為通道而運行至全身，具有激發，溫煦，推動臟腑經絡，

身形的功能。「元氣」是人體生長，發育，生殖，呼吸，消化，循環的原動力。

（2）肺與胸間隱藏的「宗氣」。指經肺吸入大自然清氣，及經脾、胃運作消化而產生的水穀精氣結合而成。這精氣形成於肺，而聚於胸間。「宗氣」本身的作用，為推動肺的呼吸和心的脈搏跳動；同時亦影響聲音的強弱。「宗氣」是整個身體「氣」之運動，輸散分佈的出發點。

（3）體中的「營氣」，是營運於脈中的水穀精氣；本源於食物。由脾、胃生化，出於中焦，具有生化血液和營養全身的功能。

（4）「衛氣」對經絡脈有防衛的作用，也是來源於飲食。食物，由脾、胃所生化而來，「衛氣」與「營氣」本同源，但運行於脈外面。《靈樞・營衛生會》說：其「清」者為「營」，「濁」者為「衛」；「營」在脈中，「衛」在脈外。即是人體的組織液。在毛細血管的動脈端，透出血管壁，進入組織間隙，是細胞與血液進行物質交換的內環境，其分佈於晝夜間是有所不同。《靈樞・大惑論》說：「衛氣者，晝日常行於『陽』；夜行於『陰』。」安靜狀態下，毛細血管網大部分處於關閉狀態，其開放區與關閉區，也是交替的輪換的地點。

（5）體內的真氣，它是先天的「元氣」和後天的「營氣」及「宗氣」所結合而成的。《靈樞・真邪篇》說：「真氣者，所受於天，與穀氣並而充身者也。」人體內的真氣，由生化合成，儲藏處主要在人體的腦「髓」和五臟中。因此真氣在人體是無處不在，無處沒有；其又分別稱為「陽氣，陰氣，正氣，肺氣」⋯⋯均為真氣在人體各不同部位的別稱。至於道家養生長壽學，對「氣」的解釋，已在第一章精

氣神一段中已有說明，故於此不重複。由此也知道家對
「氣」的運用與觀念。而《黃帝內經・上古天真論篇》總結
「氣」功健身之道說：「恬淡虛無，真氣從之，精神內守，
病安從來！」

第十章

八觸或十觸

在修練內丹靜功的過程中，體內的陽氣或內氣運轉時會出現的種種現象，依古人累積的經驗，總歸納成八種，而稱之為「八觸」。則是：動、癢、涼、暖、輕、重、澀、滑。又有稱為：大、小、輕、重、涼、熱、癢、麻。現代又有人稱之為「覺」，故稱「十覺」。則：熱、涼、酸、痛、麻、脹、緊、刺、動、癢等。

每人在陽氣動後的感觸，是因人而異，皆不會一樣，也不會同時有八或十種感觸出現。有如上述的情況出現，已象徵道家內丹靜功的「練精化氣」已奠定了基礎。

（1）動

在練習周天運行靜功時，由於體內有的熱能，亦有稱「人電」。在靜坐時，經過凝神於氣，所吸入外氣的能量與內氣，經過高速的運動或磨擦，使身體熱能的產生，「人電」的流動，就是陽氣的流動，會使到全身有似一股動流在環轉似的；可惜這股陽氣打通體內的經脈，動的感覺，特別是任、督二脈，有時是不經中樞神經所控制的，是一種直接的作用。

（2）癢

如有同螞蟻在肌肉上爬行，小蟲在啃食，頭皮奇癢等的

感受。這是陽氣流動必會有的感覺。一旦陽氣通經絡時更會有刺痛的。

「癢」的感覺是通脈的一個大特徵；有在胸部，頭，面，三處為最癢。癢發生時，不可過力的搔抓，以免皮膚破損，尤其是頭部。經絡實際打通後，癢感自然減少。

（3）涼

當陽氣運行，某部位產生熱，是因神經組織肌肉產生吸熱起化學作用，該部自然產生「涼」氣。這些現象一般發生在後期，任、督二脈陽氣運行、心腎間出現涼的現象，實是腎水上潮的現象。

（4）暖

就是熱的感觸。是吸入外氣與內氣，在心位部撞擊和高速磨擦反應而產生的熱能。此種情形出現的最多也是最快，跟著亦使丹田發熱，及全身皆熱等現象，是熱能集中的象徵。周天運行靜功的目的，是要使陽氣或體內的熱能集中，成就免疫抗病菌的宗旨。

（5）輕

感到身體有一股浮力，使你覺得有如輕飄飄似的，或想飛似的；主要是因為陽氣向上升，是表示陽氣充沛。

（6）重

在靜坐時，心感身體如重石，或如被山壓似的，如何推也推不開；這是由於陽氣往下沉，皆因吸氣下沉的關係。

（7）澀

在靜坐時，由於陽氣或內氣的產生及運行於五臟特別是胃時，會影響你的內分泌液，尤其是津液，會出現澀或味不甘滑的現象。這象徵著陽氣在調整你的生理及體質；過一段時間，當調整工作完成後，就會消失。

（8）滑

就是重的反面，有輕飄站不穩的感覺；又似如水珠落到臉或身上，是滑而不留手似的。

以上的現象，只是略說陽氣運行，任、督二脈打通時的一些現象。現實心理的反應比這些還要多而複雜：例如陽氣自發運轉時，四肢自發的轉動、陽氣活躍、手舞足蹈、轉身搖頭、神經的興奮，或出現大聲呼叫，是自己所不能控制的。表面看來是很劇烈的動作，似乎超出平常的體能。但這些動作都會自動的停下來。這是一種自發的身體運動，不是你能控制的，強制的控制反而不好；但是也不要刻意去追求，這些都是本能意識的活動。

有些還會見到光體的顯現，五顏六色，有如彩虹、千變萬化、良久不絕；有的即顯即消。這都表現「陽氣」在體內產生、發生的一種反應，亦是因人而異，絕對不會有二個人相同的。光體現是「練氣化神」的現象，表示「練氣化神」已練成。

這些跡象的出現，特別是八觸，有如發熱等等，千萬不要害怕，不必延醫診治，即使是延醫診治，也不會有效，反會受藥石之害。有人不知這種道理，反而造成精神的負擔。所以瞭解「陽氣」運行，及八觸反應等的現象，就會有正確的理念。遇到這種境界的發生，就不至於會有恐懼或追求；唯一心凝神於丹田，這種現象自然會停止。要知道「靜極生動與動極復靜」的道理。並以務實的態度，修持內丹靜坐功，達到修身養性的目標。

第十一章

自發動象

　　修練站樁功時，會出現自發動象。陽氣或內氣在體內自發運行至有病患之處，那裡就出現動象：例如，血脈硬化、心臟病，會常出現手於上下抖動，──頭病、頭顫動象徵。自發動像是因病情而異，沒有一定的規則。若是病症多、動象就多、病症少、動象亦相應地減少。

　　修練站樁功，無病患者，有助健康、血氣的運行，並能助打通經脈，動象就不一定會出現。若果任、督二脈已經是打通，則有助「氣」增強旺盛，以及周天於任何時候都能自轉，且氣感很強；但必定要在靜坐運行周天時，才能體會感到陽氣的暢流。

　　陽氣或內氣在站樁時，自發與站的姿勢是否正確有很大的關係。另外，在練站樁時，是否能凝神「神闕穴」或「命門穴」使精神集中，使「意」靜守於關竅；有否勤於練功，以及經脈的敏感性都很有關聯。姿態正確及意守關竅，促進「神內收」快，勤於練功，敏感性提高，自發現象就會出現的快，不然就會慢。只要有耐心，不要放棄站樁，陽氣或內氣自發的裨益，始終能體會到它的效果。

　　修練站樁自發動象，有助陽氣於經脈的流行暢通，負起「營、衛」的功能，又能排除病氣，及治好病患。就算在練

功時，沒有自發的動象出現，依然有受益，同時能治療好病患。因此不能刻意的追求動象出現，任其自然的發展是最好的宗旨。唯有做到良好素質的站樁修練，自然會有動象。

練站樁功，動象是出於自發，不是誘發的。若是誘發動象，練功後可能會有負面偏差的情形出現。自發動象要在練功時進行自控，要以慢、柔為宗旨。若是動象劇烈，只要張開眼睛，並對意識說：「收功了、結束吧！」動象就會緩和，漸漸的靜下來；若是緊張、害怕，反而會助長動象變的更為劇烈，這點不可不慎！

練站樁功時，自發動象是很有規律的。是由「靜到動」及「動到靜」，是很符合動、靜運轉的功理。動象的過程，時間的長短又因病患者病情而異。有些人練功幾個月後，就由動轉入靜了；而也有人練站樁持續達數年者，一旦病患痊癒後，若再繼續站樁的修練，自發動象就不會再出現；只感到陽氣或內氣暢通運行，氣感特別敏銳，是種非常有益的現象。

另外，願普羅大眾皆知道，要想得到健康的身體，及延年益壽；每個人每天都應該和必須作些適宜的運動（除走路家務之外）。保養身體健康的秘訣是：「生命在於運動，和生命在於靜止。」適宜的「運動」，助經絡疏通和新陳代謝旺盛；而「靜止」是使生命在「靜或休息」的時候，達到及完成最高的療效。所以練習站樁，凝神於神闕穴或命門穴，進而達到忘我之境，所獲得治療功效是不可思議的。

至於練習站樁功，何以會氣自發，因由何在？首先，在練習站樁時，若呼氣凝神意觀膻中穴，會產生熱能或陽氣；另外，在呼吸時，外氣與內氣深入下丹田，並在其間相互迅速產生摩擦；久而久之，便產生熱能或陽氣。因為在站樁

時，息氣都會比文息強、深而綿綿不絕。當熱能或陽氣產生後，而集於下丹田。在飽滿時，即會運行至命門穴，由帶脈貫通神闕穴，在帶脈中旋轉，進而貫通任、督二脈。

神闕穴為任脈的主竅，命門穴又為督脈的主穴。這樣熱能或陽氣，通過任、督二脈，而流注於其他十二經脈，使陽氣流布全身。所以，練習站樁功氣自發，很快就會使熱能或陽氣布於十二經脈及奇經八脈。因此，練習站樁功，在 5 至 8 分鐘，熱能就會遍在全身。而 10 至 15 分鐘後，就能使練習站樁功者，汗流浹背。站樁功的時間最好保持在 20 分鐘內，不要超過 30 分鐘。質素好，比時間長，更為有效。其利益有如啞子吃蜜。因此站樁功，是男女老少最適宜的戶內運動，不消耗精力，比任何運動都強和全面，使陽氣或內氣貫通十二經脈及奇經八脈。健康益體的神效是可想而知，但願你有恆心和耐心去練。

第十二章

氣衝病灶

　　修練周天運行靜功，當陽氣或內氣產生之後，陽氣會隨著經絡周流全身，都會發生「氣衝病灶」這個經歷，實是一個不能避免的正常反應。當陽氣流暢時，有很多修練者，很快就有這種反應，會使有疾病者的症狀加劇，比未練功前更明顯或加重，甚至是多年的舊症，也會重現。例如，動過手術的地方，突然會痛的很難受，不知為甚麼。既使延醫治理，也找不出因由。只要你有信心，靜心的繼續練下去，這種現象就會不治而癒，氣通後痛自然就消失。

　　氣衝病灶，是內丹靜功的特點。陽氣通經絡快，則陽氣旺盛，迅速達到病發處，是發揮陽氣或內氣治療病症的正常反應，這是一件好事，並非壞事。要知道，陽氣產生聚集儲存於下丹田，當氣足時，陽氣自動運行全身，疏通經絡、身體所有的穴位，使每一個穴位陽氣或內氣充沛旺盛，患有疾病者穴位不開，代表經絡不通，不通即生病，即會感到痛楚不適。

　　修練內丹靜功，使陽氣或內氣自發，循經絡運轉流動，將穴竅打開，疏通經絡，就能祛除病氣或阻塞。在修練的經歷中產生氣衝病灶，有病治病，穴竅不通者，氣就衝到那裏，那個部位就有反應，就會感到難受；如有胃痛、氣入胃

區，就會感到不適或疼痛；高血壓、動脈硬化、腦血栓患者，在修練功後，會感覺頭部緊、有脹或疼痛；又關節炎，外傷患者，患處會有如針刺刀割的陣痛感。眼有毛病，修練中會有不適之感，以及會流淚。這些都是練功，陽氣運行，氣抵患處所出現的衝擊反應。

氣衝病灶的時間，和反應程度是依據病狀，個人的體質、年紀，及練功者深入程度不同而異。病有表裏，病程的長短、輕重，氣衝病灶也是各異。有些反應只有幾分鐘，有的數小時，有者數日不等。若是病在表，就會很快的過去。若是病在裏，及病程長，氣衝就可能需要數天，有時甚至會出現，衝衝停停，停停又再衝，如是反覆多次，直到病癒，這種現象就會消失。如果陽氣旺盛，體質好，練功又勤奮，元氣不衰，氣衝現象可能來得快及激烈，即是來得快療效也快。

人體皮、肉、筋、骨、脈絡、臟腑，層次各不同。通經絡是要由表及裏，每一層漸次深入疏通。修練內丹靜功者，若是經絡尚未打通時，氣衝病灶出現痛苦，是很自然的現象。例如、動過手術、肌肉被砌開，既使是康復，但是肌肉之間是有「間隔」的，陽氣是不能如完好無缺的肌肉，能自然流通。就因要打通「間隔」，是以痛楚產生。唯有陽氣流行暢通後，痛苦就會消失，這是自然的規律。病除則身體健康，一勞永逸，將來不再會有這種情形發生。這不是一件好事嗎？若不是練功，氣衝病灶，動手術造成的「間隔」是永遠得不到氣流的恢復機會，自然形成營、衛及新陳代謝不能全面的運行如常，這也是氣衝病灶的優點。

修練內丹靜功，得陽氣或內氣的運行，就可以見到「氣」運行、功能收效的正常反應。氣衝病灶後，病情就會

逐漸的痊癒。有些人害怕氣衝病灶的痛苦，不能忍受，或停止不再繼續堅持練功並放棄，則前功盡棄，是非常可惜的。

　　要知道，不練功病患不會袪除，而對四季氣候的變化刺激，工作壓力，不均衡的飲食，一樣會遭受病患的折磨，甚至更加劇舊有的病患，持續受苦，自不在話下。

　　修練內丹靜功，氣衝病灶而面對的痛楚，只是暫時性的，克服了，氣衝過去了，病癒了，給予你是無限的快樂及健康，又何樂而不為呢？

第十三章

「生理」結構及「病理治療」篇 奇恆之腑

　　這一章簡單說奇恆之腑。它包括腦、髓、女子胞與子宮系統。為什麼修練道家內丹功，要略談這奇恆之腑呢？其目的是使修練者，對人體內的結構與功能，有粗略的認識；有助你體會陽氣，在奇經八脈及十二經脈運作和聯繫。下一章，更會添加有關五臟六腑及八觸的一些基本知識；有助修者對經脈於五臟六腑的運行，有個清晰的瞭解，則對陽氣在體內運行，其反應，氣衝病灶時不會生起恐懼，使你對道家內丹靜功的修練更有信心。

　　「奇恆」兩字如何解？其意則是自有獨立運作的系統，不受他系統所管轄；反而統治指揮其他的器官。所以腦是自律的系統，是由自律神經控制的，是不受他統所指揮的。腦是非常複雜的一個器官，故只能淺說。以下是摘錄自醫學叢書中，一些有關奇恆、五臟六腑的一些簡要的重要知識。

第一節　腦

　　腦可分為腦幹、小腦、大腦兩半球，三個部分。

（1）腦幹自下而上，又分為延髓、腦橋、中腦和間腦。

（2）小腦，位於顱後窩，在延髓及腦橋的背側。小腦的功能是穩定身體的重心，維持身體平衡，及確保肢體共濟協調運動。

（3）大腦由兩側大腦半球，基底節和側腦室所組成，兩半球由胼胝體相互溝通。

腦的生理功能

明代李時珍提出說，「腦為元神之府」。《醫林改錯》進一步指出說，「靈記性在腦者——兩耳通腦，所聽的聲音歸於腦；兩目系如線長於腦，所見到的景物歸於腦；鼻覺通於腦，所聞的香臭歸於腦。這很明顯的將智力，記憶能力，視覺，聽覺，嗅覺等感官的功能，都歸於腦。」中醫學又在臟學中說，將感覺、動作、思維等精神的活動，分別歸於五臟；例如心臟「神」，則是指精神狀態；肝藏「魂」，則是指聽、視等知覺；肺藏「魄」，則是指運動的所謂魄力；脾藏「意」，則是指思維意識；腎藏「志」，則是指意志。總結指出辨證和治療中，常與臟腑間之相互關係繫在一齊。

大腦之功能，是非常之多而且也很複雜，不能一一說明，唯有僅說一些罷了。例如，額中回後部，為書寫和眼球協調中樞；額前區，與人的記憶、判斷、抽象思維及情緒有關聯；頂葉還為人的定時、定位、定方向功能有關；額葉的中央前回，為對側體運動中樞；左側額下回後部，是運動性語言中樞……等等。

腦幹中的丘腦，是全身「淺深」感覺傳導中繼站。丘腦下部為植物神經系統高級中樞；腦幹和間腦中的網狀結構的上行啟動系統，可促進大腦皮層興奮，保持清醒，抑制其衝

動傳導則引起睡眠。

小腦的主要功能是保持肢體共濟的協調，維持身體平衡和重心穩定作用。

第二節　髓

髓，現代醫學是指脊髓和骨髓。人體的骨髓是藏於骨腔之中。而脊中之髓本屬腦髓之一系，往下行，以分佈神經於肢體百骸者，與脛臂骨中之髓，是絕非同一類。以中醫學的觀念並認為，髓是由腎之精氣與水穀精華所化生，有補充潤養骨骼，補益腦髓的作用。《素問經》說：「腎不生則髓不能滿。」由於此可知保養腎的絕對重要性。

1. 脊　髓

藏於脊椎管內，上端平枕骨大孔與延髓連續；下端脊椎圓錐止於第一腰椎下緣。體內脊髓骨全長分 31 個節段，發出 31 對脊椎神經，每對脊椎神經分段管理一定部位的皮膚、肌肉、內臟的感覺和運動。脊髓正中有一中央管，管周圍可見呈蝶形的灰質，是神經元胞體聚集的地方。脊髓灰質周圍存白質，是上、下神經束的通路。

2. 骨　髓

藏於骨腔中，有分紅骨髓和黃骨髓二種。紅骨髓為造血器官，能生成紅、白之細胞及血小板。在胎兒和幼兒期，全為紅骨髓；在年齡增長後，長管骨幹腔中的紅骨髓為脂肪所代替，成為黃骨髓，就會失去造血的功能。但在人體長骨的

骨骼、短骨和扁骨中終生為紅骨髓。

至於有關脊髓的生理與功能，它也是人體自律神經系統最為重要的一部分。

（1）傳導功能：人從內外環境所接納的信息，均都由脊髓神經系統的感覺纖維，傳入經上行的纖維傳入至大腦的相應區域；經調整，形成感覺和知覺表象，再經下行纖維傳遞到脊髓前角，由傳出神經引起相應的身體和內臟的活動。

脊髓本是向上往下行神經纖維的中繼站，如果脊髓一旦發生橫斷性受損，立即就會出現受損下身的運動，知覺感覺喪失，與其相應的內臟功能也會發生障礙。

（2）脊髓也是神經反射的初級中樞，能完成骨骼肌和某些內臟活動的簡單反射。腦或是錐體一旦受損，也會出現亢進或消失的改變。

有關骨髓的生理與功能，其重要者是血液的製造。它是繼續不斷的生長血細胞、白細胞與血小板。此外，骨髓也是人體網狀內皮系統的器官之一，能參予機體的免疫防禦機能，負起對身體防患的作用。

第三節　女子胞與子宮系統

女子胞又名子宮，它的主要功能是主持控制月經，受孕，孕育胎兒；亦包括婦女的整個內生殖器官：含有卵巢、輸卵管、子宮及陰道。子宮是一厚壁的肌性器官。陰道為前後略扁的肌性管道，其壁富有伸展之性能。

女子胞的生理與功能主要在於主持控制月經，以及受孕和孕育胎兒。依據《類經》三卷說：「男女陰陽之儀象也。

陰陽交媾，胎孕乃凝，所藏之處，名曰子宮。」「男女媾精，……歸於左右子宮之系。」據此，明顯的指出成熟的精子，與卵子在輸卵管中結合受精。又說「婦人受孕，則月經不行」。在受孕一月時名胚胎，經四月後形體乃成，到五月後則可辨男女……。十月後懷孕成熟，臟腑齊通，可納天地之氣於丹田，待時機成熟而生產。

　　以上是略說明，受精之處，胚胎在子宮孕育至足月時（正常的情形），胎兒生的過程。

第十四章

脈與脈管系統

在醫學上，中醫學對脈與脈管系統的認識具有獨到的地方；而西方醫學是沒有這門學問。

《靈樞·邪氣藏府病形》說：「按其脈，知其病。」人體的脈管，中醫學認為是氣血運行的通道；又說：「夫脈者，血之府也。」《黃帝內經·靈樞集注》說：「晝夜環轉，無所違逆，是謂脈……循行臟腑身形。」

人體內的血管系統，包括了心臟，動脈，靜脈和毛細血管。在中醫學以「心主控身體內之血脈」。就以這一句話，很清楚的說明了心臟的收縮，推動了血液的運轉。在《難經》說：「十二經脈皆有動脈。」

人體內的靜脈被稱為「血絡」，「青脈管」。「青脈管，不跳動」。說明是淺部位的靜脈管。至於脈管細小的分支稱為「孫絡」或「孫脈」。其實脈管細小者是遍佈全身，無處沒有，目的是達到輸散「營與衛」的功效。

有關脈與脈管系統的生理與功能，對整個身體正常的運作，是不可輕視，特別是促進氣的運行。血液由心臟輸出，由血管系統輸送到身體的各個組織；同時由細胞間液與組織細胞進行新陳代謝或物質交換；血液再經血液管系統回流到心臟。這就是脈管的基本功能。這種運作是無一息停止，直

至到人死亡為止。

　　至於體內的血管功用及特徵，以下是簡略的敘述：

　　（1）大動脈，其管壁較厚，含有較多的彈力纖維，所以是很堅韌並且富有彈性的。當心臟收縮時，血管壁擴大，心臟舒張時，管壁就會起彈性回縮，進而將血液推動而繼續流動。這類動脈管，包括主動脈管，頭臂動脈管，頸總動脈管和肺動脈管。

　　（2）阻力血管，其組織是由中動脈管和小動脈管構成。這類的動脈管的特別點，是中膜平滑肌豐富，血管口徑逐漸縮小；當血液在流動時遇到的摩擦力就較大，目的是調節血壓和控制微循環血流量的主要部位。

　　（3）毛細血管，其數量很多；毛細血管壁僅由一層內皮細胞所組成。管壁極薄，通透性很大，是血液與組織細胞間進行新陳代謝的部位。中醫學稱的「衛氣」「組織間液」即在此處溢出血管。

　　（4）靜脈，它是彙集由毛細管回來的血液。整個靜脈系統，是一大儲血池；於正常的情況下，其溶納全身血量的50至 70%的血量。

　　（5）淋巴系，它是脈管組成部分。它起源於組織間隙的毛細淋巴管，回流吸收約 10%的組織液，成為無色透明的淋巴液。它也是一個分佈在全身的管導系統。淋巴結具有產生淋巴細胞，過濾淋巴液，扣留及吞噬淋巴液中微生物和癌細胞的作用。

第十五章

五臟六腑及其關係

　　這一篇略淺說五臟六腑及其關係。一個學習道家養生長壽術者，對人體中的臟腑要有基本的瞭解及認識，才會重視養生之學。在道家內丹靜功來說尤為重要，這是因為學習內丹就是修練「氣」，特別是對奇經八脈及十二經脈要有較為深入的認識。又因為臟腑都是十二經脈及奇經八脈的起源。另外，五藏六腑亦是人類健康及病患困擾的根源，能夠對它有深厚的瞭解，則對身體的保養有很大的裨益。這一點是非常重要的。如果五臟六腑中氣化失調，就有如《素問‧調經論》說：「血氣不和，百病乃變化而生。」

　　要知道，人體的每一內臟，都不是完全各自獨立，而是相互聯繫，互相影響和統一的一個整體。人體的五臟六腑透過自律神經、內分泌、體液，於經脈之間互相運作作用，而產生氣化的能量，運行全身。所說的氣化，是指五臟六腑物質能量的升降轉化而成。臟腑中氣、血化為「陽」，器官中物質為「陰」，使至陰陽平衡，滋養軀體。

　　五臟是屬陰，主要是儲藏精血及津液之器官。六腑則負責主管食物的收納，消化、吸收，並有傳送和排泄的功能。五臟六腑，經將食物水穀能量氣化後，透過經脈，氣行於血

中，將營養輸送傳達四肢百骸供其吸收。體內氣血運行，使到氣能推動血液循環，輸送分散氧氣及營養至全身。因此，臟腑「氣化」強弱，關係到機體或各器官之正常操作，助使津液及營養精華能夠分佈全身。

所謂五臟，它包括心、肺、肝、脾、腎。而六腑，則擁有大腸、小腸、膀胱、膽、胃、三焦。人的身體健康就取決於這五臟六腑間的運作，保養，聯繫，是否完善，以及是否發揮其應有的功能。

第一節　五　臟

五臟包括心、肝、脾、肺、腎、心包及命門。

1. 心　臟

首先說心臟；它是一個運動的器官，其色赤紅，外形似未開荷花，呈倒置的圓錐體，位於兩肺臟之間。心臟內部有房中隔、室中隔、及左右房室口，分為四腔。當心室收縮時，阻止血液逆流入房；在心室舒張時，則自然關閉，並阻止血液逆流入室。

心臟的功能：

（1）心主控血液，其華在臉。

中醫學說的「心」稱為心系，則是循環系統。它包括心臟、動脈、靜脈和毛細血管等，整個密閉的循環系統。心主控血脈，其意說血液在心臟收縮推動下，經動脈及其分支分佈全身，並借助毛細血管聯繫五臟六腑，再由靜脈，使血液回流心臟；無有停息，無有間斷。心氣（收縮功能）推動

血，在脈管內運行，循環不息。心氣旺盛正常，血氣充足，則脈搏充盈，跳動有力，人面色紅潤，富有光澤；若心氣不足，例如心力衰竭、虛脫、休克，臉色則變的蒼白無光。

（2）心主虛裏，實是指心臟本身的跳動。

心肌收縮力下降，脈搏跳動微弱，虛裏脈動微弱，就顯的宗氣不足；虛裏脈絕，或跳動停止，宗氣絕，人則死亡。脈搏正常的跳動是在 60～100 次／分鐘，節律是一致的。

（3）心主神明

神明者即意識，神志；也就是情感、思維、知覺及意志等精神活動，實屬大腦功能。人的精神活動，片刻不能離開血液，只要心血充足，濡養腦髓，才能有精神、意識、思維等活動。腦的細胞對氧氣的缺乏是非常敏感，大腦中的血液供應不足，都會導致腦的功能和新陳代謝的改變，甚至會出現形態結構發生異常。就是輕微度腦供應氧氣不足，都可出現心悸、失眠、健忘、思維遲鈍、精神萎靡等，類似神經衰弱的病症。如果心血衰弱減少及運行阻滯，就可出現健忘，昏迷等症狀。

（4）心開竅於舌

舌為心臟之外候。心臟的病症，普通可由舌的活動及顏色上反映出來，只要小心就可留意到。

（5）心主汗

汗者，是調節體溫的組織，是由下丘腦和植物神經所控制，故有說「汗是心之液」，則是指汗與精神緊張和血管的擴張是相一致的，與現代的科學理論是相同的。皮膚所有的肝腺非常多，是受交感神經所支配的。血液與皮膚表層溫度提升，精神就會高度緊張，這些作用都會反射於下丘腦中樞；汗腺分泌就會增強，汗液蒸發，表示散發力度增加。出

汗過多會導致血容量減少，這就說明「血汗是同源」。

2. 肝　臟

人體的肝臟，是所有器官中最大的實質性器官，在生命活動中占很重要的角色，是人體內對物質新陳代謝、解毒、分泌膽汁的主要器官。肝臟位於橫膈下，大部分於右季肋（右脇）部。

肝臟的生理功能：

（1）肝臟血

肝是儲血的器官，整個靜脈系統，也是一個儲血池。於正常情況下，占全身血容量的 50－70 巴仙之間。人體肝臟的血液供應，3/4 來自靜脈，1/4 來自肝動脈。血液經肝臟流到全身，人在休息或睡眠時，血管擴張而儲血。故《素問‧五臟生成篇》說：「肝臟血」心行之。人動則血運行諸經，人靜則血歸肝臟，肝主血海也。

（2）肝主管疏洩

肝臟功能，其疏洩包括：

① 舒暢情志：情志指人的精神、意識、知覺、分析力、思維運行等，屬於腦的功能，都認為與肝有關。從肝性腦病的發病的機理，嚴重肝病時會出現情緒、知覺、行為等障礙；嚴重肝細胞受損害，對腸道吸收或體內產生毒物的解毒能力下降。毒物進入人體循環，它的作用對神經系統會出現欣快、急躁、抑鬱、沉默、智力減退、動作不靈等性格上的改變，還會產生語無倫次、衣冠不整、無原因突然哭鬧、吵叫、甚至震顫、昏睡、昏迷等行為，神志異常。肝臟解毒功能失常，疏洩失常、肝氣鬱結、氣機不調的現象出現。

② 疏通氣血和水道：身體各種激素的生成與減活，正常

是處於相對平衡狀態之中。激素的過多或不足，可引體內物質新陳代謝的紊亂。多種激素的減活，主要是在肝臟內進行；如雌性激素、雄性激素、醇固酮、糖皮質激素、抗利尿激素等。當患肝臟疾病時，由於肝臟對激素活能力降低或其他因素，可使某些激素在體內堆積；如雌性激素在體內過多時，女性可能引起月經失調；男性可能引起乳房發育，睪丸萎縮以及肝掌、蜘蛛痣，醇固酮、抗利尿激素在體內堆積；會引起水鈉聚留，出現腹水、水腫、小便少。所以《血證論》說：「肝屬木，木氣沖和條達，不致遏鬱，則血脈得暢」。「氣行則水行，氣鬱則水停。」

③分泌膽汁協助消化：膽汁由肝細胞生成，經肝總膽管而流至十二指腸。膽汁成分複雜。膽汁又是肝臟排泄某些藥物或毒物的通道之一，肝臟病變成膽道炎症，都會出現一系列消化道症狀，甚至是黃疸病出現。

（3）肝開竅於目

《靈樞・脈度篇》說：「肝氣通於目，肝和，則能辨五色矣。」精確地說，肝與視網膜錐細胞和桿細胞的感光色素有關。肝臟又是維生素 A 的新陳代謝和儲存器官，又是蛋白質合成的主要場所。肝的功能減退，都將出現維生素 A 的缺乏症狀；如遇暗適應時間延長、夜盲症、全身上皮組織角質變性、乾眼症、眼角膜穿孔、指甲多紋、易斷裂、毛髮乾枯。

（4）肝主筋，其華在爪

筋是肌腱關節韌帶的俗稱。肝主控筋與肝為「物質新陳代謝中樞」有關。無論是消化道吸收的營養物質，或是體內儲存的其他物質，均由肝臟加工合成，產生各種生理上所需要的重要物質，並及時供給身體各部機構的需求。這些物質

即是「肝血」。肝血的盛衰，必然反映於肌腱、韌帶、指甲的狀態上。

3. 脾　臟

脾臟是人體最大的淋巴器官，由淋巴組織，大量血竇和各種血細胞所組成。

脾的功能：

（1）脾是個血庫，可儲存和調節血量；

（2）脾的淋巴組織具有造血的功能，可產生淋巴細胞，參與人體免疫機能；

（3）脾的網狀細胞和竇內皮細胞具有吞噬功能，和過濾血液的作用。

脾臟之附物胰。胰是人體重要的消化腺，又是內分泌腺。外分泌部分占大部分，是由腺泡和排泄管組成。內分泌部為散在腺泡之間的細胞團素叫「胰島」，它由兩種細胞構成：甲細胞分泌胰高血糖素，能促進糖原分解，使血糖升高；乙細胞最多，分泌胰島素，有促進糖原合成，降低血糖的作用。

脾臟的生理功能：

（1）脾主管運化

食物水等在消化道內分解的過程為消化。消化後營養物質精華，透過管壁入血液循環的過程稱為吸收。脾主管運化含有二意：

① 消化及吸收的過程：吸收的營養物質精華稱為「水穀精微」，是人類從事勞動，維持體溫的能量來源，並為生長、發育、生殖等，提供新建和重建的原料；以及生成氣血的主要物質基礎。脾為後天之本和氣血生化之源。

② 運化水濕，參與水的運轉和排泄過程；水和無機鹽可直接經腸壁吸收進入血循環，供組織細胞運用，多餘的部分則經腎排出體外。

（2）脾主控肌肉，開竅於口，其榮在唇

脾乃倉廩之官，主持運化水穀之精華，生養肌肉。脾的運化功能強健，輸送營養充足，則肌肉豐滿，輕勁有力，知飢欲食，口唇紅潤光澤；相反則肌肉消瘦乏力，不思飲食，口淡無味，唇色淡白或萎黃無澤。

（3）脾主管統血

統者統攝也，含控制之意。

① 脾於胚胎期是主要的造血器官，在4個月後骨髓才取代之。但脾終身保持製造淋巴細胞的功能。生出後，於某些病理情況下，又可恢復造血的功能。

② 脾是衰老紅細胞和血小板的主要破壞場所。脾的功能正常是維持紅細胞、血小板正常值的重要環節。

③ 脾是個血庫，可儲存和調節全身的血量；中醫學稱為「脾裏血」，若脾無所裏，則肝無所藏，心無所主。則說明脾臟血的重要性。

4. 肺　臟

肺著，五臟六腑之蓋也。肺者左右各一，其位於縱隔兩側，呈圓錐形。其動脈與靜脈構成的肺循環和喉，氣管，支氣管樹所構成的上、下呼吸道合稱為「肺系」。肺泡表面有豐富的毛細血管網，是氣體交換的重要所在地。

肺臟的生理功能

（1）肺主氣，司呼吸

肺主氣包括兩種含意：

① 主控呼吸之氣，是指外呼吸。它包括肺通「氣」和肺交換「氣」兩個過程。吸進大自然中的氧氣，並呼出體內二氧化碳。《類經圖翼》說：「肺者生氣之源……一呼一吸，消息自然，司掌清濁之運化。」

② 主控一身之氣。指氣體在血液中運送輸散，由心脈而散佈全身。而內呼吸則供給組織細胞所需之氧氣，並及時排出二氧化碳。各種營養物質精華在細胞內分解，新陳代謝供給能量和原料，必須經過完全的氧化。這二種能量物質稱為「宗氣」。宗氣能「溫潤肌膜皮膚，溫煦四肢百骸」。若營養物質不足時，氣少息微、語音低微、身體疲倦乏力，也就不難理解。

（2）肺主管肅降，通調水道

肅降，即是清肅下降的意思。肺居胸中，位於上焦，其氣以清肅下降為順，則是指呼吸管道的通暢；只有通暢，清氣才能抵達肺泡，進行清濁交換。肺失清肅，清氣不能呼出，即可出現胸悶、咳嗽、喘息等肺氣上逆表現。

（3）肺主控聲音，開竅於鼻

喉嚨是呼吸通道和發音的器官。喉腔側壁黏膜形成一對聲帶皺襞，聲門大小，根據呼吸的需要。吸氣時擴張，呼氣時微閉。肺氣充足，則聲音洪亮；肺氣虛，則呼吸功能減弱，聲音低微。

鼻是嗅覺器官，是呼吸通道的門戶。鼻的通氣和嗅覺功能，主要是依靠肺氣的作用。《靈樞·度脈篇》說：「肺氣通於鼻，肺和則鼻能知香臭矣。」鼻為肺竅，鼻常常是邪氣侵犯肺臟的主要通道。

（4）肺主管宣發

主要是說由肺而散佈，使「衛氣」和「津液」輸送散佈

全身，以溫潤肌腠皮膚的作用。《素問·痹論》說：「衛者，水穀之悍氣也。」衛氣的分佈，不受脈管的約束，運行於經脈之外，具有保護肌表，抗禦外邪入侵，潤澤皮膚毛髮，溫煦臟腑，遍及全身的功能。

5.腎 臟

有關腎臟的機能，要知道「腎主水」的理論，於兩千多年前就已經提出了。腎與體內水電解質、新陳代謝有著很密切的關係。現代解剖學所說的腎，是慨括一系列有關的生理功能的總稱。它包括生殖機能、內分泌、神經系統等方面的功能。這是人體非常複雜的一個器官。

（1）腎臟的形態及結構

腎外形似豇豆，左右各一；分別藏於腹膜後脊柱的兩旁，左腎略高於右腎。腎有三層被膜包裹：腎纖膜、腎脂肪囊、腎筋膜。

（2）生殖機能

① 男性的生殖系統：包括睪丸、輸精管道、附屬腺和外生殖器組成。睪丸是產生精子和雄性激素的器官；如卵圓形、左右各一、藏於陰囊內。

② 女性的生殖器系統：包括卵巢、輸卵管、子宮、陰道和外生殖器所組成。卵巢呈現扁卵圓形，是一對藏於子宮兩側，於盆腔側壁的凹窩中，是產生卵細胞、分泌雌性激素和孕激素的器官。

③ 腎上腺的結構。腎上腺位於腎的上端，左右各一個，共同包於腎筋膜內的脂肪囊中，分內外兩層：外層為腎上腺皮質、無神經支配；內層為腎上腺髓質，由內臟大神經的交感神經節前纖維支配。

腎概括其內分泌及植物神經系統的功能：

（1）內分泌

它的內分泌腺及其系統，是人體機能調節的重要組成部分；它是由分散於全身不同部位的內分泌腺所組成。人體主要的內分泌腺有腦垂體、甲狀旁腺、甲狀腺、腎上腺、胰島和性腺等。內分泌腺分泌的活性物質稱為「激素」，是由腺細胞直接釋放進入血液，對機體的新陳代謝、生長、發育和生殖功能起調節的作用。

（2）植物神經系統

它是整個神經系統的一部分。它主要是管理消化、呼吸、泌尿、生殖器官的活動；司理新陳代謝機能，並保證機體內外環境的平衡。因其機能不受意識支配，所以又稱為自主神經系統。它包括交感神經和副交感神經，內臟各臟器大多數接受交感和副交感神經的雙重神經支配。

交感和副交感神經興奮時，對一切內臟器官所表現的作用是對立的。交感與副交感神經的生理作用既是對立，又在大腦皮層的控制下統一協調、相反相成，從而保證了內臟和整個機體的正常活動。

腎藏精

（1）腎藏精，主控發育與生殖

「精」是人體構成的基本物質，亦是維持生命活動的物質基礎，藏在腎。腎精的來源有先天與後天之別：先天者，稟承於父母。《靈樞·經脈篇》說：「人始生，先成精。」中醫學的文獻指出，先天之精，即「腎陽」，又稱「元陽」。是人體陽氣的根本；對臟腑、經絡、身形起溫煦、生化的作用。「腎兩者，非皆腎，其左為腎，而右者為命門。」命門者，為『元氣』之根為水火之宅。五臟之陰氣非

此氣不能滋養；五臟之陽氣非此氣不能宣發。」《石室秘錄》說：「胃徥命門而能受納，脾得命門能轉輸，肺得命門而治節，大腸得命門而傳導，小腸得命門而布化，腎得命門而作強」。《醫部全錄》注澤說：「命門配成之器官，……男以此藏精，女以此繫胞胎。」說明先天之精具有促進機體物質新陳代謝之過程、調節機體生長、發育和生殖機能以及管理呼吸、消化、泌尿、生殖各器官的功能。

醫學上說的性腺，指整個內分泌系統和物質神經系統的結構和功能。後天之精來源於飲食、水等，由脾胃化生變成「水穀精微」，其功能是作為維持機能活動、人體組織的營養物質。腎中的「陰陽」猶如水火一樣寄寓於腎，在人體內相互依存、促進及制約。先天之精為後天之精的攝取準備了物質基礎，而後天之精又不斷供養先天之精，使腎不斷地得到補充，但又相互制約、維持著腎的陰陽動態平衡。一旦腎的平衡失控及受破壞，則會出現腎的「陰陽」失調。

腎精能化氣，腎精所化之氣稱為「腎氣」。「腎氣」由腎陽蒸化腎陰而產生的。故腎陰腎陽都以腎所藏之精為物質基礎；所以腎的精氣包含腎陰和腎陽兩種。腎的精氣盛衰關係到生殖和生長、發育的功能。若腎精充足，腎氣旺盛，生長、發育和生殖功能就正常，精力充沛、體力強壯。相反的，若是精力虧耗，精氣漸衰、生長發育不良、形體衰老、精神萎靡，性機能和生殖能力減退。腎精虧損又稱為「腎氣虛」，可以在開始是腎陰虛或腎陽虛，發展到一定情況時會傷及腎陽或腎陰，成為腎陰陽兩虛，問題跟著來的就多了。

（2）腎主控水

腎臟是人體的重要排泄器官之一。人體於新陳代謝過程中所產生的渣滓，多餘的水和進入體內的異物，主要是由皮

腎臟而排出體外。腎臟在維持體內水、電解質的平衡，保證細胞內環境相對穩定方面有特別重要的意義。《素問·逆調論》說：「腎者水臟，主津液。」體內水液平衡的調節，主要是靠腎的氣化作用。

「氣化」的含意是：

① 推動血漿從腎小球過濾的力量。

②原尿流經腎小管，集合管時，和將身體有營養價值的物質被選擇性重吸收；對身體無用或有害的物質，如尿素、尿酸只有少量被重吸收，故說腎是「藏精排泄」之器官。

③腎小管細胞排泄一些外來有機物，並分泌氫氨換回原尿中的鈉，以保存體內鹼儲備量，調節和維持身體酸鹼的平衡。氣化正常則平合有度。抗利尿激素主要是促進腎小管對水的重吸收。當人體缺乏水和血容量減少時，抗利尿激素分泌就會增加，使水分保留於體內，尿量則相應地減少。醛固酮主要是促進腎小管保存「鈉」排出「鉀」。鈉重吸收增加，氯和水回吸收也會增加；若醛固酮分泌過多，則造成水、鈉在體內聚留，而引起浮腫、小便不利等病症。

（3）腎主鈉氣

腎與呼吸無關，只是在腎功能衰退時，可出現深而快急速喘氣的呼吸。腎，隱含植物神經的結構與功能，主要是分佈在內臟，包括肺的運動和感覺神經。

腎主骨，腎生髓，開竅於二陰。

（4）腎主骨，主髓

骨骼的結構很複雜是功能多樣的一種組織。它對人體豎起支架，使身體成形。它保護重要的器官，還可以支撐重量、參與運動。它還是一個造血的器官。紅骨髓能產生紅細胞、白細胞和血小板。《素問·四時刺逆從論》說：「冬氣

道家內丹功與現代生命科學

在骨髓中，冬者蓋藏，血氣在中，內著骨骼通於五臟。」
「此津液之為精髓也……以填補於骨腔之中……為精為
血。」說明醫學家早已認識骨骼的造血功能。「腎藏骨髓之
氣也」，故腎主骨。《靈樞·海論》說：「髓者骨之充
也」，說明腎臟精生髓、骨髓滋養骨骼。

骨骼是一種活的結構，也是在不斷地修復和生長。它是
由細胞間質和骨細胞所組成。細胞間質 2/3 是礦物質，1/3 為
有彈性的含膠原纖維的凝膠狀物質。腎髓充足，骨骼得補充
滋養，則小兒骨骼生長，發育正常；成人骨骼堅固有力。若
腎精虛少，骨骼的化源不足，不能營養骨骼，便會出現骨骼
變形。主要原因是食物中缺少鈣、磷和維生素 D 之不足。

腎生骨、生髓是合乎情理：腎包含內分泌，其中生長激
素、甲狀腺素、雄性激素，均有促進骨骼生長、發育的作
用。腎小球旁細胞，能分泌紅細胞生成的因子；該因子能促
進使脾、肝、所產生的紅細胞生成素原變成紅細胞成素、刺
激骨髓中的紅細胞分化成熟。

「齒為骨之餘」，「髮為血之餘」。

牙齒是依靠腎精的補充滋養，而毛髮，則由血來潤養。
精與血是互為資生的。精足則血旺，血旺則毛髮光澤好，精
足則牙齒堅硬。年老腎氣衰，所以毛髮多變白，牙齒鬆動脫
落。

體內之髓，有骨髓和脊髓之分；由於皆藏於骨腔中，古
時統稱為髓，並認為脊髓也是由腎之精氣所生化和補充的。

（5）腎開竅於耳及二陰

腎在上開竅於耳，在下開於陰。《靈樞·脈度》說：
「腎氣通於耳，腎和則耳能聞五音矣。」認為耳為腎之宮，
腎氣足，則聽覺敏捷清澈；腎氣衰，則耳鳴、耳聾。

　　所謂二陰，則指前陰外生殖器和後陰肛門。前陰主排尿和生殖功能。中醫學將尿量過多而成下消症：例如糖尿病等，視為陰虛陽盛造成腎的「開多闔少」；而將尿少、浮腫的腎性水腫，視為陽虛陰所致腎的「闔多開少」。

　　由於腎藏精，主理人的生殖、生長、發育、衰老的過程。所遇到的性功能障礙：男性精液稀少、陽痿、早洩、遺精；和女性無月經、原發性不孕症者，均可以補腎來治療。人類的後陰、指大便排泄器官的肛門。排便主要取決於大腸的蠕動、分泌與吸收功能；在正常情況之下，大便的情況、次數和量，是受飲食和植物神經的調控。腎陰虛，可見大便出現秘結的狀況。

6. 心包與命門

（1）心包是心的外膜

　　臟壁層之間的空隙，為心包腔；內含少量漿液，可潤滑層、可以減少摩擦。人體的心包、又是心的外圍組織器官、附有絡脈，是通行氣血的道路，又稱為心包絡。它是心的外衛，有保護心臟的作用；同時能代心受邪。《靈樞‧邪客》說：「心者，五臟六腑之大主也，精神之所舍也，……邪不能容、容剛傷心…故諸邪之在於心者，皆在於心之包絡。」

（2）命門含生命之門的意思

　　命門是先天之氣蘊藏所在，人體生化的來源、生命的根本。命門之火體現腎陽的功能，包括腎上腺皮質功能。《難經‧三十六難》說：「命門者，諸精神之舍，原氣之所繫也。故男子以藏精，女子以繫胞。」提出含生殖功能。命門有兩個說法：

　　① 命門指右腎。腎兩者，非皆腎也，其左者為腎，右者

為命門。

②指兩腎。具體體現於兩腎之間的動氣。《醫部全錄》注釋說：「腎之兩雖有左腎右命門之分，其氣相通，實指腎而已。」並認為命門的功能包括腎陰、腎陽兩個方面。

心包與命門的生理功能

（1）心包的生理功能

①心包是心臟的外衛，具有保護心臟的作用，有似心、腦的屏障，能遮蔽濁氣，防禦邪氣對心腦的侵襲。心包受邪的病症與心主控血脈的一些病症是相一致。

②心包代心受邪，各種病因所導致急性熱性病時出現的高熱不退，煩躁不安，神昏譫語，或昏瞶不醒等狀況。

（2）命門的生理功能

①命門是生命本元之火，即腎陽，寓於腎陰之中，是性機能和生殖能力的根本。命門為配成之官……男以此藏精，女以此而繫胞。說明命門包括了性器官，與生殖有密切關係。

②溫養臟腑經脈，促進生長、發育。命門為元氣之根，水火之宅，五臟之陰氣，非此不能滋；五臟之陽氣，非此不能發。

說明命門之火能溫養五臟六腑，對人的生長、發育、衰老有很密切的關係；臟腑有命門之火的溫養，才能發揮正常的功能。尤其是脾、腎需要命門之火的溫煦，才能發揮正常的運化功能。《石門秘錄・論命門》說：「胃得命門而能受納，脾得命門而能轉輸，肺得命門而治節，大腸得命門而傳導，小腸得命門而布化，腎得命門而作強。」根據現代的醫學理論，命門包括了腦垂體、腎上腺，腦垂體與其他內分泌腺軸，對人體新陳代謝、生長、發育和生殖等重要機能負起

調節的作用；並和體內的植物神經系統的機能活動相互調節，互相制約，共同組成體內神經體液調節系統。

第二節　六　腑

六腑包括膽、胃、大腸、小腸、膀胱及三焦

人體的六腑皆藏於腹腔內，則是在橫膈膜下；是人體執行消化、吸收及排泄的主要器官。這器官包括膽、胃、大腸、小腸、膀胱及三焦。而三焦者，亦分上焦，屬橫隔膜以上或胸部；中焦則由胃而下，至腎之間的部位；而下焦則包括下腹，直至肛門等部位。其實三焦囊括了整個軀體，也是一個最為複雜的臟腑，是西洋學所沒有的一個醫學理論系統。而丹田或說氣海，就在腹腔內，是道家養生長壽學所著重的地方。因此對六臟腑應亦有較為詳細的瞭解，有助使對氣的運行有基本的認識。此外，很多經脈也起源於六腑，由此就可知經脈對臟腑的運行和影響是很重大的。

1. 膽

膽，屬六腑之一，因為不與外界有直接相通的關係，故又有稱為奇恆之府。膽是附於肝臟，並與肝相連，處於脅下。《難經・四十二難》說：「膽囊形如梨，附於肝右之小方葉中，儲精汁……人食後小腸飽滿，腸頭上逼膽囊，使其汁流入小腸之內，助以溶化食物。」膽的主要功能，是儲藏膽汁。膽汁由肝細胞生成，經肝管注入膽囊而儲存於膽囊中。當消化時，由膽囊排出至十二指腸，與胰液、小腸液配合，對小腸內的食物進行消化。《脈經》說：「肝之餘氣，

洩於膽，聚而成精。」詳細說明了膽汁的生成和膽囊的濃縮功能。

膽的生理功能

（1）膽、主理儲藏與疏洩膽汁

膽汁是由肝細胞所分泌，經膽總管而流入十二指腸，或經膽囊管而儲於膽囊。膽汁成分很複雜，除水和無機鹽外，還有膽鹽、卵磷脂、膽色素、膽固醇等。人類進食、食物對胃和小腸的刺激均可經過神經反射，使肝分泌膽汁增加和膽囊輕度收縮，尤其是小腸內有脂肪、蛋白質分解產物和胃酸等，可引起膽囊強烈收縮而排空膽汁。若肝膽疏洩膽汁失常，多是因為肝內、肝外膽道阻塞造成；就會出現黃疸、口苦、受納差、厭油膩、吐苦水、胸脇疼痛、腹脹、腹瀉、脂肪痢等症狀。

（2）膽氣與情志活動有深密關係

膽與人的情緒、思維亦有關聯。《素問·靈蘭秘典論》說：「膽者，中正之官，決斷出焉。」思維的最重要位置在額葉，是人腦形成最晚的一部分，最為複雜，人體的各個心理活動有密切的關係。與人的智力有如思維、直覺觀、抽象推理思維有關；與人的運動，有如面部的表情、體態、言語和情緒，也有相關。《類經》注釋說：「膽附於肝，相為表裏，肝氣雖強，非膽不斷，肝膽相濟，勇敢乃成。」取決斷擇出於思維，是人的大腦功能的活動。亦說明思維不是在腦中憑空產生的。

2. 胃　臟

胃是主要的消化器官。《難經正義·四十二難》說：「胃形紆曲如袋，容水三升許，橫居於膈膜之下；上連食

管、下屬小腸……胃之左為脾、右為肝、胰附於胃之後。」胃大部分位於左上腹，上經賁門連接食道，下經幽門連續十二指腸。

胃分為三個部分：

① 胃底，在賁門的左側，高於賁門水平的部位；

② 胃體在胃底和胃竇之間，這兩部分占全胃的 4/5；

③ 胃竇，位於角切跡與幽門之間。胃中的血液供應來源於腹腔的動脈，靜脈血流入靜脈。胃屬植物神經所控制的，作用是控制胃的蠕動和分泌。

胃的生理功能

（1）胃主理受納，腐熟水穀

胃有暫時容納和消化食物的功能。《血證論》說：「胃者，倉稟之官，主理納水穀。」食物進入胃內後，受到胃壁肌內的機械消化和胃液的化學性消化，食物中的蛋白質部分、被初步分解為膘和腖。而胃酸就有助殺滅隨食物進入胃的細菌，並配合胰液、腸液和膽汁等分泌液，幫助消化及吸收。胃對飲食的受納，它的消化功能主要是靠胃氣的作用。《靈樞·五味篇》說：「五臟六腑皆稟氣於胃。」當胃有病變時、會出現胃脘痛、食慾減退、噁心、嘔吐等症狀。胃氣壯、五臟六腑皆健壯。就指出「胃氣」對人體生命和健康的關鍵所在及其重要性。

（2）胃氣主理降

食物經過胃的機械和化學消化後，由胃氣的通降，胃內容物即以粥樣的食靡狀態，小量逐次通過幽門進入十二指腸。食物由胃排出而入小腸的過程，稱為降濁；其排空速度以流質最快，半流質次之，固體最慢；又在排空時，以糖類最快，次為蛋白質，脂肪最慢。正常人進食如是混合性的食

物需 4 至 6 小時，才能完全排空。若胃失調，降濁則會出現胃脘脹滿、疼痛、便秘等症狀。若胃氣上逆，則見噯氣、呃逆、噁心、嘔吐等症。

（3）胃喜潤惡燥

胃屬陽，胃中的陽氣與胃陰，（分泌的液質）相互為用，共同維持的受納、消化穀物功能。若胃陰虧虛，津液不足或陽明燥熱之症，耗傷胃中陰液，則會出現煩渴、咽乾、舌紅少苔、飢不欲食、大便乾結等病症。若胃陽虛則寒，降納失職，會出現飲食不化、胃脘脹痛、嘔吐清液等症。

3. 小 腸

人體的小腸，位於胃和大腸之間。《難經・四十四難》說：「太倉則指胃，下口為幽門，大腸小腸會處為幽門。」小腸是消化管中最長的一段，上起源於幽門、下接於盲腸，長約有 5 至 7 公尺。從上到下，可分為十二指腸、空腸、迴腸三個部分。小腸壁由內向外可分四層，內是黏膜層，有很多環形皺壁及絨毛，有利於食物的充分消化和吸收；次為黏膜，肌層由內環、外縱兩層平滑肌構成，而外為膜和黏液。

小腸的生理功能

（1）小腸主理承受納受盛、化物

《素問・靈蘭秘典論》說：「小腸者，受盛之官，化物出焉。」說明小腸接受和容納由胃傳入的食物後，受到膽汁、胰液、小腸液的化學性消化，和小腸的分節運動及蠕動，促進食糜與消化液充分的混合，增加了小腸內容物與腸黏膜的接觸機會，最後，基本上都變成可吸收的小分子物質，經絨毛的毛細血管、乳糜管的吸收。食物通過小腸後，絕大部分消化產物都被吸收，只留下未經消化的食物及殘渣

推入大腸。若小腸發生病變，即影響食物的接受、容納，又影響食物的消化、吸收，則會出現接納差、腹脹、腹痛、便溏、消瘦等病症。

（2）小腸主理泌清別濁

小腸承受由胃腐熟的飲食，經其消化而使其精華被吸收後，由脾的運化功能，運輸到全身各部。消化後餘下的糟粕，下注大腸或滲入膀胱，變成大小便而排出體外。若小腸產生病變不能分清別濁，則會出現大便泄瀉、小便不利、水穀不分、腹部疼痛等現象。

4. 大　腸

人體的大腸是消化及排泄器官最後的一站。《難經·四十四難》說：「大腸與小腸會闌門，下極為魄門；闌門，指結腸瓣處；魄門，則指肛門。」大腸壁由內向外分為黏膜、黏膜下層、肌層及外膜四層。

① 黏膜內腸腺發達，能分泌大量黏液，起得保護黏膜，潤滑腸管的作用。

② 黏膜下層為疏鬆結締組織。

③ 肌層由內環、外縱兩層平滑肌組成。

④ 外膜為黏液。

大腸的生理功能

（1）大腸主理傳導糟粕

大腸是接納小腸食物的渣滓，並負擔傳導的器官。食物的殘渣在腸內繼續吸收水分，同時經過細菌的發酵和腐敗作用變成糞便。若大便傳導失常，便會發生：

① 腸結、會出現嘔吐、痛、脹、閉四大主要症象。

② 大腸濕熱，會出現發熱，泄瀉、痢疾、腹痛等症。

③大腸津虧，會出現便秘不通、腹脹、痛等症。

④腸虛滑脫，會出現溏瀉、腹痛以及便後脫肛等現象。

（2）大腸是糞便暫時儲存和排便的器官

大腸的運動少而緩慢，蠕動也較弱，有利於糞便暫時儲存和水分的吸收。大腸還有一種蠕動強勁、推進快的蠕動，能把糞便迅速推送到降結腸處。當糞便擴張至直腸時，會引起排便的反應，若條件容許，則出現排便。

5. 膀　胱

人體膀胱、又稱為「尿泡」。是一個肌性囊狀的儲尿器官。膀胱位於下腹部，是儲存和排放尿液的器官。男子膀胱後方是精囊與直腸；女子膀胱則位於子宮胞與直腸之前。膀胱的下口，處於膀胱底部的膀胱三角前下方的尿道內口。膀胱上口有兩個，即是左、右輸尿管口。

膀胱的生理功能

（1）膀胱主理藏津液

膀胱者，津液之腑也，與腎相為表裏，又名玉海也。說明膀胱有儲藏津液的功能。此處「津液」是指液體及新陳代謝之產物，而非指飲食精微，通過胃、脾、肺、三焦等臟腑的作用、生化的營養物質。《靈樞·津液別篇》說：「水下留於膀胱，則為溺與氣。溺者，水液也。氣者，可能指尿中含有的溶質。」膀胱是儲尿器官，當膀胱與腎的氣化功能減弱時，則出現津液新陳代謝的障礙，會覺得下腹有脹感、小便不利、水腫等症。

（2）膀胱主理排泄尿液

排尿是一個很複雜的反射過程。腎臟不斷地生成尿液，而膀胱排尿是間歇的。膀胱儲藏的尿液，經由三焦氣化作

用，才能經尿道排出體外。若膀胱氣虛時，可出現遺溺；如膀胱濕熱時，則會出現尿頻、尿急、尿痛、尿液混濁、血尿或尿道結石等症。

6. 三　焦

三焦，是人體最大的臟腑；有上、中、下、三焦的分別稱。《靈樞·營衛生會篇》說：「上焦出於胃上口，開咽以上，貫橫膈而布胸中。中焦亦並胃中，出上焦之後；下焦者，別迴腸，注於膀胱而滲入焉。三焦者，水穀之道路，氣之所終也。」將人體軀幹所管轄的臟腑劃分為上、中、下三個部分。從咽喉至胸橫膈膜屬上焦；腕腹屬中焦；少腹及二陰屬下焦。其功能為主持諸氣、疏通水道。

三焦的生理功能

（1）三焦主持諸氣

總司理人體氣化作用。腎生化的元氣，是生命活動的原動力，必須經三焦的通道敷布全身，以激發、溫煦、推動各臟腑組織器官的功能活動。所謂「元氣」者，就是指現代醫學所說的神經，體液調節系統。

（2）三焦是運行水液的通道

脾運化水濕，肺通調水道，腎主管水液的新陳代謝，膀胱儲藏津液；濁者成尿排出體外，清者由腎陽蒸騰化氣上升，運育滋化和濡養全身；均需借三焦為道路，包括通行水穀的食道，胃腸道和水液新陳代謝的輸尿管、尿道及靜脈系統未完成的工作。

（3）三焦的分段功能

元氣通過三焦運行全身，在上、中、下、三焦，經過不同的臟腑發生不同的氣化作用。

　　上焦主理散發敷布，即由心臟的舒張收縮，與肺部氣體交換，將飲食物中的水穀精微，和肺部的精氣散佈全身，以溫養臟腑、經絡、身形、通調腠理。

　　中焦主理腐熟水穀：指脾胃的消化飲食、吸收精微、蒸化津液，使營養物質生化為營血。水穀腐熟為乳糜狀的精微，有利於吸收。

　　下焦的主要功能：是分別清濁、滲入膀胱、排泄尿糞便，其氣主下行。故說下焦如瀆，「瀆」者，即管道、水道也。

第三節　　五臟的功能及病症

1. 心的生理功能

　　心屬火，為陰，開竅在舌。心主血，主理血脈。心臟神、氣，推動血的運行。血運載氣，互相依存。氣為血之帥，血為氣之母，影響舌及味覺。有手少陰心經運行。

心的病症

　　心氣不足或心陽不振，肺虛氣弱，見咳嗽、喘息、心悸、癡呆、心胸閉悶以及導致味覺遲鈍，舌體強硬，舌炎、舌瘡等病症。

2. 肝的生理功能

　　肝屬木、為陰、開竅於目。肝臟血，肝主理排泄，疏通氣血，調節血量，使血液不致瘀滯，有助於心對血的推動，影響眼睛視力。有足厥陰肝經行。

肝的病症

肝臟病變，直接影響視力及眼睛：例如視力減退、夜盲、畏光、眼睛乾澀、分泌物增加、目赤、腫痛等。

3. 脾的生理功能

脾屬土，為陰，開竅於口。脾統血，主理運化，統攝血液循環於正常軌道運行。脾氣健運，則心血充盈。脾氣與心血相互促進、相互依存。脾為後天之本。有足太陰脾經運行。

脾的病症

脾氣虛弱，肺氣不足，常見心悸、失眠、食少、腹脹、吸收障礙、皮下瘀血、流鼻血，影響食慾、味覺變淡、臉色無澤等諸症。

4. 肺的生理功能

肺屬金，為陰，開竅於鼻。肺主控呼吸之氣。肺主肅降：血降協調、保護人體氣機血降正常、及散輸水穀精微至全身。有手太陰肺經運行。

肺的病症

肺失肅降，見咳嗽，脇痛、頭暈、頭痛、喘促氣短、鼻塞、流鼻涕，墮影響皮膚，自流汗或汗不出等諸症。

5. 腎的生理功能

腎屬水，為陰，開竅於耳。腎為水臟。腎主理納氣，主生精生髓，主控水液新陳代謝。腎藏精，有賴脾運化水穀精微的滋養補充。腎水上濟於心滋心陰，共同濡養心陽。腎陽（命門火）與心陽（心火）互相溫養、協調。有足少陰腎經

運行。

腎的病症

腎陽虛，水泛，見心悸、水腫、氣短、小便不利、咳痰等，水氣克心病症。腎陰不足，不能上濟於心，常見心煩、失眠、多夢、遺精、腰酸、耳鳴、重聽、排尿困難、便秘等心腎不融合等諸症。

第四節　六腑的功能及病症

1. 小腸的生理功能

小腸，屬火，為陽；與心臟為表裏。小腸下行，有助於心火下降。小腸主理受納、化生氣、血、輸布全身。有手太陽小腸經屬小腸絡心運行。

小腸的病症

心火降，熱於小腸；會導致尿少、尿赤、排尿灼熱、澀痛等。小腸實熱，引起舌赤、口爛、二便異常、腹脹、腹痛等症。

2. 大腸的生理功能

大腸，屬金，為陽；與肺為表裏。肺氣肅降，功能正常，津液四布、濡養大腸、傳導糟粕正常排出體外。大腸輸導通暢，有助於肺氣清肅下降。有手陽明大腸經屬大腸絡肺運行。

大腸的病症

大腸輸導不及，引起發熱、咳嗽、喘息、大便秘結等症。由於肺氣虛，常導致大腸推動無力；大腸實熱、肺氣不通、引起胸滿、喘逆及造成失音等病。

3. 胃的生理功能

胃，屬土，為陽；與脾為表裏。胃主理受納，降濁。胃氣通、降則和。胃喜潤、惡燥；有足陽明胃經屬胃絡脾運行。

胃的病症

胃失和、降、受納失職，可使致清濁不分。疾病例如腹瀉、腹脹、惡吐、頭昏、暈眩、肢冷、納呆、厭食。如胃寒、腕腹隱痛、便溏等病症。

4. 膽生理功能

膽，屬木，為陽；與肝為表裏。膽主控決斷。輕斷無謀與膽有密切的關係。膽囊儲藏膽汁，若膽氣寧靜、勇敢果敢。有足少陽膽經屬膽絡肝運行。

膽的病症

膽汁排泄失常，導致口苦、黃疸等情形。膽病常累及肝；如肝膽濕熱，膽汁外溢、引起納呆、脇痛、嘔吐等病症。

5. 膀胱生理功能

膀胱，屬水，為陽；與腎為表裏。膀胱主藏津液和排泄小便。而其作用受腎的影響。有足太陽膀胱經屬膀胱絡腎運行。

膀胱的病症

膀胱濕熱，尿水砂石、累及於腎，出現尿頻、尿急、尿澀、尿痛和猛烈的腰痛或點滴不暢等病症。

6.三　焦

三焦：指上焦、中焦、下焦三者的總稱。分佈在人體胸腔及腹腔。是氣及水液運行交通的主要道路。有手少陽三焦經運行。

三焦通暢、水液運行及氣機流通無阻；若不、就會病變生氣、血、津液的各種病症。

六淫之說

在宇宙大自然界中，有六種對人體影響很重大的氣；它是風、寒、燥、火、濕、暑。但是這六種氣、運行於不同季節中，或起反常變化時，或又在突發時，人體的抵抗力低弱，或適應能力差的時候，就會引起疾病的發生，或是成為病患的原因。

中醫學稱這種「不正之氣為邪氣」；同時若發生過多過甚則稱之為「淫」。六淫實是各種季候病發生的根源，也成為病患最大的因素。

1. 風　邪

在春季風是猶盛。可是一年 12 個月都有起風的現象。風邪有分外風及內風兩種。由外在直接侵襲人體，受不了而得病的稱為外風。傷風就是其中的一例。風具有流動的特性，是有生命的生物病毒及細菌，以及過敏性的疾病的傳播運載工具，就引起傳染病或流行和過敏性的疾病的發生。

至於內風，是指由肝臟功能喪失平衡而引起的。使疾病突然急驟，變化無常，症候有如突然昏倒、抽搐、搖頭、眩暈等諸徵，都屬於內風之例。

2. 寒 邪

在冬天，盛行之風為寒氣。在其他的季節都有，相應會是少些。就寒邪而說，也有外寒及內寒之別。由外直接侵襲人體的寒邪，稱為外寒。

在受寒風影響身體的深淺，就有傷寒和中寒的分別。所謂傷寒，是指寒邪侵入、傷及肌表，其中包括有生命生物的病毒、或細菌侵入而中寒，就是由於機體陽氣的衰弱，多因機能的減退所造成。中寒病患多與腎陽功能有密切的關係。寒邪常見的外寒病症，有風寒、寒痹及寒傷脾胃。而內寒最主要者，有陽衰氣虛，機體功能減退出現而至。

3. 燥 邪

在秋天，秋風乾燥之氣盛行。相應的減低空氣中的濕度。由於濕度降低而造成乾燥的清況。燥邪，也有分外燥和內燥兩種。人體感應外在的燥邪，稱為外燥；並且包括有生命生物的病毒、或細菌的侵入導致病發。

外燥的病患，多出現於秋天，這是因為秋天氣候乾燥的原因。因為乾燥燥邪多由口、鼻而入，而病症則多由肺開始。在初秋，氣溫高而乾燥，病患多為溫燥；深秋時，氣溫寒涼而乾燥，病患多為涼燥。至於內燥，就是津液或精血虧損所產生的病症，所患之病症都與肺、咽喉有關，以及高熱出汗過多，而造成水、電質紊亂和老年人功能衰退，引致出現津液少、血燥等現象。

4. 火 邪

火邪又稱為熱邪，是指陽光和熱的物理反相。大都指的

是外感熱性病，亦包括有生命生物的病毒、或細菌的侵入體內，由於在盛熱期間所盛行的傳染病症。火邪也有外感和內感之分。人體直接受病源的侵入，稱為外感。但是病症是因為人的情志活動變更，或者氣機運作不暢，而化火和陰液的損耗，造成陰虛火盛者，這一切是由內生的，稱為內火。

外感火熱病患，如溫熱病，初開始時有發熱、惡熱、口渴、頭痛、喉腫痛等感染性和非感染性發燒。病情惡化會發高燒，使致神經機能紊亂，神經興奮升高，會出現不安、失眠、幻覺的現象。到至極度高熱，就會出現熱性昏迷、抽搐的現象。內生火熱的病患，有如心火，會引致精神分裂症。肝、膽火，所引致者有神經性頭痛、中耳炎、結膜炎；而脾、胃火引起者，有口腔炎、牙周炎；以肺火導致的有急性支氣管炎、肺炎和肺膿腫；最後，腎火引起的有神經官能症、甲狀腺機能亢進症等。

5. 暑　邪

在夏天，由於氣候炎熱，暑氣盛行。在炎熱夏天的環境裏，人若是不能適應，就會感染與暑邪有關的疾病。當然也自然的包括有生命生物的病毒，及細菌的入侵人體而引起的腸道傳染病；有如病毒性的肝炎，細菌性食物中毒、霍亂及痢疾等病，都是暑邪，盛行於夏季的明顯病例。暑邪純屬外邪而無內暑之說。

暑邪，常見的病症，有流行性感冒。暑熱，以持續低熱為主要的特徵。秋涼後，人體溫就自行的恢復正常，而常見發生在小孩。暑溫、病患常見於 B 腦、脊髓灰質炎等病。暑泄，則常見於病毒肝性炎，傷寒、菌痢等。而中暑，有中暑痙攣，中暑高熱及中暑衰竭等。

6. 濕 邪

在夏天，空氣中含有水份過量，則形成濕邪。亦包括有生命生物病毒，及細菌入侵人體的感染與濕邪有關的疾病。濕邪也有外濕與內濕之別。外濕的形成是尤於季節與環境引發的症症。夏季多雨、土地潮濕、物體易發霉。早晨霧氣濃照，居家潮濕，長期處於水中工作，泡水、淋雨，就使人若不能適應而患疾病。

內濕會造成脾臟失調，運化不暢，引起慢性腸炎、慢性菌痢以及肝性、腎性營養不良及水腫，會出現臉色蒼白，不思食，嘔吐，腹脹，尿量減少，浮腫等；都是脾失調，運化不暢，水濕內停所造成的因素。

第十七章

中國道家養生之道與生命科學

第一節　內丹養生乃保健上策

　　道家的養生思想：「我命在我手」的核心涵意亦是如此，即是我把自己的生命放在自己的手上，對自己健康負責，認識養生保健知識及實踐，選擇健康生活方式，如「跟太陽走」的自然生活方式，日出而作，日入而息，工作時工作，吃飯時吃飯，遊戲時遊戲，休息時休息。

　　有見及此，如何學會養生保健是最佳自保的辦法。

　　如何自保呢？首先是免除致病的根源，跟著學會養生方法。如此，你未來的四十年、六十年、八十年甚至超過一百年都會過得健康快樂，甚麼醫療政策你都不用怕了。

免除致病根源

　　美國知名電視臺 ABC，以前有一位資深新聞報導員名叫 Peter Jennings，他過去二十多年每晚跟美國觀眾見面，但是在 2005 年八月七日的新聞報導 Peter Jennings 因忠肺癌與世長辭！Jennings 先生的社會地位非常高，很多時訪問國家元首、商界、科學界及社會各界領袖，影響力無可比擬。

CNN 台特別播出一個節日有關肺癌，說明八成肺癌病患者與吸菸有關，Peter Jennings 亦無例外。記得年初黃霑在港因癌症病逝，亦因吸菸引致。

吸菸產生很多尼古丁，尼古丁可以傷害細胞基因，並開放有病基因，引致核變，這是用尼古丁的理論去解釋 Peter ennings 及黃霑患癌直至死亡的原因。

但是，二成的人不吸菸也得到癌症又如何解釋呢？

Dana Reeve（出名的美國超人 Christopher Reeve 的太太）是非吸菸者，但最近也宣佈患上肺癌，從傳統的西醫很難找到答案。

要找出答案，我們需要一些新的研究、新的理論，這就是 M 新陳代謝。M 新陳代謝是人體新陳代謝過程之一，當這過程不順暢的時候就會在人體內不斷產生 H 毒素（Homocysteine），此不順暢多由飲食引致。西方醫學界一般公認 H 毒素是現代病的主要元兇。以下我們針對討論 H 毒素對癌症與心腦血管病的影響。

現代人受兩大病魔折磨：一是心腦血管病，表現於中風或心臟病發；二是癌症，美國名人 Peter Jennings，又或現代名人黃霑與梅艷芳都是受此病魔折磨直至死亡。

現代醫學研究在瞭解及治療這兩大疾病耗盡不少財力、物力，研究經費數以億計，無數世界頂尖的專家用盡心血去找出病根及治療方法。透過無數的醫學及科學研究，人類對這兩大病魔的認識愈來愈深，在過去二十年，自由基如何影響病變大大增加人類對疾病的瞭解，因而抗氧化物（Anti-oxidant）補充劑大行其道。

二十世紀末期及二十一世紀的研究又對疾病的瞭解推前一步，原來人體的新陳代謝過程是否順暢及完整才是健康與

疾病的分界線。

　　在新陳代謝的過程中，有一種過程稱為 M 新陳代謝（Methyl Metabolism），這個過程製造 H 毒素（Homocysteine），當 H 毒素升至 6.3 單位以上，有機會逐漸帶來人體各類疾病，包括癌症及心腦血管病，因為 H 毒素：

　　1. 啟動有病基因，引發基因核變；

　　2. 形成血小塊及減低血管的伸縮能力。

　　M 新陳代謝其實是將從食物得來的 M 物質（Methi nine）轉化為 H 毒素，H 毒素再轉化為其他物體，但是現代人的飲食生了問題，故此 H 毒素在體內累積，美國人一般的 H 毒素是達到 10，故此一般是不健康的。美國人三分之二超重，二分之一有健康問題需要吃藥，糖尿病患者高達 1500 人，膽固醇過高者一億人，更可怕是三分之…青年人已超重或是超重高危者！

　　肉類的物質特別多，它的解藥是蔬果，美國人的飲食是多肉少菜，故此 H 毒素特別高！因此，癌症及心腦血管病是美國人的最大病魔！

　　今年初出版的 China Study 亦證明了食肉的遺害，China Study 是由美國 Corneil University，英國牛津大學及中國的健康部門合作研究飲食對健康的關係，此研究史無前例，龐大至極，歷時超過二十年，分佈全中國六十五個縣，每縣一百人，男女各半，研究樣本共六千五百人。

　　研究結論是動物蛋白質（肉、牛奶、蛋）大大促進致癌，而低蛋白質飲食可以阻止癌細胞的生長，因此蛋白質的吸收份量可以開始或停止癌病的發生。原文是這樣寫的：

　　"Low-protein diets dramatically blocked subsequent cancer growth......In fact , dietary protein proved to be sopowerful in its effect that we could turn on and turn off cancer growth simply by changing the level consumed......Casein , which makes up 87% of COW' milk protein , promoted all stages of the cancer process...... The safe proteins were from plants , including wheat and soy."

（Ref. China Study by CoIin Campbell P. 6）

經過二十多年的研究，這個項目的總指揮 Dr . COlin Campbell 指出現代人要避免癌病及其它很多現代病需遵守以下規範：

1. 避免吸取動物蛋白質，少吃肉、蛋、奶類及魚，吃魚選擇奧米加－3 豐富的魚。

2. 多吸取植物蛋白質，多吃穀、麥、蔬果，少吃加工製品。

3. 食油方面則少用菜油，多用橄欖油。

現代醫學又發現高糖及快速變成糖分的食物〔高 GI（Glycemic Index）食物〕產生發炎物質，後者會成導火線，將癌病快速地散佈到身體不同地方。用中國古人的話是「糖助火」。

血管內最嚴重的垃圾（或稱毒素）不是膽固醇及三甘油脂，而是高濃度的 H 毒素與及一種稱為 A . G . E . 的垃圾與及發炎物體如 CPR（C–Reactive Protein）及 Fibrinogen。（現代很多身體檢查不包這些。）

A . G . E . 是甚麼呢？它的英文名字是 Advanced Glycation End products，醫學界對此血管垃圾的認識不多，它的形成原於體內有高濃度的醣粉，遇上蛋白質而被醣化。

另外當身體吸收壞油多如逆態脂肪酸即多煎炸食物／BBQ 食物，而好油如奧米加 3 油不足，身體亦容易發炎及生癌病。

H 毒素與 A．G．E．的累積成為血管內最主要的垃圾，變成血小塊黏在血管壁，當血壓升，血管壁過份收窄，血液衝不過去，令血管爆裂，如發生在心臟則心臟病發，如發生在腦袋則中風，這就是在美國百分之四十四死亡的原因！

以上簡短描述美國人的可悲健康狀況！無他，生活太不自然了！美國人追求效率及方便，工作及生活緊張，飲食不健康，首先是食物份量過多，（在美國西餐館，一份餐兩個人吃足足有餘！）另外，肉食太多了，平均美國人每天吸收動物蛋白質是八倍於中國人。吃煎炸食物太多，糖分吸收亦太多了，所以發炎物質、H 毒素及 A．G．E．過高，這就是為什麼癌症及心腦血管病如此普遍了。

美國人的生活多少也反映出現代及很多現代城市的情況，只是程度不同而已！

提倡「內丹養生」，目的是針對時下現代人的生活環境，所謂過份「美國化」、「現代化」的生活環境，而提出另一類的生活方式。

美國人不願改變其多肉的飲食習慣，因此用維他命丸（Folicacid，B_6，B_{12}，TMG，SAMe）做解藥。「內丹養生」則從根本做起，提倡清淡素食，因為無肉或少肉，一早減低 H 毒素的根源，然後素菜的 B_6，又可轉化體內 H 毒素為「麩氨基硫」（Glutathione）成為一種對身體極有利的抗氧化物，過多 H 毒素，開啟有病基因，而「麩氨基硫」反而是關閉有病基因，實在是身體的福星！

人要免除患病，首先是減低自由基及 H 毒素的傷害，但是我們的周遭環境多少仍有毒素的，如何「出於污泥而不染」呢？現在介紹一個好方法，稱為「正氣」長存。

「正氣」長存

什麼是「正氣」長存呢？古語有話：「正氣所致，邪不能奏。」意思是人有正氣，則百病不侵。但是正氣又是什麼呢？

愛因斯坦的知名方程式 $E = mc2$ 就是說明物質是能量的一種表達，類似《心經》之謂：「色即是空，空即是色。」Quantum Physi Cs 已證明了這一點。

西方稱為能量，中國人稱之謂「氣」，物理學業上的表現是顫頻（Vibration）。

中國人用「氣」字用得很多，例如正面的氣有：

練精化氣

正氣凜然

氣蓋山河

一鼓作氣

一團和氣

和氣生財

很有神氣

負面的氣亦有很多，例如：

一肚氣

激氣

生氣

氣衝衝

氣死人

濁氣

氣或是顫頻，肉眼是看不到的，但是水是可以把它記錄下來。日本的 Dr . Masura Emoto 做了很多水的研究，發現水對於音樂、說話、圖片、文字、意念及祈禱都有反應，而將

水調溫至攝氏零下五度會結成晶體，「正氣」可令水結成美麗的晶體，「負氣」則令水結成醜陋的晶體或結不成晶體。Dr. Emoto 發現「愛與感恩」（Love and Gratitude）的文字及意念會令到水的結晶是最美麗的，其實「愛與感恩」的顫頻是很高的。

可惜，很多人生活在「負氣」的時候比較多，例如惶恐、憂慮、忿怒、抑鬱、愁悶、爭執、衝突甚至殺戮（所謂殺氣騰騰）。當「負氣」高，人的免疫力降，疾病接踵而致。而「負氣」還包括污染的空氣、輻射及電磁波！

相反，如果我們生活在「正氣」內，我們體內的顫頻也會變得正面，我們就得到「正氣所致，邪不能奏氣」的效果了。如果找到這些「正氣」呢？內丹高人吳雲青提倡「積德行動，不問前程」。氣一個時常行善好施的人本身就發出「正氣」呢，一如一些大聖大哲及一些修行高人。

另外，大自然及未污染的郊野也是一個大的「正氣」場，人病了走入大自然生活，這個大的「正氣」場可以扭轉人體得了病的「負氣」場，中國古人「抱松」練功，其理亦一樣。同樣靈性生活高的人都有高的「正氣」場。

養生方法

提倡的養生方法很簡單，可以歸納於以下四句話：

1. 自然生活，2. 從宇宙吸取好能，3. 啟動自身能量，4. 節約能量。

自然生活

古人謂：「宇宙大人身，人身小宇宙」，人身體有生理時鐘，必須配合宇宙的時鐘生活才健康，宇宙時鐘主要是太陽的升降起落，太陽升，能量起，生理時鐘隨之，故此「日出而作」：太陽落，能量減，故此「日入而息」。

這是「跟太陽走」的生活方式，是順從自然的生活方式。可惜現代生活二十四小時營業，很多人過午夜才睡，顛倒日夜，怪不得現代人（一半美國人）需靠藥物維持生命！

中國人的養生哲學是順應自然的，因此在《陰符經中篇》就說明：「人類飲食適其時，身體自然健康；動作適其機遇，萬事自然安和。」（古文是「食其時，百骸治；動其機，萬化安。」）

《陰符經下篇》再強調：「聖人深知大自然之道不可違背，而因司勢制定自己人生處世方略」故是「聖人知自然之道不可違，因而制之。」

從宇宙吸取好能量

練內丹最好的時間是太陽初升，月亮還在的時候，所謂吸收「日月精華」，其實世界給予我們的清新空氣，清淨山泉，五穀蔬果都包含很多好能量，要健康就要選擇這些好能量去吸取，避免汗氣、濁水、瘟豬、毒魚、毒菜等。完全不吸入毒素進身體固然好，但今時今日未必做得到，但是，只要不吃肉、蛋及奶類食物就不會得癌病。我們需要有高免疫力及強的排毒功能，主要靠兩點：一是練內丹（稍後再談）、二是明智飲食，即是吸收足夠的營養素，包括多項抗氧化物、酵素、好油。介紹過的健康十穀，有機新鮮果菜汁、種子汁、用橄欖油塗麵包及淋熟菜吃等，就是這個目的。從以上提及過的 M 新陳代謝理論，這亦是減低 H 毒素及免除癌病、心腦血管病的最好方法。

啟動自身能量

內丹又譽稱為「腎的健美操」是一套流傳數千年的練腎生精的功法，令身體內分泌自然地產生良性荷爾蒙滋養身體，古人稱為「生精」。內丹又透過「柔慢連圓」不耗能的

功法，將腦電波調低，進入 Alpha 狀態，全身得到放鬆，這大大幫助良性荷爾蒙的產生，體內荷爾蒙的平衡與正常運作是健康的基礎，身體的禦毒及排毒的功能也隨之增加。

練內丹治病的例子很多，在學會會訊及網頁已有登載，不贅。但是，練內丹需要配套內丹養生的精神與實踐，而非單靠以形練功，需要提升至以神練功，天地人合一，跟太陽走的生活方式，明智飲食，多到大自然，最後就是懂得節約能量。

節約能量

以上三點內丹養生精要是能量開源，現在要講節流，道家內丹著重「儉」，就是老子道德經講的：「吾有三寶：一曰慈；二曰儉；三曰不敢為天下先。」這個「儉」是不浪費自身能量，體內能源有增不減，生命所以生生不息。內丹養生思想跟現時流行的思想剛剛相反，這也是「道反之動」的表現。現代人與所謂的：work hard , play hard 及大飲大食，內丹著重是鬆容工作，萬事留力不盡頭，飲食七分飽。內丹養生數千年如此，今天的西方養生學才開始講：Calorie Restriction（減低卡路里）及放鬆生活是抗老化之至寶。可惜，陋習難改，加上無情的商業文化，打工仔的現代人繼續在「榨汁機」環境生活！故此，現代人更需要學自然生活、吸取宇宙能量、練內丹及節能留力，改變健康意識，對自己健康負責，主動研究養生保健，這才是養生之道。

總　結

明智的人要學會自保呀，這就是所謂如何尋找「生活的平衡」。一個好的生活平衡指標是「你有無一覺好睡呀」？其實優質睡眠是養生至要呢！

總括來說，我們首先學免病：防止毒素入體內包括減少自

道家內丹功與現代生命科學

由基及 H 毒素的累積，然後要提升「正氣」。亦要防止「亞健康」的出現，踢走新陳代謝綜合症（Metabol ic Syndrome / Syndrome X），留意腰圍、血壓、血糖、膽固醇、三甘油脂等。另一方面做好以上四點內丹養生方法，我們身體就可以免病又健康，新陳代謝就得到平衡，現代人的問題是「代謝」太多太快，而「新陳」卻不足，我們做了太多傷身害體的事啊！如此不患病，不未老先衰才怪呢！

我們要改變把健康責任交給醫生的健康意識，要對自己健康負責。健康單憑靠食藥是錯的，不是禁止食藥的意思，而是健康不等於用藥控制病情。古人的智慧是：「藥補不如食補，食補不如動補，動補不如神補。」第一句有關食補即說明飲食及正確營養之重要，第二句動補即說明練功及運動的重要，第三句神補說明靈性健康及提升「正氣」之重要。

生物界有一種奇怪的生物稱為 HYDRA，牠的一邊是不斷「代謝」（死亡），另一邊不斷「新陳」（再生），倘若在一個正常的環境，此生物可以生生不息，因為他的新陳代謝是絕對平衡的，所以他可以「長生」。湖南長沙寧鄉縣發現一隻巨龜，壽命已有 1500 歲，相信牠的新陳代謝得到平衡，所以長壽，人類可以嗎？

「內丹養生」是中華文化「瑰寶」，經過數千年的歷史驗證，對今天的現代人更明顯地是快樂長壽人生的保證。

第二節　內丹養生的基礎

「萬物生長靠太陽」，古今中外對太陽的重視，可以從古希臘的太陽神，到印度瑜伽的「拜日光」（Sun Salute），

到我國古人的「跟太陽走的生活方式」：「日出而作，日入而息」得以證實。

今天科學家告訴我們研究人體健康必須瞭解「光營養」，它的反面是「貧光症」，英文稱「Malillumination」。

何解呢？

原來人體極需要一種維生素稱維生素 D3，有人稱它為陽光維生素（Sunshine vitamin）。The China Study 作者 Dr. Colin Campbell 稱它為「Supercharged D」，此維生素對人體有很多好處，各項醫學研究顯示它的功能是多元化的，包括幫助身體吸收鈣及其它礦物質，研究指出當身體缺乏此維生素時，人體內的鈣不被吸收（如此飲牛奶都無用），身體自動從骨偷取鈣，引至多種骨病，嚴重者如盆骨折斷，輕者如掉牙齒等等。

一項研究指出每天服維生素 D 500 IU 或 12.5 micrograms 降低停經女士盆骨折斷達 37%，另一研究證明每天服鈣片加 800 IU 維生素 D 比只服鈣片可減少走路跌倒達 50%。

骨其實是不斷生長，同時不斷溶化，骨的健康與生長靠鈣及鱗的吸收，是否吸收就要靠維生素 D3 了。

另外，此維生素幫助降低血壓及膽固醇，增強心功能，使心臟泵出血液多些，對改善心腦血管功能有幫助，有研究指出每天服 800IU 維生素 D 連續八週後明顯地減低高血壓患者的血壓，曬太陽每週三次連續六週亦有同樣效果。

多項研究又證明此維生素阻止癌細胞生長及還原癌細胞變成正常細胞，醫學名詞稱為 cellular re-differentiation。一項研究指出每天服維生素 D 1000 IU 即 25 micrograms 降低腸癌達 50%，降低乳癌達 30%。此維生素有另一重要功能：刺激甲狀腺，促進新陳代謝，因此幫助減肥。

　　此維生素的好處多樣化，科學家正不斷研究發掘，但是過量對人體是有害的，一如任何事情過分就產生問題了。

　　如此好東西，如何獲取呢？

　　方法有三：

　　（一）適當地曬太陽。（二）食含維生素高的食物。（三）服食維生素補充劑。

適當地曬太陽

　　人體皮膚受到陽光的紫外線 B（UVB）照射會製造維生素 D3，一般烈日正中，UVB 到達地面機會高，而南部地區獲得 UVB 的照射多於北部地區，很多北部地區只有在夏季中午時分才有 UVB。一般曬太陽 5～15 分鐘已足夠了，直接無遮擋的曬最好不多過半小時，曬時最好不戴太陽眼鏡，不塗防曬油，免阻礙 UVB 抵達皮膚，而不能產生維生素 D3。

　　上世紀初葉直至三十年代，歐美盛行日光浴治（Heliotherapy），倡議者是 Dr. Auguste Rollier（《Curing With the Sun》一書的作者），在那個年代，此治療法用於醫治肺病、風濕關節炎、哮喘、心腦血管病、貧血、腎病、皮膚病等病症。但是自從盤尼西林發現後，藥物治療大行其道，日光浴治療逐漸被人遺忘。

　　另外，環境污染亦促使日光浴治療的衰落，研究發現在過去六十年日光的強度減少了 14%，全球的空氣污染感到很多城市一年多日能見度很低，日光的強度在大城市不斷減少。加太空的臭氧層愈來愈稀薄，太陽的 UVC 本來受臭氧屑吸收而達不到地面，而今天太空的臭氧屑稀薄，UVC 有機會抵達地面，因此長期曝曬於烈日之下，UVC 會傷害身體，嚴重者致癌，而防曬油只可以阻隔 UVA 及 UVB，阻不了 UVC 的。

	波長	良性功能
紫外線 A（UVA）	320─380nm	曬黑
紫外線 B（UVB）	28─320nm	製造維生素 D$_3$
紫外線 C（UVC）	180─280nm	殺菌

食含維生素 D 的食物

海魚含維生素 D 最高，以下是一些參考資料

		IU
鱉魚肝油	（1 湯匙）	1360
三文魚	（3.5 安士）	360
馬加友	（3.5 安士）	345
端那魚	（3 安士）	200
沙甸魚	（1.75 安士）	250
含維生素 D 牛奶	（1 杯）	98
雞蛋	（1 個）	20
起士	（1 安士）	12

服食維生素 D 補充劑

服用者要注意不可以因此維生素的好處而過量的服用，一般在 2000IU 即 50micrograms 份量或以下是安全的。有很多例證證明一天內服用 40,000IU 即 1000 micrograms，則會中維生素 D 毒，病徵是頭暈、嘔吐、便秘和手足無力。但是用適當曬太陽的方法，很容易就可獲得 10,000IU，另外，太陽光會自動調節維生素 D 的份量，令身體不會得到維生素 D 毒。我國古人「跟太陽走的生活方式」真是好處多多！吸收到維生素 D 是其中一點。

ISLT 曾經多次討論過「好油」與「壞油」，現在我們討

論「好光」與「壞光」。其實好與壞的分界線不是很清晰的，一般適量與過量會區分好與壞。

紫外光是好是壞？適量的 UVB（例如不超過三十分鐘的直接曬太陽）對人體的好處剛剛討論完。但是過量的紫外光會傷身體的，包括弱視力、白內障、皮膚燒傷、皮膚老化及皮膚癌，因此變成「壞光」。

另外，普通光管兩端會發射 X- 光，長期受 X- 光照射，會令血管內的紅血球凝聚成球狀（Rouleau），阻礙氧氣運送到腦部，會影響頭痛、眼疾、情緒波動易怒及引發腫瘤。一些太陽燈及 Halogen 燈會射出 UVC，亦會引發腫瘤。

愛美的女士們要注意，用太陽燈曬黑皮膚要留意是否過分曝露於紫外光下。

炎熱的夏天是游泳的好季節，現時塗防曬油十分普遍，市面的防曬油可以阻隔 UVA 及 UVB。

阻隔 UVA 分 PA+，PA++，PA+++，阻隔力因「+」的多少成正比例增加。

阻隔 UVB 分 SPF15，SPF30 或更高。（SPF 是 Sun Protection Factor）

SPF15 隔去 90％UVB

SPF30 隔去 95％UVB

問題是很多化學防曬油（Chemical Sunscreen）含致癌物質，其中一種稱 PABA 的化學物質經與陽光的紫外線發生化學作用會引發癌症。

最佳的防曬油其實是自然防曬油（Natural Sunscreen）如純椰子油、橄欖油或蘆薈油，因沒有致癌物質。

倘若找不到自然油的話，可選用不含有害化學物品的太陽油例如 Zinc Oxide 或 7itanium Dioxide，這些油有阻隔 UVA ／

UVB 的功能，但不會產生化學作用，稱為物理防曬油（Physical Sunscreen）。總之，如果可以用自然的東西，都是用自然的東西好，化學品可以少用就少用。

另外自製防曬油也頗簡單，就是薑汁加蘆薈汁，前者可抑制皮膚因 UV 而產生的彈性蛋白酶（Elastase），結果是彈性蛋白（Ela Stin）不受傷害，因此皮膚一如嬰兒一樣嫩滑，而蘆薈汁則潤膚。此自製油簡單經濟實用，不防一試。

最後我們要談照明用的電燈或光管。

有人歸究現代人如此多慢性病是因為室內工作多了，少了陽光而多用電燈、電光管。這解釋頗有道理，因為缺乏陽光，產生「貧光症」，維生素 D3 不足，百病叢生。加上辦公室及廠房多用普通光管照明，不斷發散 X 一光與水銀氣沫，影響身體健康。某些發達國家因此立例在公共機關如學校、醫院規定用全光譜燈光照明，即色光指標（Colour Rendition Index 或 CRI）在 90 或以上，CRI 愈高愈接近太陽的自然光線。

全光譜照明主要牌子	色光指標
Ott — Li te	CRI 91 — 93
OTT bi LIGH7$_8$	CRI 91 — 93
Vetilux	CRI 93.5 — 94.5

有一醫學研究指出老鼠在全光譜光管下生活比在普通光管下生活壽命延長了一倍。

老鼠生活在以下照明	壽命長度
粉紅色普通光管	7.5 月
白色普通光管	8.2 月
全光譜光管	15.6 月
太陽光下生活	16.1 月

另外，有研究顯示患上抑鬱症的病人，利用全光譜的照明燈，可以減輕病情。其中一種產品是 Happy Lite。

全光譜照明燈亦有用於改善視力，它的良好功能包括：照明不傷眼睛，有助集中精神及更清晰視力。

加拿大 Alberta 省教育部一研究指出，用全光譜照明的學生獲得以下好處：

① 學習快些

② 考試成績高些

③ 身體生長快些

④ 病痛少三分之一

⑤ 牙患少三分二

科學界現正努力研究光醫學，曰前已有數千人接受此創新醫學的治療，稱 Photod ynamic Thera PY（PDT）主要用於治療癌症，治療方法是準確地用紫外光殺死癌細胞而不傷害好的細胞，是一種「標靶療法」，迄今仍在研究試驗階段中。

第三節　內丹養生成功例證一
吳雲青養生

為弘揚世界著名老壽星吳雲青傳承，由中華民族神聖祖先黃帝、老子創立，經中國歷代高道仙真代代傳承於天下有道之士，十分難得，萬分珍貴的養生修真成功經驗使天下有道德之士，養生修真有正途可尋，有快捷方式可走，特將世界著名老壽星吳雲青傳承的中國傳統養生長壽，回春修真成功經驗，敬呈於天下有道德之士如下：

一、返樸歸嬰：回歸宇宙之大道

根據有關史書記載中國道家大祖師老子有一次給大家講《道德經》之後，有人問老子，如此真實而神奇之大道，是否可用世界之物來比喻大道形神，以便大家能夠儘快理解大道之形神。老子聽後沉思一下，回答說：「大道如嬰兒。」

不言而喻，嬰兒天真爛漫，先天精氣神飽滿，行為舉止皆自然而然，故而合大道之形神，因此，我們世間中之人，若能時時將自己的行為返樸歸嬰，自然而然會回歸宇宙之大道。

當然，只有靜觀天地人大自然運行規律，潛心參透世事規律看破紅塵，尋得宇宙生命本後，才能會自覺地返樸歸嬰，回歸宇宙主大道。

二、迎日送月：採集天地間精華

迎日送月，採集天地間精氣神於我們身體內，從而達到身心長久健康，這是我們中華民族神聖祖先黃帝，養生修真的一大法寶。

據偉大的歷史學家司馬遷著《史記》中記載，黃帝迎曰推策，三百八十歲而去，於此可見迎曰送月，採集天地間精華是何等重要。

而迎曰送月，採集天地間精華，具體最佳的做法就是迎著早晨初升的太陽和對著晚上初升的月亮修練中國道家內丹養生之道。

三、放生延壽：保護大自然環境

中國歷代仙真高道，聖人賢士，中國傳統道家祖師，佛

家尊師，儒家聖人，全都愛護宇宙天地間生靈，保護大自然環境，美化大自然環境。

老子在《道德經》，明確教導我們要「見素抱樸」，「道法自然」之後，中國歷代高道賢士均遵而行之，並且獲得養生修真大效果。

秦漢之際的道家名士張良的老師——黃石公（中國人尊為黃大仙，時時祀之。）就將自己的著作題為《素書》。

而中國廣東羅浮山，開山祖師，道學名家葛洪則將其道號取為『抱朴子』。

而「道法自然」是中國道家為人處世、養生修真之大綱，故中國歷代高道、大儒均遵而行之。

故而戒殺放生，保護大自然環境，美化大自然環境，是令人類養生延壽之根本大法。而飲食全素，生活習慣道法自然規律是古今中外無數人獲得養生長壽之成功經驗，我們遵而行之，自然也會養生長壽，修真成功。

四、性命雙修：進入眞人大境界

性與命是生命本體內涵的物質與精神，故性命雙修是中國古來道家養生修真之大法，修性，就是「明心見性」，令時時「忐忑不安」煩躁之心清靜下來，只有心地保持常清靜，而人的行為才能合乎宇宙自然規律，故老子在其名著《常清靜經》中寫道「人能常清靜，天地悉皆歸。」

性與命是生命本體內涵的精神與物質，兩者的關係互相依存不可分割，性無命不存，命無性不立，是古丹經明訓。

故而中國道家名言：「修性不修命，這是修行第一病。」吳雲青老人常教導我們後輩：「性命雙修，是修道根本。」吳雲青老人還常常開示我們後輩：「養生修真要性命

雙修，要效法道佛儒聖人修行成功經驗。養生修真，要修學道家內丹大道、佛家明心見性、儒家禮教修身之道。」吳雲青老人特別開示我們，救苦救難的觀世音菩薩，她平生是性命雙修的楷模，故道家尊稱其為「慈航道人」，佛家尊稱為「觀音菩薩人」。

五、為而不爭：自然會天人合一

老子在《道德經》開篇寫道：「道可道，非常道，名可名，非常名，無名天地之始，有名萬物之母。故常無欲觀其妙，常有欲觀其妙，玄之又玄，眾妙之門。」這開篇之言是老子開示大道之哲理，大道之形神，修道養生之秘訣的至理名言。

老子在寫完《道德經》五千言，其結尾僅僅八個字：「聖人之道，為而不爭。」這八個字，字字貴過千金，我們在日常生活中，總以為只要自己努力拼搏追求自己理想，就叫可以成功，可是人們卻又發現，宇宙大自然之中，和我人生冥冥之中是有一個視而不見，卻又無處不在的規律，時時左右著宇宙大自然與人生，連大智慧者諸葛亮也深深悟出：「謀事在人，成事在天。」的道理。

而老子在《道德經》中開示我們的聖人之道「為而不爭」是最佳的人生為人處世的選擇，「為而不爭」既確認我們人類的大有作為的能力，同時亦教導我們人類要遵循宇宙自然規律為人處世，才能獲得成功。

老子在《道德經》，中開示我們的「聖人之道，為而不爭」是傳承了我們中華民族神聖祖先黃帝在其著作《黃帝陰符經》中的為人處世的大智慧，《黃帝陰符經》其結尾是「聖人知自然之道不可違，因而制之。」

綜上所述，不言而喻，「為而不爭」是黃帝、老子參透宇宙天地人大自然規律後選擇的最佳為人處世大智慧，我們遵而行之，自然而然會天人合一，養生修真成功。

第四節　內丹養生成功例證二 邊治中養生

當代世界著名的中國道家養生壽內丹術動功傳人邊治中道長，平生因修練了中國道家養中長壽內丹之道，創造了二人生命科學奇蹟：

1. 練好內丹、能勝頑疾（能勝自己身患的遺傳先天性心臟病。）

2. 抗戰救國、從未受傷。

3. 傳功救人、名揚四海。

我蘇華仁三生有幸：於 1986 年被邊治中道長收為門內弟子，邊治中道長傳我以中國道家內丹養生長壽之道動功。使我身心獲益非淺，此後，我與邊治中道長相處多年，深知邊治中道長養生經驗主要有四條：

1. 志在超凡、學道華山。

2. 尊師重道、學得秘功。

3. 愛國愛教、急公好義。

4. 為眾健康、傳功著書。

其詳情如下：

一、志在超凡、學道華山

邊治中道長出生於 20 世紀初葉，仙逝於 20 世紀 90 年代，眾所周知，這一歷史時期，正是中華民族處於最艱難的

歷史時期，這一歷史時期，先後發生了無數次戰爭：軍閥混戰、北伐戰爭、抗日戰爭……

　　廣大人民大眾，長期生活在水深火熱之中。而生活在這歷史時期的邊治中道長，很小立定大志，要做一個救國救民，於世有用之才，於是他在讀了十幾年書之後，特別是他讀了歷史書後，懂得了「華山道功甲天下」的道理，為了實現自己做一個於世有用之才的理想，他毅然決然去拜中國道家華山派十八代掌門馮禮亮道長為師，學習享譽天下的華山道功。

二、尊師重道、學得秘功

　　邊治中道長向馮禮亮道長拜師之後，他深深懂得：這是一次天賜良緣。因此，他對馮禮亮道長十分尊重：一是表現在對馮禮亮道長師傅的內丹養生之道，刻苦習練，一絲不苟，因為，邊治中道長深知，中國道家內丹養生之道，是由中華民族神聖祖先黃帝、老子，依據天地人大自然變化規律科學創立，其養生長壽，益智回春，天人合一，真實而神奇效果舉世公認。中國道家內丹養生之道，早已發展為既利於全人類身心健康的偉人事業。因此，修練好道家內丹養生之道，既利於自己身心健康，同時又可以將中國道家內丹養生之道，傳給天下有緣善士，使全人類身心健康。

　　當時，邊治中道長一邊將馮禮亮道長傳授其秘功，認真修練，同時認認真真，反反覆覆，邊治中道長對馮禮亮道長特別尊重，對馮禮亮道長生活起居特別關心和照顧，體貼入微。因為邊治中道長是站在歷史高度看待師父傳大道之恩。

　　基於上述，馮禮亮道長看到邊治中道長識見高遠，又如此尊師重道，便認定他是可造之才，於是，將他平生繼承的

中國道家內丹養生之道，全法全訣全部秘傳給了邊治中道長，並且特別允許他向馮禮亮道長的師父：中國道家華山派內丹養生之道十七代掌門道長蔡文仙、辛義鶴道長學習秘功，於是乎，邊治中道長在兩代前輩道長的悉心教導下，刻苦修練道家內丹養生之道之後，成為了一位名副其實，功德超高者。同時邊治中道長還向馮禮亮、蔡文山、辛義鶴三位道長學習到了中國道家華山派秘傳武術。

需要補充說明的是，邊治中道長由於認真修練中國道家養生長壽內丹之道，還治癒了自己家族遺傳的先天性心臟病。

三、愛國愛教、急公好義

抗日戰爭爆發後，邊治中道長目睹了國破家亡，民不聊生，中國傳統文化和中國道教被外來敵人侵害的事實，他急公好義，放棄了自己清靜的修道生活，奮不顧身地投身到抗日戰爭激流之中，邊治中道長修練道家內丹養生之道功夫高超，故此，他在漫長的八年抗日戰爭，身經大、小戰爭無數次，竟未受過一次傷，這確實是一大奇蹟。於是足見邊治中道長是非凡之人，令人敬佩。

四、為眾健康、傳功著書

邊治中道長為了弘揚中國道家內丹養生之道：造福大眾身心健康。他從 1976 年開始，將中國道家內丹養生之道傳給天下有緣的善良人，這其中，有世界著名生物遺傳科學家牛滿江、政治家陳雲的夫人于若木、法國作家韓素音、拳王阿里。

影響最深遠的是世界著名大科學家牛滿江教授博士，教

授因為身患種種疑難雜症，特意慕名從美國趕來北京向邊治中道長學習道家內丹養生之道，經過持久及耐心的修練，牛滿江博士身心便奇蹟般地開始回春。此後，牛滿江博士又認真修練四年，四年之後，牛滿江博士身心曰益回春，於是，牛滿江博士以大科學家十分嚴謹態度，在《現代明報》於1982 年 4 月 10 曰，發表文章「的確以道家內丹養生之道是『生命科學』，是『細胞長壽術』，是『返老還童術。』」同時，牛滿江博士以大科學家人慈大悲心懷，向全人類推薦該功夫道：「我練這種功法受益匪淺，真誠地希望此術在世界開花，使全人類受益。」

另外，牛滿江博士拿出資金，讓邊治中道長一邊向海內外傳授中國道家內丹養之道，一邊將內丹養生之道整理出書。

邊治中道長為了實現中國道家和他本人「讓天下人健康長壽」的宏願，他除了在中國北京向全世界辦班傳功之外，還特意應邀到日本、新加坡傳功。

需要補充的是，世界著名科學家牛滿江博士如今已 80 多歲，依然身心強健，像一個朝氣蓬勃的年輕人一樣，工作在生物遺傳，這一生命科學領域的重要崗位上，於此，是可證明，只要認真堅持習練好中國道家內丹養生之道就可以養生長壽，益智回春，為人類進步事業，做出貢獻。

第五節　內丹養生與全人類健康

現代大學佛學研究中心總監淨因法師指出：佛教講人的財富分三種，即物質財富、情感財富及精神財富。又說人要

具備三種財富才是全人。

何謂全人呢？也許可解釋為健全之人、身心靈整合健康達至最佳狀態的人。生活在 21 世紀的現代，這是可能嗎？如果是可能的話，如何達至呢？

答案：世界傳統養生文化學會提供一種方法稱「內丹養生」，目的是引領人走向整合健康之路。

內丹養生的基礎是「道法自然」、生活跟太陽走、每人勤練內丹養生，其結果是健康的身體。人發病一般是違反了自然，例如吸入含毒素之飲食、捱夜、憤怒、壓力過高、過分超時工作、大飲大食、生活無序等等。

人體天生有一自動調節的平衡制度（Homeostasis），但是，當我們超限的走向一邊，人體失去平衡，我們因此發病，這是身體給我們的訊號：平衡制度被破壞了，要努力回復平衡呀！紅燈已亮起，若不理會，很可能大禍臨頭呢！

內丹是一經過歷史考驗的養生方法幫助我們找回平衡，內丹是由運動「腎」去生「精」，這譽稱為「腎的健美操」，在「柔慢連圓」極慢之動作影響下，幫助我們靜止活躍的左腦，把腦電波從急速的「比打」波段（Beta Wave）降至緩慢的段，如此逐漸開啟分泌系統去分泌良性荷爾蒙，其作用是滋養細胞及器官與及協助新陳代謝。

練內丹者需要配合「跟太陽走」的生活方式，即早睡早起，「日出而作，日入而息」。另外飲食均衡，清淡為主，此為「道法自然」的去生活、工作，又加上優質的睡眠，因而達至最佳健康狀態。

內丹帶給練功者的健康是從肉體上開始的，從改善體質的層次，慢慢帶來腦平衡，內分泌好了，心情也好了，心理健康了。當我們擁有健康的身心、內丹逐步引領我們到達高

層次的意識生活，使我們每分每秒都身心靈得以統一整合，天地人合一，達到共融之境，此時「自我」不知不覺地溶入造物主內。本會一些資深學員是熱心基督徒，他們外練內丹，心唱聖詠，神人合一，這是身心靈整合健康之佳境，如此堪稱淨因法師界定的全人，擁有物質（身體）、情感（心理）及精神（靈性）財富的人。

內丹與能量回收

內丹一核心概念是易經的取坎填離。取坎，就是採天地之能量。填離，就是把採到的天地能量，補充到人體能量不足之處，進而達到人類的生命能量生生不息。形象化地說「取坎」就如我們練內丹功時把雙手在頭上方合掌，採天地之氣，把這氣帶至上中下丹田，收為己用，則可謂之「填離」。

採天地之能量可以利用很多方式，包括到大自然，吃生機素食，飲山泉。

除了從大宇宙（大自然）取坎，我們亦可以開發體內能量，練內丹功就是這個道理。

古人稱採吸日月精華。天地之氣質量最好的時間是早上五時至七時，因為這時太陽在升，而月亮仍未落下，空氣中充滿了陰陽二氣，萬物亦剛蘇醒，早起收天地之氣，練功又可啟動自體的能量，即道家所謂「煉精化氣氣化神，煉神還虛保自身」。

取坎填離尚包括一重要思想：節約能源。我們既會開源，當然還要學會如何節流。老子道德經曰：「吾有三寶：一曰慈；二曰儉；三曰不敢為天下先。」「慈」即慈悲心，不殺生，食素。「儉」便是不浪費自身的能量，體內能源有增不減，生命生生不息。另外還要做到「不敢為天下先」，

其意即不要長存爭先恐後的心，達到淨化無為之境況。這是老子的致虛：「為學門日，為道日損，損之又損，幾至於無。」意思是說學習有益於我們，越多越好，但是，練功則應越簡單越好，剔除雜念，極守靜篤，至於虛無。

取坎填離必須配合天人合一，配合的方法是人體生物鐘與大自然的節律合一，早睡早起，以達至天人合一的境界。其實，人在晚上十一時前入睡，一個小時的睡眠效益等於十一時後入睡的三倍，現代人許多在晚上看完電視才上床睡，把看電視所引起的情緒波動帶進夢裡，這樣的睡眠怎會有好的質素呢！

取坎填離又配合陰陽消長及返樸歸嬰，前者是作息有時，腦體勞動交替，後者是心境開朗如孩童，心無掛礙，如吳雲青老人所謂「一顆童心樂萬物，兩袖清風度春秋」。

蘇老師舉了幾個例子給我們說明以上各點：

第一個例子是祖師吳雲青。蘇老師曾和吳老一起生活了十八年，我們可以從他的相片看見吳老童顏白髮。他一直過著簡樸生活，他的心境就如小朋友一樣，不會被過去和未來煩擾。他的起居生活習慣便是跟著大自然的節奏，早上五點多便起床，晚上十時前便睡覺。他每次食完飯把碗一推，碗還在搖動，他已經進入靜的狀態，外靜內動，正在做坐功呢。

第二個例子是紅樓夢中的王熙鳳和劉姥姥。王熙鳳是紅樓夢中最聰明的一個，作者曹雪芹便用「機關算盡太聰明，反誤了卿卿性命！」來形容王熙鳳。她在賈府中什麼也過問，什麼也要管，到頭來年紀輕輕便辭世了。相反劉姥姥是紅樓夢中最傻氣的一個，但她卻成了當中的老壽星。她居於鄉間，對賈府一切不聞不問，什麼是非到她面前也嘻哈地化

解了。

　　第三個例子是三國演義中的徐庶和諸葛亮。諸葛亮眾所周知他是一個極聰明的人，什麼事也親力親為，他只活到五十多歲，便吐血而亡。而徐庶本被劉備重用，但他懂得知人善任，把諸葛亮引薦給劉備，減輕了自己的工作，身心當然比工作狂的諸葛亮健康得多，壽數多少不為人知。因他三國中唯一一個沒被記載歲數的人物，亦是懂得節約能量的師表者。

　　第四個是西漢宰相曹參。成語「蕭政曹隨」便是由此人而來。話說蕭何死時向劉邦推許曹參做宰相，曹參終日勤於內丹，劉邦子漢文帝問曹參有關國家的事，他全部叫漢文帝問其他的負責人，此舉令漢文帝甚為不滿，於是曹參問漢文帝他的治國方法比起他父親劉邦誰好，漢文帝答他父親劉邦比自己好。接曹參又問他，上任的宰相蕭何的政策好還是他曹參好，漢文帝答蕭何好。最後曹參告訴漢文帝，先人們都比我們好，我們便應跟隨他們的治國方法，何必多費氣力精神呢？曹參雖為宰相，但他這種擇善而跟隨的方式，令他不會浪費精力，仍有餘暇修練內丹。

　　以上各人的長壽原因都不離老師所述的：作息有序，跟隨大自然節奏，保持童心，勤練內丹藉以開採大小宇宙能量，不強出頭，知人善任，節約能源，這是取坎填離或現代人稱能量回收的大道理。

　　近代科學研究發現人體的細胞是有它們的更生週期。在美國有一位著名的科學家喜佛（Hayflick）教授發現了細胞的再生極限，他在實驗室中培養些細胞，發現這些細胞可以再生 50 次，這是喜佛極限（Hayflick Limit），而當他在這些細胞中加入一些特別的元素，細胞竟可再生 200 多次。我們在

練內丹之後所產生的津液腎水亦可改善體內細胞的環境，故此很多練內丹的人（老子被記載為「二百餘歲而不知所終」，張三豐壽越二百，孫思邈一百四十一歲，近代的著名老壽星吳雲青，根據人民日報和世界日報記載壽數為一百六十。）可以突破「喜佛極限」，享受健康長壽。

時隱時現

有調查指出現代人的工作時間愈來愈長，同時在飲食方面，速食文化冠全球，逾六成港人每週最少一次光顧速食店，而每天吃速食的竟高達 7%。在快、快、快的高壓環境下生活的現代人如何養生呢？

中國大哲學家李贄提出五種養生方法：

（一）功成身退：如老子離開俗世，不知所終

（二）吏隱：大隱隱之於朝，如姜太公、張良、劉伯溫

（三）身隱：如大嶼山神樂院的隱修士

（四）俗隱：小隱隱之於市

（五）時隱時現：隱現適度

生活在繁忙的現代，時隱時現可能對我們最合適。時隱即是練內丹功，時現即是努力工作，倘若我們每天晚練功十五分鐘，每週抽出一段稍長的時間（若一至一個半小時）到大自然練功，而每年抽出至少兩、三天閉關修練，提升身、心、靈的健康，如此我們的健康將大有進步。

第六節　現代人應如何養生

現代文明帶來很多方便，但同時亦帶來很多毒素傷身害體，我們不是反對現代文明，而是要懂得保護自己。例如微

波爐、手提電話，甚至塑膠瓶（pvc Bottle）帶來方便，但是不懂得安全使用的話，它們亦會影響健康的。就如曬太陽可以令身體產生維生素 D，但長期曝曬，則太陽的紫外線短波可以使皮膚老化甚至生癌，又如在家應該開窗還是關窗呢？這就需要視情況而定了。一句話，學會養生保健知識，對生活在危機重重的現今環境至為重要。

什麼是內丹？它是古人的養生長壽方法，對現代人一樣起重要作用。

內丹提倡「道法自然」、「天地人合一」、「精氣神飽滿」，同時提高一些有效方法。

道法自然

內丹崇尚自然，鼓勵「跟太陽走」早睡早起的生活習慣，飲食清淡，盡可能吃素，這是減少毒素入侵體內的最佳辦法，所謂「病從口入」。另外，新鮮蔬果亦有排毒的功能。

天地人合一

所謂「宇宙大人身」、「人身小宇宙」，人需要多投身到未被大自然，吸取大自然之「氣」，疾病是個人的「氣」混濁了，自然之「氣」可以調整個人「氣」，撥亂扶正，使病人回復健康，而健康者則更豐盛。人與大自然（天地）結合、健康長壽。

精氣神飽滿

精氣神是古人給予生命力要素之統稱，而古人發現一些方法，確實令精氣神飽滿，而其中一種有效的方法就是道家養生內丹功，簡稱內丹。內丹傳至日本，一些日本人稱之為「腎的健美操」。

內丹的練習著重以神練功，心意進入入定狀態，動作柔

慢連圓，腦電波從急速的 Bata 走到緩慢的 Alpha 波段，令身體放鬆，而意念青春，回復孩童時代，這時身、心、靈和諧合一，達至平衡，心靈進入天地合一之境界。如此則是我們日常急忙生活之對比，此所謂「道反之動」，意思是做我們日常相反的事，快則慢，急則緩，積極則消閒，這就是得道了。內丹乃古人設計的方法去尋求此「道」。

這個「道」是身心靈之平衡點，當這個平衡被推翻，例如當身體的酸鹼值（pH）失去平衡，多由不健康飲食所至，身體過酸，病菌則容易滋生，當惡細菌攻破免疫力之防禦，或情緒之過激波動減低免疫功能，或其他因素。平衡失去了，人體之「氣」則亂，內丹提倡回歸自然，利用大自然之力量（大自然之「氣」）加上健康飲食，健康生活方法及練內丹功，去恢復平衡，我們重申不是反對看醫生或吃藥，而是主要啟動自身的自癒能力，從根本養生保健著手，這就是古人所謂「自身自有靈丹藥，何須深山把藥尋」。

現代人養生可利用最新保健知識，減少各類毒素之入侵、利用健康飲食如新鮮有機食物之酵素，提高身體新陳代謝及免疫力。另外加上古人遺留下來的瑰寶：養生內丹功，勤練功會精氣神飽滿，就可達至所謂「人有三寶精氣神，善用三寶可長生」。

第七節　內丹養生與氧氣

大自然賦與人類很多生命的滋養，其小生命不可缺的一項是氧氣，氧氣存在於我們周遭的空氣，一般的空氣是氧氣，但是環境的污染壓低氧氣的成分，增加了有害人體的廢

氣，當氧氣降至空氣的 17 至 18%，這是人體生存的界線，當再降低至：15%的低水準，人體開始感到「透不過來」，相反，當氧氣成分升至 24%水準，人體會感到開懷舒暢，當您清晨步行在樹中就有此感覺。

身心健康（well ness）跟氧氣有密切的關係，人體的新陳代謝、細胞更新與各器官的運作，都需要氧氣的滋養，這功能全靠：血液運送氧氣到人體的各部分，血液中的氧氣稱作 po2：（plasma oxygen），如果是 80 至 100 指數，則人體在正常的健康狀態，跌到 60，則身體會過速衰退，因氧氣滋養不足，再跌至 40 是危險界線，健康會大受影響。

人體很多慢性病就是跟供氧不足所致，很多人的頭暈就是大腦供血不足，po2，不夠供應。心臟病源於血管阻塞眾人皆知，但是真正的原因與過程是心臟需要的氧氣供應不足，好像心臟在跑動時「不夠氣」一樣，很多快速治療法是令病人吞一些藥丸如（~INitro qlycerine），這些藥丸會很快增加血液的流動，把氧氣帶到心臟，因此胸口痛會很快減退或全消失。

另外，很多人的失眠也是跟 po2 低有關，當人工作過勞，習慣性緊張或心事重重，人體自然地吸入的氧氣比平常少，腦電波停留在急速的 BeTa 波段。人體要入睡，必須有足夠的氣力（體內氧氣）帶身體入緩慢的腦電波，這樣身體才可以休息，才可以入睡，所以當 po2 低，人體就變得過累（無氣力／不足氣）而不能入睡，因此提高 po2，就提高入睡的機會。

一些實驗研究指出壓低 po2 的因素包括過分的壓力（hiRhstress）、恐懼、吸菸、輻射、開刀與發炎。另外，隨著年齡的增長，po2 亦會因身體老化而降低，老人易頭暈，

就是這個道理，多走動，多練功減緩身體老化是有必要的。

身心健康與 po2 既然有如此密切關係，那麼，如何提高人體血液中的氧氣（po2）呢？

有一種另類治療稱 HBOT（Hyperbaric Oxygen Therapy），就是讓病人吸入 100% 純氧，加速病人受傳統治療法的治療過程。其實用 HBOT 倒不如晨運、登山到郊野公園！都市人實在十分需要多「回歸自然」，投入大自然的懷抱，讓大自然的「高氧」空氣滋養我們。但是，不是每一個人每一天都可以「回歸自然」的，怎麼辦？

首先，找一個空氣稍為好的公園、陽台、天臺或面對開著的窗戶做深呼吸，急速走路或練功，開張胸膛大力引入空氣到體內，按摩每一個細胞，讓空氣中的氧氣透過血液運行全身，古人稱之為！「氣」，而「氣」到病除，因為 po2，除了滋養細胞及各器官，還有清除病菌、病毒的功效。倘若你恆久地「柔慢連圓」的練內丹功，你的體液（包括 po2）流動會很順暢，你的津液會明顯增加，再加上「朝天吞津」使生命之「精」循環的流動，這是你的「再生力量」，你的「面含微笑」與「意念青春」又會在面龐及腦海形固著，這就是延年益壽，青春長駐，生命充滿活力的秘訣。多練內丹，提高 po2！

第十八章
道家內丹和子午流注與練功須知

第一節　何謂「內丹功」涵義略談

　　讀者對「內丹功」三字都會感到很陌生。道家所說「內丹功」所指何也？讀者必然有此一問。其實道家修學習練之範圍，是非常的廣泛和包羅萬象，非三言兩語可解釋的清楚。涵蓋在「內丹功」一語，編者只能以二書中所講的「動、靜」兩項功法，來說明「內丹功」的含義，但不能盡數包括其他在內。它最簡單的意思就是「修真養性」，猶如佛家所說的修「佛法」兩字相似，涵蓋的意義很廣，不易簡要地言明。

　　「道家內丹功」談的是「內丹功」中之「動功與靜功」，也稱為「道家養生學或養生長壽術」；古稱之為「黃老丹道或中華仙學」，以及為「內丹術」。其宗旨是幫助修練者，祛病強身，開智益慧。「動、靜」兩項功法，古人又稱之為「性命雙修」法。「修性」宜於「靜」中悟，故稱靜坐參禪為「性功」，即是增長智慧也。「修命」宜於「動」中練，就是鍛鍊身體，使整個身體達到最佳運作（心理與生

理）狀態；實是由適宜的「運動」來達到其效果，即可得身心健康長壽。「性與命」本為一體，「動與靜」也是如此；是不可分離的，是「性命」生理更變更新的自然規律。道家有說：「日出而作，日落而息。」使身心得到自更新的機會，返還及補充生命所需之能量，和昇華到最佳功能狀態。這就是「動與靜」的體現與寫照。

道家「內丹功」祖師黃帝，老子等，依據大自然萬物興衰變化的定律，並對自身心理生理的洞察和變化規律，了悟於心，創立的一種「修練」；讓人每日鍛鍊自身體內的生命本源「精、氣、神」，由被消耗中，返還補充本源（能量）的修法。促使身心與大自然規律融會成為一體的運作規律，合乎於老子所說「道法自然」。經過長期的運作鍛鍊，讓修練者能達到「返樸歸嬰……長生久視」的境界。這種修法，就是「道家內丹養生長壽術」。

祖師們經過修練後，對「道家內丹養生長壽術」，所作的評論有如下：

《黃帝。陰符經》曰：「宇宙在乎手，萬化生乎身，知之修練，謂之聖人。」《太上老君。內丹經》曰：「夫煉大丹者，固守爐灶，血化為精，返老還童。」

《太極拳》祖師張三豐「論內丹」曰：「有緣之士，得遇真師，潛心默練，則金丹可坐而致。」

上述，主要是探討生命造化的本源與發展的規律。看到大自然的定律，要求人類順應自然發展及變化規律，用以養生，得以應享其天年。綜合所說的，就是道家所謂「修真養性」，亦稱「黃老丹道」或「內丹功」，即「修道」是也！

自古以來，道家所習練的除了「內丹」是屬於「修真養性」的「動、靜」或「性、命」雙修而得「養生長壽」之功

法外，還包括道家醫學、金石煉丹術（則外丹）、按摩、點穴、服氣採氣、符籙、驅邪、咒語、房中術、法事等等。由此可知「內丹功」即是道家修學的主流。

若是讀者，想欲更深入的去瞭解「動與靜」或「性與命」的精細概論；或證實祖師們對「內丹功」的評論。願你參閱所編著的《內丹功》「動功–添油接命」及「靜功–打通任、督二脈、練成丹道周天」二書，或極積的去參修，就可體會及明瞭道家於「養生長壽」過程中「修道」的宗旨。

第二節　子午流注

在道家所畫的修真圖中，很清楚的列明人體之氣，在 24 小時中於經脈運行的方向。在子午流注一書中，也有很詳細的敘述。所謂子午流注，實是人體內的自然計時表；為古代修道聖賢所發現的一種經脈流注的規律。即是畫夜 24 個小時人體與 12 經脈相應的時刻，因為時間的轉移更變，進入於不同的經脈，在不同時間內，也會有盛旺和衰弱的時候。修道的人，若是對子午流注有深入的認識，於靜坐或練功，若配合陰陽與子午流注和五臟六腑的關係，修持和療效可有事半功倍之力。

古代修道之人，對人體精明透徹的瞭解，是不可思議的，有如《景內隧道》；揭示了這天然規律。

（1）子時，是晚上 23 點至 1 點

是少陽膽經運行，亦是膽經最旺盛之時候。體內膽汁需要新陳代謝。而膽在子時當人入眠後，方能完成其新陳代謝的功能；要不然膽會繼續泄放出膽汁來幫助消化，其作用就

不能停下去更新，膽的主要功能是儲藏與輸出膽汁。古人有說：「膽能多清，頭腦就有多清醒。」因此鼓勵人們養成良好的習慣，在23點前，膽經旺盛運行時必要入睡。要知道子時前入睡者，早晨起來後，頭腦必很清醒，氣色必定很好。相反的，長期在子時不入睡者，氣色必會是清白；易患膽囊炎、膽結石一類等病症。而有些人，還會有膽怯的心理，對個人的事業發展有很大的影響。

（2）丑時，是1點至3點

是足厥陰肝經運行，亦是肝經最旺盛之時。肝臟功能是藏血、主筋和主控疏泄，對人的思想、行為、活動的支持及影響是很大。體內衰敗的血液要淘汰，新的血液需要生產及壞細胞的毀滅等工作，以及新陳代謝都是在肝經運作最旺盛的丑時完成。若是一個人，養成習慣或習慣喜愛過夜生活，丑時不入睡，肝臟仍然需要繼續輸出能量去支援一切思想、行為及活動。肝臟就不能在這個時間內完成其新陳代謝的任務。如果長期或在丑時後未能入睡者；其臉色有青灰的現象，情緒出現急躁，形色出現倦怠之狀，易患肝病。

（3）寅時，是3點至5點

是手太陰肺經運行，亦是肺經最為旺盛的時候。肺朝百脈，就說明肺對人體的影響是非常廣大。由於肝臟在丑時，把血液新陳代謝調整完好後，就會有新鮮的血液提供給肺臟。由肺臟而輸散運往整個身體每一部位，肺的主要功能是「主控氣」，調節呼吸。若人得獲一夜安眠，在清晨起來時，氣色一定紅潤，精神旺盛，就是這個道理。在寅時，患肺病者，咳嗽或哮喘會尤為劇烈。

（4）卯時，是5點至7點

是手陽明大腸經運行，亦是大腸經最旺盛的時候。要知

肺與大腸相為表裏。當肺將充足的新鮮血液輸散流布到整個軀體，則負起促進大腸經進入亢奮的狀態，助使食物經過胃的消化，而進入大、小腸；將食物中的水份與營養精華完全吸收，不能吸收的渣滓則排出體外。大腸的主要功能是吸收水液、排泄糟粕。大腸常見及普患的就是便秘病和腸癌；主要是因為水份不足所造成的。

（5）辰時，是 7 點至 9 點

是足陽明胃經運行，亦是胃經最旺盛之時。人類在早晨7 點至 9 點吃早點，是最容易消化的時候。胃的主要功能是受納、腐熟水穀物。要是人胃火盛，嘴唇顯的乾燥，重者則唇裂或生瘡；胃也常出現消化不良或胃病等疾病。

（6）巳時，是 9 點至 11 點

是足太陰脾經運行，亦是脾經最旺盛的時候。脾臟的主要功能是運化和統血。脾臟統治協調血液的平衡；亦負責消化、吸收及排泄水穀物的總調度功能。脾開竅於口，其華在唇。脾臟的功能如果是旺盛，消化、吸收功能都會好，血的品質良好及平衡；嘴唇亦會是紅潤，若不然，唇發白暗及現紫色。

（7）午時，是 11 點至 13 點

是手少陰心經運行，亦是心經最旺盛的時候。要知道，心主神明和主控血脈，開竅於舌，其華在臉。心臟的主要功能是推動血液的運行，養神、養氣及養筋。人如果每天在午時小睡片刻，對養心益處很大。如是，下午及晚間精力就旺盛足夠。

（8）未時，是 13 點至 15 點

是手太陽小腸經運行，亦是小腸經最旺盛的時候。小腸之功能是分清離濁，助小便液歸入於膀胱，混濁的渣滓送入

大腸，並將所吸收的精華輸送進脾臟。小腸經於未時，對人每天所吃食物中的營養，消化後進行調整。人如果小腸有熱症，就會有咳嗽和出恭等症。

（9）申時，是 15 點至 17 點

是足太陽膀胱經運行，亦是膀胱經最旺盛之時。膀胱的基本功能是儲藏水液和津液與排泄尿液，將不需要的水液經膀胱管道排出體外，反將津液循環在體內滋潤全身。若是膀胱有熱症，可使致產生膀胱咳，引至咳嗽時遺尿不能自律。

（10）酉時，是 17 點至 19 點

是足少陰腎經運行，亦是腎經最旺盛的時候。腎臟的主要功能是儲藏生殖之精、五臟六腑之精及主控水。腎在古道家，又稱為先天之根。申時人體產生瀉火的現象，其功能是排除體內的毒素。腎臟於酉時則進入吸收儲藏精華之時刻。胃陽虛者，在酉時補腎是最為有效。

（11）戌時，是 19 點至 21 點

是手厥陰心包經運行，亦是心包經最旺盛之時。心包就是心臟之外膜，附有脈絡，是氣、血通行之管道，不能容外之邪氣，若容則會傷心。心包是心臟的保護組織，更是氣、血流通必經之路。心包絡的主要功能是代心行事。心包在戌時，是最為旺盛的時刻，可清除心臟周圍的邪氣，助使心臟運作於巔峰的狀態。心包的病症有心發冷或心悶熱等症。

（12）亥時，是 21 點至 23 點

是手少陽三焦經運行，亦是三焦經最旺盛的時候。三焦在六腑中是最大的臟腑。三焦主要的功能是主持諸氣，疏通水道的作用。亥時三焦經通達百脈。人如果能在亥時入眠，那百脈就得獲充分的休養生息，對身體的裨益是無限的。亥時服藥是最為有效之時，因為是百脈皆通並貫行全身。

第三節　練功須知

本篇摘錄自祖師　邊治中在其 1988 年 8 月出版的《道家秘傳養生長壽功法》一書中。由此你可知本內丹動功的歷史淵源，可深知祖師對此功的遺訓及重視，是後學者要留意。

一、人人皆宜的運動

養生長壽學中的各勢功法，都可以分為大、中、小 3 種姿勢（功架）和以慢速度進行。練功者可根據自己的年齡、體力和身體狀況，掌握動作的大小、速度的快慢而練。

發育中的青少年練功，可預防夢遺滑精的發生，促進身心的發育；發育成熟的青年練功，能夠強腎固精，使性衝動容易克制及杜絕手淫惡習的發生；從而使男青年腰圓膀大，身材魁梧，增加青春的活力，女青年身材健美，乳房豐滿，面似桃花，青春長駐。

中年男女練功，可預防身體發胖，防治中年期易發的疾病，延緩更年期的到來；老年人練功，可有效地預防老年期的各種疾病，延緩衰老的進程，增加壽命，返老還童。健康人練功，可增強體質，預防疾病的發生，精神充沛，精力過人；體弱者練功，可強身壯體，食慾增加，去體弱無力的身軀，換得一個健康的體格；多病者練功，可驅逐病魔，身康體健，一身皆輕，百病皆無；不治症的患者（如癌症病人），練功，早期的可控制病情，並趨向好轉，晚期的可緩和病情的惡化，有效地延長生命。總之，這套道家秘傳養生長壽功法，適合於各種年齡、性別、體質的人學練，其運動

量可大可小，確實是人人皆宜的運動。

二、可隨時行功，但以睡覺前後練功為最佳

養生長壽功法在練功時間上沒有嚴格的限制（除飯前 15 分鐘，飯後一個小時不宜練功之外），相比較起來，睡醒後練功收效較大，而睡前練功又較睡後練功為佳。練長壽功法每天練一次足可，若睡覺前後兩次練功，功力相輔相成，效果更佳。故提倡每次練功保持在 15 分鐘左右，不必增加練功時間，練三五分鐘也可以；以免勞累，持續練功不要超過 30 分鐘。學練長壽功法，也可參照古人練功的時辰。

古人認為：在一天之中的子（夜間 11 點凌晨 1 點），午（中午 11 點至下午 1 點），卯（早晨 5 點至 7 點），酉（下午 5 點至 7 點）4 個時辰練功，會使人收到滿意的效果。4 個時辰的練功效果相比又以子時為佳。正好和睡前練功效果最佳的說法一致。

三、要樹立信心

人的自然壽限應該是 120 歲，這是古今中外專家學者所公認的。中國古代稱 100～120 歲為「天年」，所謂度百歲仍去，就是已享天年。事實上，古今中外都有不少人活過百歲，甚至超過百歲的老人。但是目前一般人都活不到這個年齡。所謂「六十不算大，七十古來稀」。為什麼大多數人不能享天年而去？除了社會原因之外，更重要的是不懂養生，未能利用生命的規律去增進身體的健康，亦是不明白「生命在於運動，及生命在於靜止」的奧秘。道家秘傳養生長壽功法，是歷代道家、醫家根據人的生命規律創立，並逐步完善的一種健身功法。實踐證明確有其效，只要不是垂危之身，

若能認真學練，自然會袪病強身。所以說，健康長壽的門徑已擺在您的面前，開門的鑰匙也已掌握在您的手中，現在就是由您自己推開健康長壽之門的時候了。入門既不難，深造也是可以辦得到的。所以應該樹立信心及恒心，如果信心不堅毅，學練時不注意掌握要領，馬馬虎虎走過一場，當然不會有預期的效果。要記住：信念加鍛鍊等於成功。

四、要循序漸進，持之以恆

道家秘傳養生長壽功法，是具有中國特色的一種健身運動，它不同於世界上流行的那些運動形式。現時奧運會上的運動項目：如籃球、射箭、馬拉松、划船等等，多是鍛鍊勞動生產或戰鬥時採用的動作發展而來。

而道家養生長壽功法，則是根據人的健康需求，參考各種動物具有健身作用的本能動作，而編成的。修練這種健身術，雖然不像奧運會的運動項目那樣激烈，但是卻運動了身體內的各個重要器官，所以在學練時，不能操之過急，尤其在開始學練之時，練功時間不宜過長，次數不宜過多，動作不宜過猛，要循序漸進，以練功後，身心感覺到輕鬆暢快為度。當然也不能三天打魚，兩天曬網。

五、要懲憤怒，節制慾

這是道家根據老子克己寡慾的主張，而制定的一條養生長壽法則，懲憤怒就是要求性格開朗，遇事要冷靜，不能動氣。節制慾就是減少一切不合實際的奢想，慾望。要知道奢望的落空便會造成苦惱。中醫學家認為：內傷七情（喜、怒、憂、思、悲、恐、驚）是致病的重要原因。現代醫學最近的研究成果認為：一個人的情感一旦受到波動，內分泌系

統就會迅速引起反應，影響所有重要的生理功能。例如一個人發怒時，他體內血液中的膽固醇含量，在半小時內便激增1倍。如果反應過分強烈，超過正常的生理限度，就會造成生理機能失調，導致疾病的發生。

這套道家秘傳養生長壽功法的作用，是著重調節內分泌器官的機能。若練功人常動氣，練功的成效便自然抵消了。因此要求練功者在練功的同時，加強心理意識的修養。當然隨著練功時間的延長，也有助於這種修養的培植。

六、要意念青春，面含微笑

這是修練養生長壽功法的一種獨特的要求。其他門派的功法，一般都要求練功時要思想入靜，意守丹田。惟這套養生長壽學要求在做功時，要意念青春，面含微笑。意思是在做功前，就要想像自己正處於青春年華和優美的境界之中，對前途充滿信心，因而面帶微笑，怡然自得。然後在此良好情緒的誘導下行功。為何要有這樣的意念活動？因為隨著良好情緒的出現，可使中樞神經受到良性刺激，氣息可以慢慢調順，四肢靈活，舉止輕鬆，動作瀟灑，做功能收到更佳的效果。俗語說：「笑一笑，十年少；愁一愁，白了頭。」

七、要牢記「圓」與「軟」

道家養生長壽功法可以說是一種柔軟的健身運動，做功時，肢體的運轉要保持圓形（或弧形），而且全身肌肉鬆軟，如有肉無骨，這樣才有利於氣血的暢通，才能收到最大的練功效果。

邊治中

附：祖師吳雲青　生活起居之道

1. 一代壽星吳雲青　　百歲童顏世人敬
   坐化安陽靈泉寺　　不朽眞身留蒼穹

2. 吳老養生世人贊　　根在中華數千年
   傳統科學重實效　　寫成歌訣敘眞傳

3. 生活習慣法自然　　早睡早起壽而康
   行善吃素祛百病　　現代科學也提倡

4. 勤勞樸素平常心　　安貧樂道逍遙遊
   一顆童心樂萬物　　兩袖清風度春秋

5. 志效黃帝和老子　　誠練道家內丹功
   練精化氣氣化神　　還精補腦體歸嬰

6. 佛道雙修兼百家　　學習易經和八卦
   少林太極築基礎　　禪定丹成壽無涯

7. 雲遊天下求眞理　　師乎造化勤學習
   拜得明師爲弟子　　至誠通天得天機

8. 待人謙虛又和靄　　從不與人爭長短
   心常清淨修大道　　功成自然合人天

9. 人生難免煩惱事　　看破默擯無憂愁
   胸懷寬廣如廣宇　　志在九宵樂悠悠

10. 樂於度人出苦海　　宏願世人都康健
    言談幽默含道禪　　緣人聞之頓超凡

11. 參透人天志學道　　笑傲滄桑不動搖
    養生眞訣留世人　　誰能忠行必長春

12. 一代壽星吳雲青　　養生之道益眾生
    誠願大家忠持修　　都似南山不老松

老師蘇華仁（2001 年春）

第十九章
道家養生重要經典與論文精選

第一節　中華聖祖黃帝簡介

　　黃帝，是中華民族的神聖祖先，是中華民族的開創者，是中國傳統文化的主要奠基人，中國道家和道教尊稱之為始祖。

　　據《史記‧黃帝本紀》記載。黃帝姓公孫，名軒轅，有熊國君少典之子。母附寶，瞑見電光繞北斗樞星。感之有孕，懷二十四月而生軒轅。黃帝生於壽丘。位在今河南中部新鄭市內。長於姬水，居於軒轅，故又稱軒轅氏。黃帝生而神靈。弱而能言，幼而徇齊。長而敦敏，成而聰明。年十五受國於有熊君，亦曰有熊氏。軒轅之時，神農氏世衰，諸候相侵伐，暴虐百姓，而神農氏弗能征。於是軒轅乃慚習用干戈，以征不享，諸候咸來賓從。而蚩尤最為暴，莫能伐。炎帝欲侵陵諸候，諸候咸歸軒轅。軒轅乃修德振兵，治五氣。藝五種，撫萬民，度四方，教熊羆貔貅豹虎。以與炎帝戰於阪泉之野。三戰，然後得其志。蚩尤作亂，不用帝命；於是黃帝乃征師諸候，與蚩尤戰於涿鹿之野，遂擒殺蚩尤。而諸

侯咸尊軒轅為天子，代神農氏，是為黃帝。

黃帝一生致力於開拓中國疆土。他統一北方後，繼後向長江流域發展。同那裏的夷人和羌人部落結成新的聯盟。他東至於海，登丸山，及岱宗。西至於崆峒，登雞頭。南至於江南，登熊，湘。北逐葷弱（匈奴之前身）。合符釜山。而邑於涿鹿之阿。終於西元前三千多年前統一了中華大地屬原始部落。至此，華夏族版圖雛型形成。隨為各族尊稱為華夏民族共同祖先。

黃帝是中國古文化的創造者。據《史記》載。他作冠冕，始代毛革之弊。見浮葉為舟。觀轉蓬之象以作車。始教人乘馬。作灶以著經始，令鑄釜造甑乃蒸飯而烹粥，以易茹毛飲血之弊。始作屋築宮室以蔽寒暑燥濕。令築城邑以居之，始改巢穴之弊。觀天文，察地理，架宮室。製衣服候氣律，造百工之藝。藝五種，時播百穀草木。治五氣。獲寶鼎。迎日推策。旁羅日月星辰。水波土石金玉。觀鳥跡以作文字。製文字以代結繩之政，以作書契，理日月之行，調陰陽之氣，為十二律：令歧伯作軍樂。令民鑄刀造弩。定人物之名，作八卦之說。令男女異處而居。又易古之衣薪，葬以棺。作指南車以示八方。總之，在文字、算術，曆法、醫藥、音樂、兵器，婚葬、衣食住行等方面，均始於黃帝。中華民族有如此偉大。中國文化有如此之深遠，實為黃帝拓殖創造之功。

中國道家和中國道教尊稱黃帝為始祖。因為黃帝是：中國道家文化始祖。據《史記·封禪書》記載：黃帝在征戰的同時即學神仙，常遊天下名山與神會。為五城十二樓以候神人，百餘歲得與神通，去崆峒山問大道和內丹道功於廣成子。入青丘見紫符先生受三皇內文，至青城山謁中黃丈人。

於雲臺山見寧先生受龍僑經，練石於縉雲。合神符於符山，封禪事畢，採首山銅，鑄鼎於荊山之下，鼎成，於鼎湖之上，乘龍而升天，為五天帝之一，中央黃帝，含樞紐之神，主四方。

第二節 《黃帝陰符經》
姜太公、張良、鬼谷子

（本經原載《道藏》）

上篇（神仙抱一演道章）

觀天之道，執天之行，盡矣。故天有五賊①。見之者昌五賊在乎心②。施行於天。宇宙在乎手，萬化生乎身。天性，人也；人性，機也；立天之道③，以定人也。天發殺機④。龍蛇起陸；人發殺機，天地反覆。天人合德⑤，萬變定基。性有巧拙⑥，可以伏藏，九竅之邪，在乎三要⑦，可以動靜。火生於木⑧，禍發必克；奸生於國。時動必潰。知之修練，謂之聖人。

〔註〕①姜太公曰：其一賊命，其次賊物，其次賊時。其次賊功，其次賊神。賊命以一消，天下用之以味；賊物以一急，天下用之以利；賊時以一信，天下用之以反；賊功以一恩，天下用之以怨；賊神以一驗，天下用之以小大。鬼谷子曰：天之五賊，莫若賊神。此大而彼小。以小而取大。天

地莫之能神，而況於人乎？李筌曰：黃帝得賊命之機，白日
上昇；殷周得賊神之驗。以小滅大；管仲得賊時之信，九合
諸侯；范蠡得賊物之急，而霸南越；張良得賊功之恩，而敗
強楚：

②太公曰：聖人謂之五賊，天下謂之五德。人食五味而
生。食五味而死，無有怨而棄之者也。心之所味也亦然；鬼
谷子曰：賊命可以長生不死：黃帝以少女精氣感之，時物亦
然。且經冬之草。覆之而不死，露之即見傷。草木植性，尚
猶如此，況人萬物之靈。其機則少女以時。廣成子曰：以為
積火焚五毒。五毒即五味，五味盡，可以長生也。李筌曰：
人因五味而生，五味而死：五味各有所主，順之則相生，逆
之則相勝。久之則積氣薰蒸，腐人五臟，殆至滅亡。後人所
以不能終其天年者，以其生生之厚矣。是以至道淡然，胎息
無味。神仙之術百數，其要在抱一守中；少女之術百數，其
要在還精採氣；金丹之術百數，其要在神水華池；治國之術
百數，其要在清淨自化；用兵之術百數，其要在奇正權謀。
此五事者。卷之藏於心，隱於神；施之彌於天，絡於地。宇
宙瞬息，可在人之手；萬物榮枯，可生人之身。黃帝得之，
先固三宮，後治萬國，鼎成而馭龍上昇於天也。

③諸葛亮曰：以為立天定人，其在於五賊。

④范蠡曰：昔伊尹佐殷，發天殺之機，克夏之命盡。而
事應之，故有東征西夷怨，南征北狄怨：姜太公曰：不耕，
三年大旱；不鑿，十年地壞。殺人過萬，大風暴起。諸葛亮
曰：按楚殺漢兵數萬，大風杳冥晝晦，有若天地反覆。

⑤張良曰：從此一信而萬信生，故為萬變定基矣。李筌
曰：大荒大亂，兵水旱蝗，是天發殺機也。虞舜陶甄，夏禹
拯骸，殷繫夏臺，周囚羑里，漢祖亭長，魏武曾乞，俱非王

者之位，乘天殺之機也。起陸而帝。君子在野，小人在位，權臣擅威，百姓思亂，人殺機也。成湯放桀，周武伐紂，項羽，斬嬴嬰，魏廢劉協，是乘人殺之機也。覆貴為賤，反賤為貴。有若天地反覆。天人之機合發，成敗之理宜然，萬變千化，聖人因之而定基業也。

⑥張良曰：聖人見其巧拙。彼此不利者，其計在心，彼此利者，聖哲英雄道焉。況用兵之務哉！李筌曰：中慾不出謂之啟，外邪不入謂之閉，外閉內啟，是其機也。難知如陰，不動如山，巧拙之性，使人無聞而得窺也。

⑦姜太公曰：三要者，耳、目、口也。耳可鑿而塞，目可穿而眩，口可利而訥。興師動眾，萬夫莫議。其奇在三者，或可動，或可靜之。李筌曰；兩葉掩目，不見泰山；雙豆塞耳，不聞雷霆，一椒掠舌，不能立言；九竅皆邪，不足以察機變。其在三也。神，心，志也。機動未朕，神以隨之；機兆將成發。心以圖之；機怨事行，志以斷之。其機動也。與陽同其波，五嶽不能鎮其隅！四瀆不能界其維；其機靜也，與陰同其德。智士不能運其榮，深聞不能竅其謀，天地不能吞其時，而況於人乎。

⑧李筌曰：火生於木，火發而木焚；奸生於國，奸成而國滅；木小藏火，火始於無形。國中藏奸，奸始於無象。非至聖不能修身煉行，使奸火之不發夫，國有無軍之兵，無災之禍矣。以箕子逃而縛裘牧，商容囚而蹇叔哭。

中篇（富國安民演法章）

天生天殺①，道之理也。天地，萬物之盜；萬物，人之盜；人，萬物之盜。三盜既宜②。三才既安，故曰：食其時，百骸治；動其機，萬化安③。人知其神之神④，不知不

神之所以神也。日月有數，大小有定，聖功生焉，神明出焉。其盜機也。天下莫能見，莫能知⑤。君子得之固躬，小人得之輕命⑥。

〔註〕① 張良曰：機出乎心，如天之生，如天之殺；則生者自謂得其生，死者自謂得其死。

② 鬼谷子曰：三盜者，彼此不覺知，但謂之神。明此三者，況車馬金帛，棄之。可以傾河填海。移山覆地，非命而動，然後應之。李筌曰：天地與萬物生成，盜萬物以衰老；萬物與人之服禦，盜人以驕奢；人與萬物之上器，盜萬物以毀敗；皆自然而往，三盜各得其宜。三才遞安其任。

③ 鬼谷子曰：不欲令後代人君，廣斂珍寶，委積金帛。若能棄之，雖傾河填海，未足難也。食者所以治百骸。失其時而生百病；動者所以安萬物，失其機而傷萬物。故曰：時之至間，不容瞬息，先之則太過。後之則不及。是以賢者守時，不肖者守命也。

④ 李筌曰：人皆有聖人之聖，不貴聖人之愚。既睹其聖，又察其愚。既睹其愚，復睹其聖。故書曰：專用聰明，則事不成；專用晦昧，則事皆悖。一明一晦，眾之所載。伊尹酒保，太公販牛，管仲作革，百里奚賣粥。當衰亂之時，人皆謂之不神；及乎逢成湯，遭文王，遇齊桓，值秦穆，道濟生靈。功格宇宙，人皆謂之至神。

⑤ 鬼谷子曰：後代伏思之，則明天地不足貴，而況於人乎？李筌曰：一歲三百六十五日。日之有數，月次十二，以積閏大小。餘分有定，皆稟精氣自有。不為聖功神明而生。聖功神明亦稟精氣自有，不為日月而生。是故成不貴乎天地，敗不怨乎陰陽。

⑥ 諸葛亮曰：孔夫子，姜太公，豈不賢於孫、吳、韓、

白？所以君子，小人異之，四子之勇。至於殺身，固不得其主而見殺矣。李筌曰：季主凌夷，天下莫見凌夷之機。而莫能知凌夷之源；霸王開國，而莫能知開國之機。而莫能知開國之源。君子得其機，應天順人，乃固其躬。小人得其機，煩兵黷武。乃輕其命。《易》曰：君子見機而作，不俟終日。又曰，知機其神乎？機者，易見而難知，見近知遠。

下篇（強兵戰勝演術章）

瞽者善聽，聾者善視。絕利一源，用師十倍；三反晝夜，用師萬倍①。心生於物，死於物，機在於目②。天之無恩，而大恩生，迅雷烈風，莫不蠢然③。至樂性餘。至靜性廉④。天之至私，用之至公⑤。擒之制在氣⑥。生者死之根，死者生之根。恩生於害，害生於恩⑦。愚人以天地文理聖，我以時物文理哲⑧。人以愚虞聖，我以不愚虞聖。人以奇期聖，我以不奇期其聖⑨。故曰：沉水入火。自取滅亡⑩。自然之道靜。故天地萬物生⑪。天地之道浸，故陰陽勝⑫。陰陽相推，變化順矣⑬。是故聖人知自然之道不可違，因而制之⑭至淨之道。律曆所不能契。爰有奇器，是生萬象，八卦甲子。神機鬼藏。陰陽相勝之術，昭昭乎進乎象矣。

〔註〕①尹伊曰：思之精，所以盡其微。張良曰：後代伏思之耳目之利，絕其一源。李筌曰：人之耳目，皆分於心，而竟於神。心分則機不精，神竟剛機不微，是以師曠薰目而聰耳，離朱漆耳而明目，任一源之利，而反用師於心，舉事發機，十全成也；退思三反，經晝歷夜。思而後行，舉事發機，萬全成也。姜太公曰：目動而心應之，見可則行，見否則止。

②李筌曰：為天下機者，莫近乎心目。心能發目。目能見機。秦始皇東遊會稽。項羽目見其機，心生於物。謂項良曰。彼可取而代之。晉師畢至於淮淝，苻堅目見其機，心死於物，謂苻融曰，彼勁敵也。胡為少耶！則知生死之心在乎物，成敗之機見於目焉。

③張良曰：熙熙哉！姜太公曰：誠懼致福。李筌曰：天心無恩，萬物有心，歸恩於天。老子曰：天地不仁，以萬物為芻狗；聖人不仁，以百姓為芻狗。是以施而不求其報，生而不有其功，及至迅雷烈風，威遠而懼近，萬物蠢然而物懷懼，天無威而懼萬物，萬物有懼而歸威於天。聖人行賞也，無恩於有功；行伐也，無威於有罪。故賞罰自立於上。威恩自行於下也。

④張良曰：夫機在於目也。李筌曰：樂則奢性餘，靜則貞廉。性餘則神濁，性廉則神清。神者智之泉，神清則智明；智者心之府，智公則心平。人莫鑒於流水，而鑒於澄水。以其清且平。神清意平，乃能形物之情，夫聖人者，不淫於至樂，不安於至靜。能柄神靜樂之間，謂之守中。如此，施利不能誘，聲色不能蕩。辯士不能說。智者不能動，勇者不能懼。見禍於重開之外，慮忠於杳冥之內，天且不違，而況於兵之詭道者哉。

⑤尹伊曰：治極微。張良曰：其機善。雖不令天下而行之。天下所不能知，天下所不能違。李筌曰：天道！曲成萬物而不遺。椿、菌，鵬、晏，臣，細、修、短，各得其所，至私也，雲行雨施，雷、電、霜、霓。生殺之均，至公也。聖人則天法地，養萬民，察勞苦，至私也；行正令，施法象，至公也。孫武曰，視卒如愛子。可以俱死；視卒如嬰兒，可與之赴深溪。愛而不能令。譬若驕子。是故令之以

文，齊之以武。

⑥姜太公曰：豈以小大而相制哉！尹伊曰：氣者天之機。李筌曰；玄龜食蟒，鷹隼擊鵠，黃腰啖虎。飛鼠斷猿。蛉蛭嚌魚，狼咬嚙鶴，餘甘柔金，河車服之，無窮化玉，雄黃變鐵，有不灰之木，浮水之石。夫禽獸木石得其氣，尚能以小制大，況英雄得其氣，自能淨寰海而馭宇宙也。

⑦姜太公曰：損己者物愛之，厚己者物薄之。李筌曰：謀生者。必先死而後生；習死者，必先生而後死。鶡冠子曰：不死不生。不斷不成。孫武曰：投之死地而後生，致之亡地而後存。吳起曰：兵戰之場。立屍之地。必死則生，幸生則死。恩者害之源，害者恩之源。吳樹恩於越而害生。周立害於殷而恩生。死之與生也。恩之與害，相反糾纏也。

⑧姜太公曰：觀鳥獸之時，察萬物之變。

⑨李筌曰：景星見。黃龍下，翔鳳至，醴泉出。嘉穀生，河不滿溢。海不鵲揚波。日月薄蝕。五星失行，四時相錯，晝冥宵光。山崩川涸，冬雷夏霜，愚人以此天地文理。為理亂之機。文思安安，光被四表，克明俊德，以親九族，六府三事，無相奪倫。百穀用成，兆民甩康。昏主邪臣，法令不一。重賦苛政，上下相蒙，懿戚貴臣，驕奢淫縱，酣酒嗜音，峻宇雕牆，百姓流亡。思亂怨上，我以此時物文理。為理亂之機也。李筌曰：賢哲之心，深妙難測。由山巢之蹟。人或窺之。至於應變無方，自機轉而不窮之智，人豈虞之。以跡度心。乃為愚者也。

⑩張良曰：理人自死，理軍亡兵。無死則無不死，無生則無不生，故知乎死生。國家安寧。

⑪尹伊曰：靜之至，不知所以生。

⑫張良曰：天地之道，浸微而推勝之。張良曰：陰陽相

推激。至於變化,在於目。

⑬ 張良曰:大人見之為自然。英哲見之為制,愚者見之為化。

⑭ 尹伊曰:知自然之道,萬物不能違,故利而行之。張良曰:觀鳥獸之時,察萬物之變。鳥獸至靜,律曆所不能契,從而機之。張良曰:六癸為天藏,可以伏藏也。諸葛亮曰:奇器者。聖智也,天垂象,聖人則之,推甲子,畫八卦,考蓍龜,則鬼神之情,稽律曆,陰陽之理。昭著乎象,無不盡矣。諸葛亮曰:八卦之象,申而用之。六十甲子,轉而用之。神出鬼入,萬明一矣。張良曰:萬生萬象者:心也。合藏陰陽之術,日月之數。昭昭乎在人心矣。廣成子曰:甲子合陽九之數也。卦象出師眾之法,出師以律,動合鬼神,順天應時,而用鬼神之道也。

第三節　黃帝陰符經①
（中國八仙之一張果老注）

《陰符》自黃帝有之,蓋聖人體天用道之機也。《經》曰:得機者萬變而愈盛,以至於王;失機者萬變而愈衰,以至於亡。厥後伊呂得其末分,猶足以拯生靈,況聖人乎?其文簡,其義玄。凡有先聖數家注解,互相隱顯。後學難精,雖有所主者,若登天無階耳。近代李筌,假託妖巫,妄為注述,徒參人事,殊紊至源。不慚窺管之微,輒呈酌海之見。使小人竊窺,自謂得天機也。悲哉!臣固愚昧,嘗謂不然。朝願聞道,夕死無悔。偶於道經藏中得《陰符傳》,不知何

代制也。詞理玄邈，如契自然。臣遂編之，附而入注。冀將來之君子，不失道旨。

上篇（神仙抱一演道章）

經曰：觀天之道，執天之行，盡矣（觀自然之道，無所觀也。不觀之以目，而觀之以心。心深微而無所不見，故能照自然之性。性惟深微而能照，其斯謂之陰。執自然之行，無所執也。故不執之以手，而執之以機。機變通而無所繫，故能契自然之理。夫惟變通而能契，斯謂之「符」。照之以心，契之以機，而「陰符」之義矣。李筌以「陰」為「暗」，「符」為「合」，以此文為序首，何昧之至也）。

故天有五賊，見之者昌。（五賊者，命、物、時、功、神也。傳曰：聖人之理，圖大而不顧其細，體瑜而不掩其瑕。故居夷則遵道布德以化之，履險則用權發機以拯之。務在匡天地，謀在濟人倫。於是用大義除天下之害，用大仁興天下之利，用至正措天下之枉，用至公平天下之私，故反經合道之謀，其名有五，聖人禪之，乃謂之賊；天下賴之，則謂之德。故賊天之命，人知其天而不知其賊，黃帝所以代炎帝也。賊天之物，人知其天而不知其賊，帝堯所以代帝摯也。賊天之時，人知其天而不知其賊，帝舜所以代帝堯也。賊天之功，人知其天而不知其賊，大禹所以代帝舜也。賊天之神，人知其天而不知其賊，殷湯所以革夏命也。周武所以革殷命也。故見之者昌，自然而昌也。太公以賊命為用味，以取其喻也。李筌②不悟，以黃帝賊少女之命，白日上升為非也）。

五賊在乎心，施行在乎天；宇宙在乎手，萬化生乎身。《傳》曰：其立德明，其用機妙，發之於內，見之於外而已

矣。豈稱兵革以作寇亂哉？見其機而執之，雖宇宙之大，不離乎掌握，況其小者乎？知其神而體之，雖萬物之眾，不能出其胸臆，況其寡者乎？自然造化之力而我有之，不亦盛乎？不亦大乎？李筌等以五賊為五味，順之可以神仙不死。誣道之甚也）。

天性，人也；人心，機也。立天之道以定人也。（《傳》曰；人謂天性，機謂人心。人性本自玄合，故聖人能體五賊也）。天發殺機，龍蛇起陸；人發殺機，天地反覆（《傳》曰：天機張而不生，天機馳而不死。天有馳張，用有否臧。張則殺威行，馳則殺威亡。人之機亦然。天以氣為威，人以德為機。秋冬陰氣嚴凝，天之張殺機也，故龍蛇畏而蟄伏。冬謝春來，陰退陽長，天之馳殺機也，故龍蛇悅而振起。天有寒暄，德亦有寒暄德刑整肅君之張殺機也，故以下畏而服從。德失刑偏，君之馳殺機也，故奸雄悅而馳騁。位有尊卑，象乎天地，故曰：天發殺機，龍蛇起陸，寇亂所由作；人發殺機，天地反覆，尊卑由是革也。姜太公、諸葛亮等以殺人過萬，大風暴起，晝若暝。以為天地反覆，其失甚矣。）

天人合德，萬變定基《傳》曰：天以禍福之機運於上，君以利害之機動於下，故有德者萬變而愈盛，以至於王；無德者萬化而愈衰，以至於亡。故曰：天人合德，萬變定基，自然而然也）。

性有巧拙，可以伏藏（《傳》曰：聖人之性，巧於用智，拙於用力。居窮行險，則謀道以濟之；對強與明，則伏義以退避之。理國必以是，用師亦以是）。

九竅之邪，在乎三要，可以動靜（《傳》曰；九竅之用，三要為機。三要者，機、情、性也。機之則無不安，情

之則無不邪；性之則無不正。故聖人動以伏其情，靜以常其性，樂以定其機。小人反此，故下文云：太公為三要，為耳、目、口。李筌為心，神、志，皆忘機也。俱失《陰符》之正意）。

火生於木，禍發必克，奸生於國，時動必潰。知之修練，謂之聖人（《傳曰：夫木性靜，動而生火，不覺火盛，而焚其質。由人之性靜，動而生奸，不覺奸成而亂其國。夫明者見彼之隙以設其機，智者知彼之病以圓其利，則天下之人，彼愚而我聖。是以生者自謂得其生，死者自謂得其死，無為無不為，得道之理也。

中篇（富國按民演法章）

天生天殺，道之理也。天地，萬物之盜，萬物，人之盜；人，萬物之盜。三才既宜，三才既安（《傳》曰，天地以陰陽之氣化為萬物，萬物不知其盜。萬物以美惡之味饗人，人不知其盜。人以利害之漠制萬物，萬物不知其盜。三盜玄合於人心，三才靜順於天理。有若時然後食，終身無不癒；機然後動，庶類無不安。食不得其時，動不得其機，殆至滅亡）故曰：食其時，百骸治，動其機，萬化安。人知其神而神，不知其神所以神也（《傳》）；時人不知其盜之為盜，只謂神之能神。《鬼谷子》曰：彼此不覺謂之神。蓋用微之功著矣。李筌不知此文意通三盜，別以聖人、愚人為喻，何甚謬也）。

日月有數，大小有定，聖功生焉，神明出焉。《《傳》曰：日月有準，運數也，大小有定，君臣也。觀天之時，家人之事，執人之機，如是則聖得以功，神得以明。心冥理合，安之善也。李筌以度數為日月，以餘分為大小，以神氣

能生聖功神明，錯謬之甚也）。

其盜機也，天下莫能見，莫能知也。君子得之固躬，小人得之輕命《傳》曰：其盜微而動，所施甚明博，所行極玄妙。君子用之，達則兼濟天下，太公其人也。窮則獨善一身，夫子其人也。豈非擇利之能審乎？小人用之，則惑名而失其身，大夫種之謂歟？得利而亡義，李斯之謂也？豈非通道之不篤焉）

下篇（強兵戰勝演術章）

瞽者善聽，聾者善視。絕利一源，用師十倍。三返晝夜，用師萬倍（《傳》曰：瞽者善於聽，忘色審聲，所以致其聰。聾者善於視，遺耳專目，所以致其明。故能十眾之功。一晝之中三而行之，所以至也。一夜之中三而思之，所以精也。故能用萬眾之人。李筌不知師是眾，以為兵師，誤也）。

心生於物，死於物，機在於目。（《傳》曰：心有愛惡之情，物有否臧之用，目視而察之，心應而度之於內。善則從而行之，否則違而止之，所以勸善而懲惡也。李筌以項羽昧機，心生於物；以苻堅見機，心死於物。殊不知有否臧之用）。

天之無恩而大恩生，迅雷烈風莫不蠢然（《傳》曰：天以凶象咎徵見人，人能做儆戒以修德。地以迅雷烈風動人，人能恐懼以致福。其無恩而生大恩之謂也。李筌以天地不仁為大恩，以萬物歸於天為蠢然。與《陰符》本意殊背）。

至樂性餘，至靜性廉（《傳》曰：情未發謂之中，守中謂之常，則樂得其志而性有餘矣。性安常謂之自足，則靜得其志而廉常足矣。李筌以奢為樂性，以廉為靜，殊乖至道之

意）。

天之至私，用之至公（《傳》曰。自然之理，微而不可知，私之至也。自然之功，明而不可違，公之至也。聖人體之亦然。李筌引《孫子》云：視卒如愛子，可以之俱死何也）

擒之制在氣（《傳》曰；擒物以氣，制之以機，豈用小大之力乎？姜太公曰：豈以小大而相制哉？李筌不知擒之義③，誤以禽獸。注解引云玄龜食蛇，黃腰啖虎之類，為是悲哉）

生者死之根，死者生之根。恩生於害，害生於恩（生者，人之所愛，以其厚於身。太過則道喪，而死自來矣。死者，入之所惡，以其損於事。至明則道存。而生自固矣。福理所及謂之恩，禍亂所及謂之害，損己則為物之所益，害之生恩也。李筌引《孫子》用兵為生死，丁公、管仲為恩害。異哉）

愚人以天地文理聖，我以時物文理哲。人以虞愚，我以不虞聖。人以期其聖，我以不期其聖（《傳》曰：觀天之運四時，察地之化萬物，無所不知，而蔽之以無知，小恩於人，以蒙自養之謂也。知四時之行，知萬物之生，皆自然也。故聖人於我以中自居之謂也。故曰死生在我而已矣。入之死亡，比如沉水自溺，投火自焚，自取滅亡。理國以道，在於損其事而已。理軍以權，在於亡其兵而已。故無死機則不死矣，鬼神其如我何？聖人修身以安其家，理國以平天下，在乎立生機。以自去其死性者，生之機也。除死機以取其生情者，死之機也。筌不明天道，以愚人、聖人、體道愚昧之人而驗天道，失之甚也）。故曰沉水入火，自取滅亡注在上矣）。

自然之道靜，故天地萬無物生。（《傳》曰：自然之道，無為而無不為。動靜皆得其性，靜之至也。靜故能立天地。生萬物，自然而然也。伊尹曰：靜之至，不知所以生也）。

天地之道浸，故陰陽勝（《傳》曰：浸，微也。天地之道，體著而用微，變通莫不歸於正，微之漸也。微漸故能分陰陽，成四時。至剛至順之謂也）。

陰陽相推，而變化順矣（《傳》曰：聖人變化順陰陽之機。天地之位自然，故因自然而冥之，利自然而用之，莫不得自然之道也）。

是故聖人知自然之道不可違，因而制之（注在文上）。至靜之道，律曆所不能契（《傳》曰。道之至靜也，律曆因而制之，不能葉其中鳥獸之謂也）。

爰有奇器，是生萬象；八卦甲子，神機鬼藏（《傳》曰：八卦囊異之伎，從是而生。上上則萬象，下則萬機用八卦而體天，用九疇而法地。參之以氣候，貫之以甲子，達之以神機，閉之以詭藏，奇謿之蕩自然也）。

陰陽相勝之術，昭昭乎進乎象矣（《傳》曰：陰陽相勝之術，恒微再不違乎本，明之信可明，故能通乎精曜象矣）。

①《黃帝陰符經》：簡稱《陰符經》。成書時間不可確考，大抵為唐以前著作。本卷所錄為唐·張果注本，此為現存《陰符經》，注本中最早者。亦收入三家影印本《道藏》第2冊。

②李筌：唐代道教思想家，自少好神仙之道，後出仕，因受丞相李林甫排擠，辭官入山訪道，不知所終。李筌首注《陰符經》，與張果注並行於世。

③ 擒之義：原誤作。擒義之，據輯要本改正。人以虞愚，我以不虞聖，通行本作。人以愚虞聖，我以不愚虞聖「底本義勝」。期其通行本作。奇期，下同。

第四節　《周易參同契》內含中國道家內丹養生學真諦明指

本文載《第十四屆《周易》與現代化國際討論會論文彙編》

世界傳統養生文化學會創辦人之一
世界著名丹道高師吳雲青入室弟子　蘇華仁執筆
謝柳仙　蔣東青整理

中國丹道養生學，今稱之為「中國道家內丹養生學」，是古今中外大聖哲、大科學家、養生專家公認的全人類養生長壽、回春開智、天人合一的最佳法寶。

據《史記・五帝本紀》、《莊子・在宥篇》、《史記・老子韓非列傳》、《道藏》等古籍明確記載：中國道家內丹養生學，古稱「中華仙學」。大約在五千年前，始由中華民族神聖祖先黃帝，兩次登臨崆峒山向當世道學真人廣成子學得。黃帝修練中國道家內丹學之後，切實取得了養生長壽、回春開智、天人合一真實而神奇效果；為了讓千秋後世道德學問高深，與丹道有緣的大聖哲、大科學家、高道真人和一切與丹道有緣的有德者能夠學到丹道真諦，同時又為了嚴防千秋後世德薄才淺的小人學得丹道真諦，幹出傷天害理之事，黃帝特定下嚴格道規：丹道傳授下手修練功夫不准寫下

文字，只准許師徒二人單獨在場的情況下用口傳方式，秘密傳授，口口相傳，故稱口訣。爾後華夏大地流傳起古語道：「假傳萬卷書，真傳一句話」和「道不傳六耳」與「得訣歸來方看書」等。

　　有關中國道家內丹養生學理論的經典著作，在中國東漢之前，主要有《黃帝陰符經》、《老子道德經》和《太上老君內丹經》，而同時兼有中國道家內丹養生學理論與下手功夫的著作，其時尚缺，這實在令人感到美中不足。

　　至中國東漢時期，著名的中國道家內丹養生學修練家魏伯陽，為了弘揚中華聖祖黃帝開創的中國道家內丹養生學，特意將中華民族神聖祖先黃帝、老子「道法自然」規律，同時又「因而制之」自然規律，進而讓全人類達到天人合一的中國道家哲學思想，參同由黃帝、老子秘傳：被古今中外諸多大聖哲、大科學家、養生專家和各界有識之士公認為全人類養生修真至寶的中國道家養生長壽內丹學，同時參同《周易》所揭示的宇宙萬物生滅變化規律時所採用的易理卦象，三者合理有機合而為一，潛心多年著出了被古今中外大聖哲、大科家，中國道家內丹養生學修練家、外丹護生學燒練家和各界有志有識之士，公認為「萬古丹經王」的《周易參同契》。使中國道家內丹養生學和外丹燒練學理論、功夫、體用三者陶熔於一爐。

　　故中國晉代著名中國道家內丹養生學高師《抱朴子》一書的作者葛洪，提綱挈領地精闢指出「伯陽作《參同契》、《五相類》凡二卷。其說如似解釋《周易》，其實假借爻象，以論作丹之意，而儒者不知神仙之事，多作陰陽注之，殊失其奧旨矣。」

一、中國歷史上各界泰斗大多修練中國道家內丹養生之道

展開博大精深、史實確鑿的中國《二十五史》和中國大量的歷史典籍一目了然。大凡在中國歷史上大有作為的各界泰斗人物，大多渴求大道之理和渴求中國道家內丹養生學，潛心修練中國道家內丹養生學。請看：

中國政治界泰斗，我們炎黃子孫的聖祖軒轅黃帝，《史記·五帝本紀》、《史記·封禪》、《莊子·在宥篇》載：約在五千年前黃帝不遠萬里，兩次登臨崆峒山，誠心拜上古易道高師廣成子為師習練內丹養生學，壽至 380 歲仙逝，《道德》載其「白日拔宅為升」。

《史記·老子韓非列傳》載：中國思想界泰斗老子，他所著的《老子道德經》被古今中外西方各界有識之士公認為「東方聖經」。老子修練內丹養生學有大成，「壽高二百餘歲不知所終。……」為了完善和弘揚中國道家內丹養生學，老子特意著出了中國歷史上第一部內丹經典《太上老君內丹經》。

中國教育界泰斗，中國儒家祖師孔子，《史記·孔子世家》載：約在二千五百多年前，孔子不畏長途拔涉之艱辛，親自到周都洛陽恭身拜中國思想界泰斗老子為師，叩問大道之理和道家養生要旨。孔子向老子拜師後回到山東，馬上改變了他原來四處奔波、恢復周禮的人生之路，潛心修練丹道和研究《周易》。《史記仲尼弟子列傳》記載：孔子對他的弟子們弊講他平生拜師六位，老子為首位。

中國軍事界泰斗孫武子，在他所著的《孫子兵法》中，明言為將帥的重要之事是「修道保法」，有關史籍載孫子功

成身退後則隱居在故鄉「阿漯」（今山東東阿）一帶，潛心修練中國道家內丹養生學。

中國古代商貿界供奉之祖師范蠡，輔助越王勾踐建成春秋霸主之業後即激流勇退，更名陶朱公，一邊修道，一邊經商。中國近代道學名家陳攖寧曾援引圓嶠詩《江上詠范少伯》禮贊范蠡，詩中寫道：陶朱計定傾吳日，黃老功成霸越年。

中國大謀略家，身為帝王之師的張良，《史記·留候世家》載其輔佐漢高祖劉邦興漢滅秦後激流勇退、志隨丹道高師赤松子雲遊和習練中國道家內丹養生學。

中國道教創始人張道陵，《雲笈七簽》載其乃張良後裔，張道陵於丹道與道術均精通，他至 123 歲時仍四處傳道。

世界上最早發明地震預報地動儀，還發明氣象預報測定風向的風侯儀的中國大科學家張衡，《後漢書·張衡傳》和《四川總志》載其乃是中國道教創始人張道陵之長子，他發明的地動儀和渾天儀與風侯儀、《黃帝飛鳥曆》是在黃帝和老子的道家思想指引下完成的。

中國書法界書聖王羲之，《晉書》載其「五世奉道」，他本人自：幼慕道，年長則與道士許邁常優游林下，共修丹道。中國《易學》泰斗陳摶，《宋史·陳摶》載其潛心修道，高臥華山脈，上古黃帝，老子之遺教，開後世丹道易道之師風，壽至 118 歲蛻化於華山張超谷。

中國武術界武當派祖師和太極拳宗師張三豐，武術與丹道均精，他所著丹道名篇《無根樹》，寓意深廣，飲譽古今。據研究張三豐的史學家、太極拳與丹道修練家研究結果，張三豐的壽命至少在二百餘歲時而不知所終……

中國佛教界大德高僧、北魏著名法師曇鸞、佛教天臺宗

三祖慧思，慧眼深識中國道家內丹養生學乃養生長壽至寶，故師事內丹道功大師陶弘景學習內丹道功並潛心習練於佛門之內。

時至今日，世界科技進入西方實驗科學加東方古代科學（有人稱之為東方神秘主義）；進行綜合研究以期望新發展之際，中國道家內丹養生學益發受到有識之士推崇，英國皇家學會會員，世界著名科技研究專家李約瑟博士在其世界名著《中國科技史》中精闢指出：「中國的內丹成為世界早期生物化學史上的一個里程碑。」

世界著名生物遺傳學家牛滿江教授，因科研日繁導致身心俱衰，後來他於 1999 年來到中國北京向中國道家內丹功華山派十九代傳人邊治中先生習練道功後身心碩健，他連連稱道：「養生秘術，千真萬確，千真萬確。」並且深有感觸地說：「我習練這種功法受益非淺，真誠地希望此術能在世界開花，使全人類受益。」

綜上所述，可見中國道家內丹養生學古今中外飲譽之高，故古來素有「朗朗乾坤，獨尊內丹」之謂。

本文第一章節中所提及的在中國歷史大有作為的各界泰斗人物，大多渴求大道之理與中國道家內丹養生學，其奧妙何在，奧妙就在於他們站在高文化素養的基石之上，深刻的理解中國道家內丹養生學依據天地人與萬物變化規律科學創立，故其治病強身，健身開智，養生長壽，天人合一，掌握生命密碼，超越生命之功效真實而神奇。

反過來看：中國歷史上各界泰斗人物之所以大有作為，取得成功，其奧妙就在於他們習練了中國道家內丹養生學。

這是歷史事實，這是歷史的結論。同時歷史還啟迪我們：中華民族神聖祖先黃帝、老子秘傳中國道家內丹養生學

是全人類康壽超凡，掌握生命科學達到天人合一的最佳法寶。

二、中國道家內丹養生是全人類養生益智天人合一的最佳法寶

　　學習《周易參同契》內含中國道家內丹養生學在我國和古今中外的發展史：大量修練者取得真實神奇效果的大量史實真誠地啟迪後人：中國道家內丹養生學，千真萬確的是全人類達到養生長壽、回春開智、天人合一理想境地的最佳法寶；同時，古今中外大量高人求道、得道的史實也啟迪我們：大道難得，得道真人不易逢……，故張三豐祖師辭官別親，雲遊天下長達數十年，歷盡千辛萬苦後才在終南山中，拜得華山陳摶老祖親傳弟子火龍真人為師，學得《周易參同契》內含中國道家內丹養生學真諦。因為中國道家內丹養生學是中華民族傳統文化寶庫中最寶貴之寶，他需要修練者先拜得明師，求得千古傳之秘訣，然後在明師輔導下才能讀懂丹經秘訣，弄通《周易參同契》內含中國道家內丹養生學真諦奧秘，故古語道「得訣歸來方看書。

　　中國宋代中國道家內丹養生學南宗祖師張伯端談學習丹道之難曰：「饒您聰明過顏閔，不遇明師莫強猜。」張三豐祖師在談到學習《周易參同契》內含中國道家內丹養生學經驗時寫道：「勸賢才、莫賣乖、不遇明師莫強猜。」同時寫道到他雲遊天下數十年求道之難，而後「在終南山拜得火龍真人為師，才學到《周易參同契》內含中國道家內丹養生學真訣時道：落魄江湖數十秋，逢師咬破鐵饅頭。」

　　何為得道明師？中華民族神聖祖先黃帝在《黃帝內經》中明確告訴我們：「上古知道者……度百歲乃去……。」顯

而易見：真正得道明師高師是因修練《周易參同契》內含中國道家內丹養生學已修成「年逾百歲猶童顏」者。

三、《周易參同契》內含中國道家 內丹養生學眞諦綱要明指

筆者為探求《周易參同契》內含中國道家內丹養生學真諦，先後十多年間雲遊於神州大河上下、長城內外、長江南北的名山上、道廟裏、佛寺內，千尋百尋難見到「年逾百歲猶童顏」的得道明師蹤影，正在傍徨無路可走之際，忽思得「大道在深山」之古語，猛然有所悟隨即邁步神州莽蒼蒼的深山之中，經得不少辛苦悲歡離合……嗚呼！蒼天不負有心人，終於拜得六位丹道明師，真正精於《周易參同契》內含中國道家內丹養生學真諦。這六位丹道明師，其中四位因潛心修練丹道獲得年逾百歲猶童顏之效。他們分別是：

1. 中國陝北青化寺佛道雙修長老、中華聖祖黃帝、老子秘傳中國道家內丹養生學 160 歲傳師吳雲青。吳雲青老人於清道光十八年（西元 1838 年）臘月生於中國中部鄭州市西鄰的歷史文化名城滎陽，1998 年 9 月坐化於舉世聞名的《周易》發源地中國古都安陽，其平生傳奇事蹟分別見於《人民日報》1980 年 9 月 10 日四版，中國《新體育》雜誌 1980 年第七期，中國中央電視臺 2002 年 8 月「旅遊衛視」專題節目。

2. 中國陝西終南山百歲道長李理祥。（其聖照刊於 1992 年 9 月 10 日《科學晚報》）

3. 中國河南泌陽白雲 117 歲道長唐道成。（其事蹟載於 1980 年 10 月 8 日《河南日報》）

4. 中國青城山紅廟子道觀 122 歲道長趙百川。（其事蹟載於 1998 年第七期《中國道教》）

另外，兩位年逾古稀之年身心猶健的丹道明師分別是：

1. 中國道家內丹養生學華山派十九代傳人邊治中，道號邊智中。（其事蹟載於 1982 年 4 月 4 日香港《明報》和同年的《世界日報》與《人民日報》等海內外多家報刊。）

世界著名生物遺傳科學家美籍華人牛滿江博士，1982 年 2 月特意從美國來到中國北京拜邊治中道長為師，習練中國道家內丹養生學華山派道功。因牛滿江博士習練內丹道功後身心短時間回春，故而他以大科學家高文化水準，經過科學研究後，於 1982 年 4 月 4 日在香港《明報》上發表文章：確認內丹道功是「從增加生命之源入手，是細胞長壽術，人體生命科學……」而後，牛滿江博士又向全人類推薦該功法道：「我習練這種功法受益非淺，真誠希望此術在世界開花，使全人類受益。」

2. 中國道家內丹養生學龍門岔派金山派丹道傳人、中國古都安陽三教寺內、中國儒釋道三教養生秘功合修的高師李嵐峰，法名性昆，其真實而神奇的事蹟流傳於古都安陽民間和宗教界與武術界。

本文闡述《周易參同契》內含中國道家內丹養生學真諦，均依據上述六位丹道明師口傳秘訣而成文。

上述六位明師口傳《周易參同契》內含中國道家內丹養生學具體修練下手功夫。共分九階，即俗謂之「九品蓮，古稱「九轉還丹」。此九品之功法，內蘊性命雙修之大法。為使眾明師指教時簡便，筆者今擬用白話，不帶冗繁之論，將其功法真諦綱要概述如下，正可謂「大道不繁」矣。

一品練己：性如灰，心掃雜念；

二品築基：止善地，固住本源；

三品按爐：採大藥，文烹武練；

四品結丹：在柢樹，兩大中懸；

五品還丹：過崑崙，降落會晏；

六品溫養：玉靈胚，也得三千；

七品脫胎：鬚眉頂，嬰兒出現；

八品懸殊：並六道，妙哉難言；

九品還虛：九載功，丹成九轉。

「九品」內丹功法真諦綱目如上，試解釋之於下：

一品練己功法「其要在練性」。性功乃命功之基，性命之繫，恰如諸葛亮所言：「性也，命也」。性功主要是將自身後天之識神「返回先天之元神」現出自身之本來之性。

練好性功至為重要。而練好性功之途徑，古來雖也靠明師口傳之訣，但要修練成功則主要靠自身：潛心實練。故務需習練者師乎造化、法乎自然，誠心以修道德（躬身以歷世事，博覽古今中外群書，廣參世間萬事學問，習練者達到功德才智量五德兼備，進而方可真正達到視功名利祿與塵緣世事如浮雲）對自身及身邊之天地有一個客觀、真實、科學、辯證的認識和善於處理之法。看待萬物能俯視宇宙，觀空不空。胸襟博大，能陶熔古今，最終達到參透世事，自身與天地合一，識神泰定，元神顯明，處世能「依乎天理、固其自然」，「揮斥八極，神氣不變」。（莊周語）

二品為築基，此乃命功築基之大法。其目的主要是將後天之元氣返回先天之元氣，以為採取元精做好準備。在一品性功練好之後，方可進行築基之功的習練，因築基屬命功之基，古來主要靠明師口傳，特別需靠習練內丹成功之明師言傳口授之口訣習練之！故需習練者誠心誠意，千方百計求得明師口傳之真訣。

築基功以己性止善地（即真正之玄關竅）於子午卯酉四

時，按師傳一定之法，一定之度，一定之數精心、潛心修練之，以達到可隨時（即活子時）將自身的後天之氣返回先天之氣。

三品為按爐，此為命功（修練元精）之首，習練者務須在自身先天元氣浩然盈足的基礎上，配以先天之元神，和以自身甘露，以文武火烹練於丹田之內，以為結丹做好準備，三品功法務需因勢按一定度數，在丹田之內留下清氣，去掉濁氣，將體內丹爐按穩，以便採藥結丹。

四品結丹，其要在按爐已妥的基礎上，將自身中的元精、採於身內兩大中懸的抵樹（即丹田之爐內）隨即和以先天之元精，配以先天之元氣，然後將已採於丹田內的元精化為氣結為丹，然後進行還丹。

五品為還丹，四品功確練成之後，可進行還丹之功五品之功的習練。還丹之功，仍需以先天之氣吹動四品功夫所練之丹，沿自身先天之路線，按明師所傳的特殊功勢，速將所結之丹過崑崙落會晏。此功如確練好、精氣神三位一體凝成的丹。過崑崙落會晏時確實可聽到鳥語啾啾，天籟聲聲；聞到花香陣陣，異香撲鼻……

六品溫養，五品功確練成之後，可練六品溫養之功，溫養之法，其要在文火溫養，即以先天之元氣，按一定之度數，將所練之丹細細的慢慢的溫養之，因還丹之功需適時急速行功，故練溫養之功時需全身精氣神放鬆，歸於自然而然。

七品脫胎，六品功成之後，方可行七品之大功，因一般人難以修練達此境地，故本文謹簡述如下，此步功效甚大，僅言其中之一效為習練者自身逐漸返呈出嬰兒時模樣……

八品懸珠，七品功確練成之後方可行八品之功，八品之

功效又高於七品，進入八品之功效者人更稀，故謹舉其中功效之一斑以示人，八品之功效之一是雙目呈碧蘭色，精光射人……

九品還虛，九品功法之效比之八品，真可謂更上一層樓台，習練者如真能將其習練精，則人與天地化為一，功德才智量五德兼備也，其功用難以估量也。

上述內丹九品功法，乃筆者依據習練《周易參同契》內含中國道家內丹養生學道功已成功之明師口傳秘訣大要寫成，其功效合於自然，但海內外諸賢慎勿照本宣科習練之！！因古來修練內丹者均需得真正的明師口傳其訣後方可行之。

為便同道以辨真偽。於丹經道書，今試略舉數本以薦君：黃帝著《陰符經》，老子著《道德經》、《太上老君內丹經》，陳搏著《指玄篇》，尹真人之弟子著《性命圭旨》，漢鍾離權、呂洞賓著《鍾、呂傳道集》、《試金石全旨》，張三豐祖師著《丹經秘訣》等書，上述諸書讀熟後，可明瞭性命雙修之真意，但古來書中不會有行功之訣，如欲學得口傳之訣，仍需不折不撓，克服種種磨難，學得《周易參同契》內含中國道家內丹養生學之真訣，訪明師務需先辨其真偽，真明師功德自厚深，細訪之自明；二查其功果真假。真明師其狀貌形神兼備，舉止迥異，功德超群，道貌岸然。年壯者其貌碧眼豐頷，歷年如松柏，年逾古稀者氣色如童初，年逾百歲者則體健似嬰兒……

末了，囉嗦一句：本文所述《周易參同契》蘊含中國道家內丹養生學之道，雖為大要，確為真諦，此確已明白內丹之名師，一看便知，無需多言，余之拙文，正欲盼此類明師賜教之也。

通訊位址：中國廣東省博羅縣長寧鎮羅浮山沖虛觀東坡

亭道易養生院
　　手機：13138387676
　　中國河南安陽機場南路藍天小區中二排二號
　　電話：0372——29251313
　　電郵：Sudao69@163.com

第五節　《周易參同契》
内含道家内丹學醫療康復原理

——第十六屆《周易》與現代化國際討論會文集

世界傳統養生文化學會　蘇華仁（執筆）

劉建峰　　蘇小黎　　蘇　明（整理）

（一）中國傳統道家養生長壽內丹學
古今公認全人類生命科學精華

　　目前，世界科技進入以西方實驗科學加東方古代科學（或稱之為東方神秘文化，其內容主要指中國傳統科學和中國傳統道家內丹養生長壽學、《易經》、中醫和印度之瑜伽等）進行綜合研究，以求人類科技及其生存空間新發展的大趨勢。而以《黃帝陰符經》、《老子道德經》、《易經》為理論基礎，中醫辨證施治之法為法的中國傳統道家內丹養生長壽學，古今中外公認為全人類生命科學精華。

　　古者，中國東漢魏伯陽參同《黃帝陰符經》、《老子道德經》內含中國道家哲學、中國道家內丹養生長壽學和《周

易》之理著出《周易參同契》。書中闡述和包藏中國傳統道家養生長壽內丹學秘旨。被古今中外練丹家譽為「萬古丹經王」；今者，世界著名的英國皇家學會會員李約瑟博士，極為推崇中國傳統道家內丹養生長壽學，他在其舉世聞名的長篇巨著《中國科技史》一書中精闢地指出：「中國的內丹成為世界早期生物化學史上的一個里程碑。「海內外聞名的中國當代著名大科學家錢學森，在《論人體科學》一書中，明確指出：「結合科學的觀點，練功，練內丹。西方生命科學家則將中國傳統道家內丹養生長壽學確立為「生命再造工程」並加以研究。

綜上所述：可見中國傳統道家內丹養生長壽學在古今中外地位之高。從中華易祖伏羲「遠取諸物，近取諸身」畫先天八卦，開創中國傳統道家內丹養生長壽學功理之先河算起，至今已約計有七千年歷史。七千年來，中國傳統道家內丹養生長壽學，主要在中國文化層次高階層中流傳。諸如廣成子、黃帝、老子、姜太公、周文王、孔子、孫子、鬼谷子、黃石公、張良、張道陵、張衡、王羲之、葛洪、孫思邈、鍾離權、呂洞賓、張果老、陳摶、張伯端、張三豐等傑出人物中代代相傳和中國儒釋道教內高層次人士中秘傳。其主要功用重在修真成仙天人合一和養生長壽益智諸方面。

時代發展至今日，隨著世界性研究中國傳統生命科學熱潮的興起，特別是隨著中國道家養生長壽內丹學之「性命雙修」，來提高人身心素質和功能為宗旨的現代「第四醫學「與現代整體醫學的創立和興起，作為古今中外公認為：中國傳統生命科學之核心的中國傳統道家內丹養生長壽學，才開始從中國文化高層次中的教內漸漸流傳於世，被人們應用於養生康復和醫療科研等方面。

（二）中國傳統道家內丹養生長壽學功效舉世矚

　　由於中國傳統道家內丹養生長壽學醫療與養生長壽益智效果十分明顯，故一公諸於世便轟動世界。據新華社、《人民日報》、《世界日報》、《中國人體科學報》等報刊報導，近年來特別引入注目的功法有兩種：其一為中國青化寺長老，今年已逾百歲猶童顏的吳雲青老人，所掌握的源於中國伏羲先天之理、集大成於中華民族神聖祖先黃帝、老子秘傳的中國道家內丹養生長壽學靜功。1980 年 9 月 10 日《人民日報》四版報導：「吳雲青出生於清道光 18（戊戌）年臘月，（即 1838 年 12 月）原為青化寺長老，現為人民公社社員。他雖然已經經歷了一百四十二個春秋，仍精神矍鑠、步履穩健。」本文作者係跟吳雲青老人修練丹道多年的入室弟子，今執筆將師傳內丹道功秘訣大要寫成本文。1991 年 11 月 10 日，作者被應邀作為特邀代表參加了「中華自然療法首屆國際學術大會」。該文在會議上宣讀後引起海內外專家學者的高度重視，同時海外專家代表團特邀作者進行講學並隨其代表團一同遊學。

　　關於吳雲青老人的事蹟，中國《體育報》1980 年 9 月 12 日頭版，《新體育》雜誌 1980 年第 7 期、《長壽》雜誌 1980 年第一輯等海內外多家報刊曾先後從不同角度作過報導。

　　其二是中國道家華山派內丹道功第十九代傳人邊治中（道號邊智中）先生，於 1981 年披露於世的中國道家內丹養生長壽學動功功法。邊治中先生當時為避個別人斥為封建道術，將其稱作「中國道家秘傳養生長壽術」而面世。由於該功法為中國道家華山派鎮山之寶，其功理高深而功效神奇，

其功法易學而從未出偏。故一問世，旋即贏得海內外各界人士的一致讚譽，為此《人民日報》1984 年 4 月 4 日報導：「舉世聞名的生物學家牛滿江教授，認為北京虛道士邊治中所傳華山道功固元強身法，確實符合科學原理，因此他向邊治中學習強身長壽法。」牛教授習練該功法後，身心狀況日佳，他深有感觸地說：「健身秘術，千真萬確」並用中、英兩種文字題詞：「願邊治中先生宣導的生命在於運動的中國古代養生長壽之法，為全人類健康長壽造福。」而後，牛教授自任名譽會長，邊治中先生任會長，與諸同仁於 1985 年 7 月 1 日在北京成立了「中國古代養生長壽術研究學會」。緣於本文作者誠拜邊治中先生為師學習華山道功，故被邊治中先生委任為該會副秘書長。

1981 年以來，由於《人民日報》、《世界日報》、中國《體育報》等國內外數十家報刊，刊登了該功法治療各種疾病的大量病例，所以國家已於 1986 年將該功法列入「七五」規畫重點項目，撥資讓山東中醫藥研究所進行科學研究。在中國古代養生長壽術研究學會科研部長，該所中醫研究所主任靖玉仲教授的率領下，經過嚴格的科學研究，其所取得的該功法改善血脂、血糖、血清、胰島素水準的科研成果論文，已被國家有關科研部門確認，該功法改善甲皺微循環的科學研究成果，已載入由全國人大常委會副委員長周谷城題寫書名，邊治中先生編著、中國農村讀物出版社 1988 年 3 月出版的《中國道家秘傳養生長壽術》一書中。

（三）中國傳統道家內丹養生長壽學的醫療特色

本文作者為探求中國傳統道家內丹養生長壽學之秘訣，二十餘年足跡半神州、拜得當代多位功成身退、樂隱山林、

年逾百歲猶童顏的老師和年逾古稀、壯如中年的老師多位，方學得中國道家內丹養生長壽學的秘訣。本文上述吳雲青老人、邊治中先生為其中兩位。

為探索中國傳統道家養生長壽內丹功的醫療原理和醫療效果，作者先後在中國國內各地（包括香港與澳門地區）和新加坡、馬來西亞將中國傳統道家內丹養生長壽學應用於養生與醫療方面，所用之功法，主要是吳雲青、邊治中兩位老師口授之秘功，其間取得了顯著效果，為增強其科學性，本文作者均讓患者自己如實的填寫養生醫療效果登記表，大量登記表明，中國傳統道家內丹養生長壽學其其醫療特色如下：

甲：醫療病域廣

古諺云「學會內丹功，萬病皆化空。」大量事實表明：由於中國傳統道家內丹養生長壽學主要由傳授秘功讓患者自己「內練自身精氣神，返還自身精氣神」，因而被西方科學家稱之為「生物回授」與「生命再造工程」。故其對絕大多數慢性疾病和疑難雜症均有不同程度的明顯療效及輔助療效。

乙：醫療效果快

由於中國傳統道家內丹養生長壽學抓住了改善人體之元精（即生殖細胞的去氧核糖核酸），元氣（即多肽一甾體）、元神（即源人的無意認本能即丘腦的活動），這三者是體現丘腦垂體——靶腺先天調控的物質基礎，乃人生命之本，故其療效迅速。

丙：醫療效果鞏固

由於中國傳統道家內丹養生長壽學主要從根本上改善人身之元精、元氣、元神的質與量，同時強調精氣神三者之間

的相剋與相互協調，從而達到改善全身各器官機能，故其療效自然會鞏固。

丁：醫療無副作用

由於中國傳統道家內丹養生長壽學，主要靠讓患者自身練功鍛鍊以治療各種疾病，一般不對患者施放外氣和通過施放意念力治病，故而不會出偏。

戊：具有醫藥不能比擬的獨特效果

中國傳統道家內丹養生長壽學，主要靠讓患者自己練功，一般不使用藥物，故患者無痛苦，且所費經濟實惠。

（四）中國傳統道家內丹養生長壽學的醫療原理

中國傳統道家內丹養生長壽學的醫療原理本於《黃帝陰符經》、《黃帝內經》、《老子道德經》和《易經》。中國傳統道家內丹生長壽學醫療理論與中醫理論相通，中國傳統道家養生長壽內丹學的醫療觀念與現代整體醫學為一，中國傳統道家內丹養生長壽學的醫療機制與現代第四醫學相契。為闡述方便，擬要而論之如下：

甲：中國傳統道家養生長壽內丹學的理論基礎

中國傳統道家養生長壽內丹學的理論基礎《黃帝陰符經》、《黃帝內經》、《老子道德經》和《易經》與《周易參同契》，故其醫療原理也與上述《黃帝陰符經》、《黃帝內經》、《老子道德經》、《周易參同契》為本。以萬物陰陽相剋、相搏相契為其哲理核心，從而揭示出宇宙最根本的規律對立統一辯證規律，並從中發現了達到陰陽相對平衡的基礎；中國傳統道家養生內丹學依所據上述哲理，並依據人體生理機制，由內練自身精氣神，返還精氣神，從而達到自身器官與功能的最佳狀態和相對穩定，具體是指陰陽對立面

的統一與相和。因陰陽對立面的統一是天地人大化的開始，《周易》稱之為「大和」。「大和」，乃保持住了陰陽合理適度的結合，因為只有保持住了陰陽對立面合理適度的結合統一，萬物的生命和屬性才能持久而不夭折。人的呼吸、體溫、血壓、脈搏、飲食、便量、血液中電解質的含量、紅白血球以及血小板的數目、出凝血的時間、睡眠臨床病例實踐表明：習練中國傳統道家內丹養生長壽學是使人體上述各部分，達到正常值的最佳最有效的方法之一。

乙：中國傳統道家內丹養生長壽學與中國傳統養生與醫療理論

中國傳統道家養生長壽內丹學與中醫理論源於《黃帝內經素問》和《周易》，故其醫療效果相通。《黃帝內經素問‧靈樞‧經脈》云：「人始生，先成精，精成而腦髓生，骨為幹，脈為營，筋為剛，肉為牆，皮膚堅而毛髮長。」《黃帝內經素問‧金匱真言論》：「夫精者，身之本也。不言而喻：人乃精構成，精足則人健康，精虛則生各種疾病，精脫者則人死。」故中國傳統道家內丹養生長壽學以練人身之精為養生與療疾的第一大方略。

《黃帝內經素問‧陰陽應象大論》云：「精化為氣」。其明確指出：精乃氣之本、無精則無氣。《黃帝內經素問‧寶命全形論》：「人生於地，懸命於天，天地合氣，命之曰人。」《老子》曰：「氣變而有形，形變而有生。」上述二論又闡明源於精的氣乃人之命、人之形的重要物質基礎。故中國傳統道家內丹養生長壽學將習練氣為養生與療疾的第二大方略。

《黃帝內經素問‧靈樞‧本神》云：「凡人所生者，神也，所托者，形也，神大用則敝，形神離者死。」此明言：

源於精的神在人身的重要地位。故中國傳統道家內丹養生長壽學以練神為養生與療疾的第三大方略。

上述中國道家內丹養生長壽學養生與療疾三大方略的總綱，是讓人們的生活方式「道法自然」規律，因為人是天地人大自然萬物化合而成的。

中國道家養內丹生長壽學的功理功法的主要經典《黃帝陰符經》中綱領性的指出：「聖人知自然之道不可違，因而制之。同時指出人的生活方式要順乎自然規律，做到『食其時、百體骸治，功其機，萬化安。』」

《老子道德經》中指出：「人法地、地法天、天法道、道法自然。」同時指出：人的生活方式要「返樸歸嬰」，強調人只有返樸了，才能「復歸於嬰兒」。才有希望達到「長生久視」的理想境地。所以要求習練中國道家內丹養生長壽學者的生活方式一定要「道法自然」規律，其具體做法如下：

1. 早睡早起：切實做到，跟著太陽走「日出而作，日落而息。」

2. 勤勞樸素：勤於勞動，勞逸適度，生活儉樸，回歸自然。

3. 行善吃素：為人處事，行善為本，食素蛋白，嚴禁食葷。

4. 志效聖哲：濟世益人，精進不已，天人合一，壽齊天地。

5. 大和生萬物：與天合一，與地合一，與人合一，與宇宙萬物合一。

丙：中國道家內丹養生長壽學與現代整體醫學

現代整體醫學自本世紀七十年代首先在美國興起。而後波及全世界。當今之中國，隨著西方科技的進一步傳入，醫

學觀念和模式的轉變，人們健康意識和大眾衛生觀念的增強，中國古代的整體觀思想與現代醫學科學技術成果的交融普及，加速了人們整體健康思想的確立，從而更喜歡融合東、西方科學精華的醫學觀念與醫療方法。而中國傳統道家內丹養生長壽學，恰是以中國傳統整體觀思想為指導而又與西方現代整體醫學相符的科學醫療方法。

中國傳統道家內丹養生長壽，不但將人身之各器官及控制各器官運動的中樞神經當作一個整體來認識，而且將人與大自然之關係從整體上加以充分的認識，故而很早便提出「人身小天地，天地大人身」之說，故其用於養生與醫療方面，不但特別強調人體各器官之間的辨證關係，而且同時強調人與大自然之間的協調關係，其很早便提出的關於天地人合一的觀點，其對「天生天殺」，人與大自然對立統一的辨證關係的充分認識，現代科學與現代醫學的不斷發展，越來越證明其具有嚴謹的科學性，實用性。

丁：中國傳統道家內丹養生長壽學與「第四醫學」

眾所周知，「性命雙修」是中國傳統道家內丹養生長壽學數千年來的一貫主張。是習練內丹養生之道時必具的基礎。中國當代大科學家錢學森近年來首先提出了建立「第四醫學」，他在《中國氣功》雜誌1989年第4期上發表的《從「性命雙修」到第四醫學》一文中指出：第一醫學是最先有的，是治病的醫學，第二醫學是以後有的，是防病醫學；第三醫學是最近發展的，是康復醫學……；第四醫學不是直接對付疾病的，第四醫學是，性命雙修，來提高人的功能狀態，人的功能狀態提高了，人的潛在能力發揮出來了，人的素質將提高到前所未有的的高度……

「自然，第四醫學的工作是開創的，困難很多，但同道

們認識到這是把人的素質提高到新水準的偉大事業，也就有了勇氣和決心了。現在，是二十世紀進入二十一世紀的時刻，古老的「性命雙修，將昇華為第四醫學……。」錢學森關於第四醫學的科學而宏偉的論述，表明中國傳統道家養生長壽內丹學的科學價值是無量的，中國傳統道家養生長壽內丹學習練者與研究者肩負的歷史使命是光榮而艱巨的，前途是光明的。

第六節　中國道家內丹養生主要傳師金母（西王母）丹訣初探

——中華首屆自然療法國際討論會論文

蘇華仁（執筆）

蘇華社、劉裕明、楊占江、劉玉榮（整理）

　　在中國，古來精於先天內丹道功的高道，多有敬金母並習練其所傳內丹道功者。如新近學術期刊出版社影印重版的《性命法決明指》的作者、道教龍門派教處秘傳千峰派的創始人趙避塵及其兄趙魁一。趙魁一在其所著《三字法訣經》中寫道：「要學道，憑指教：……天地中、玄關竅：十字街、老母教……」趙避塵大師注云：「老母即瑤池金母，乃先天氣化生；（仙佛綱鑒）云諸佛祖之母也，吾人也是他子女。」但金母究竟為何人？其生活於何時代？其在我國先天內丹道功中的地位及師承流派究竟如何？金母所傳的內丹道功究竟如何？上述二位大師在文內未提及。

為溯其本源，益於我國先天內丹道功的研究與發展之業，筆者不顧才疏學淺，先後於民間、於深山、於寺觀拜訪明師數十位；查閱了大量的有關書籍，收穫頗豐，基本上弄清了上述幾個問題的脈絡，今特將其所得寫出，題名曰初探，以就教於海內外諸明師。

一、金母簡歷初探

據南朝梁陶弘景《真誥·甄命授》載：「昔漢初有四五小兒路上畫地戲。一兒歌曰『著青裙、入天門，指金母，拜木公。』時人莫知之，唯張子房知之，乃往拜之。（子房）曰：『此乃東王公之玉童也，所謂金母者，西王母也；木公者，東王公也，仙人拜王公揖金母。』」於此可知有二：其一，金母即西王母。其二，金母至晚在戰國時，世人已有聞之名者，因張子房生於戰國，建功於秦、漢之間。

查《玄門日誦早晚功課經》，晉朝高道葛洪在談及《太上老子清靜經》流傳始末時，曾言他所誦傳的《太上老子清靜經》曰：「吾者受之於東華帝君（即漢時道祖王玄甫），東華帝君受之於金闕帝君（即民間和道家所謂的玉皇大帝）。金闕帝君受之於西王母。」據此可知：《太上老子清靜經》及《內丹道功夫經》《玉皇心印妙經》等先天丹道的上乘典籍即與西王母有源。又據《大乘捷要·道教源流譜》載：「太上老君之後，東華帝君王玄甫之前為金母，又載金母將伏羲所演太極八卦、先天之靈文及老君所傳，復性立命大丹之秘旨，默授於青州王玄甫，及道成後金母賜號為東華帝君。東華帝君於本朝（指東漢）桓帝丁酉年，傳道於正陽祖師鍾離權……」據上書可知：金母為先天內丹道功的大祖師，他在中國道家內丹養生道功發展史上，起著極其重要的

作用。

又查《史記・大宛列傳》引《禹本紀》：「崑崙其高二千五百餘里，其上有醴泉瑤池。」《穆天子傳》卷三：「天子觴西王母於瑤池。」再查《淮南子・覽冥訓》內有羿請不死之藥於西王母、嫦娥竊以奔月。」《海內北經》有：「西王母梯幾而戴，其南有三青鳥，為西王母取食，在崑崙虛北。」據上述諸書，我們初探金母身世，擬得出如下幾點：

一：金母、老母、西王母實即一人：因其位於崑崙山瑤池之上，故古來也有稱之謂「瑤池金母」。如本文之前千峰老人趙避塵所稱。

二：金母，為我國上古時代先天內丹道功界的大祖師，故《仙佛綱鑒》稱其為「先天氣化生，諸佛祖之母也。」

三：我國先天內丹道功大師王玄甫、張子房、鍾離權、呂洞賓等之丹道功法，均與金母有師承關係。

四：從趙魁一大師著於民國年間《三字法訣》一書看，金母之先天內丹功法，在我國近代仍起著不可估量的作用。

五：從古之王玄甫、張子房、鍾離權、呂洞賓，今世之趙魁一等大師，忠行金母所傳先天內丹功法皆證正果看，金母為中國道家內丹養生重要傳師之一，其所傳功法為中國道家養生之道上乘之大法無疑。

二、金母所傳內丹功法初探

中國道家內丹養生功的發展史，無可辯駁地表明：金母所傳內丹功法為上乘之大法。筆者為探中國先天內丹道功真諦，先後於大河上下、長江南北的名山上、寺觀內、深山中、荒野間：鬧市裏、陋巷處拜訪明師數十位，其中確明其真諦者約十數位，遵其法今已修練成功，年逾百歲或近百歲

功德超群而鶴髮童顏、體態健如嬰兒者有五位。其中專修老子金母所傳內丹功法者三位，他們分別是吳雲青、崔吉書、張昌賢。本文初探金母內丹功功法，依據上述三位老師口傳之秘訣大要而成文。

上述三位明師口傳金母內丹功法共分九階，即俗謂之「九品」，此九品之功法，內蘊性命雙修之大法。為使眾明師指教時間簡便，筆者今擬用白話，不帶冗繁之論，將其功法概述如下，正可謂「大道不繁」矣。

編註：以下「九品」解說，與前述相同，請參閱 360 頁～364 頁，不再排入。

附注：本文宣讀於 1990 年 11 月在中國成都召開的首屆自然療法國際討論會，曾引起海內外諸多高師之重視。

第七節　世界各地道理家內丹練功效果案例

道家秘傳內丹養生長壽學自古以來是道家，養生學家，中醫學家的心血精華。不論是男女或老或幼，無病者或長期患病者或患慢性病者；都要堅持練習和有信心，根據以上的介紹方法學練，短期內即可初見成效，練功時間愈長，效果就愈加顯著。

老師蘇華仁學功歲月長久，對內丹動功體會深奧，並精心創新完善細節，使到它更容易產生效果，並發心推廣內丹功。老師在國內不少省市，都有傳授內丹動功。而在 1995 年後亦到現代，及東南亞各地傳授內丹動功；現時更特別在華

南及現代，積極推廣此內丹動功，目的是在助病患者恢復健康。以下是老師在現代傳授功時，習練者一些個別的體驗及報告。

內丹功——重燃失去的光彩

2003 年 9 月，葉慧然（女）

由開始習內丹功初班至今還不足一年，身體各部分的機能竟然在不知不覺中改變過來，真是令人難以置信！

自從二十多年前開始，我就患上了嚴重失眠和抑鬱症，加上當時的工作壓力極大，隨之而來是神經衰弱和其他慢性疾病。體重驟然下降，最差時下到一百磅；縱使努力地吃各種肉類（當時以為是最有營養的食物），無奈偏低的體重依然持續多年，體重仍沒法增加。那時吞安眠藥，是唯一可幫助入睡的途徑。但亦令我在白天無法集中精神工作，腦袋總是脹脹的，連記憶力也明顯的退步。傷風感冒好像永遠揮不去似的。

最令人尷尬的倒是：如站著打噴嚏，尿會不自律地流出來。看來腎臟功能已被失眠帶來了影響而傷害了。

每當夜深人靜，人人憩睡之際，自己卻輾轉難眠，唯有以淚洗面。偶爾依稀睡著了，總是從惡夢中驚醒，滿身是汗。淡汗水由髮根至腳底湧出來，身體在被窩中不斷發抖。所以每晚都要多放一套睡衣和毛巾在床邊，方便更換。失眠又造成便秘、胃消化和小腸納受等出問題。即使對著山珍海味也無法咽下。一旦遇上難題無法解決時，就會出現心悸，手震，氣促，體力每況愈下。那時候連過行人天橋和乘電梯也沒有勇氣，腦海充滿幻覺。

如此種種，精神疲倦不堪，情緒曾一度陷於谷底，差點兒踏上自殺之路。每遇到朋友必問是否生病，為何顏容如此

憔悴。如不是親身經歷過失眠所帶來的身心痛苦和折磨，旁人是沒法理解的。幸好那時候經濟條件還不錯，可以應付不斷求診的費用，看中西醫、見心理醫生、接受催眠、推拿治療等等……可惜失眠依然沒法改善和解決。脾氣逐漸變差，有時一發即不可收拾。

後來，在朋友之建議下，開始作適量的運動。經過一段日子後，身體好像慢慢地有所康復過來。

自此以後，對日常生活，飲食的規律和習慣，就特別的注意；但由於身體的體質偏弱，失眠始終沒法治癒，只是相較下不比從前的壞。睡時總的花上三、四小時後方能入睡，幾乎每每到天亮時才引發睡意。

隨著年紀漸長，更年期的症狀開始浮現。每月僅花在營養品上的費用就不菲，對健康但總覺有力不從心之感。遇上天氣轉變時，風濕關節脹痛無比；凍冷季節裏，皮膚和喉嚨更加乾燥痕癢。心裏有著說不出的恐懼感，深怕不久的將來就快要變成一位老太婆了。

奇怪的是：自從學習了內丹功後，體質好像改善了。最初的感覺是很輕微的。經過持續練功一段日子後，和以往的情況相對比較下，才驚覺到一些曾經費盡心思也醫不好的，竟然在不知又覺中消除了。好像入睡容易啦，夜尿由頻密漸漸改變成為一次或無了；已習慣了每天早上練功前排便，腸胃感覺輕鬆，練功後未曾感染過感冒；入睡後流淡汗的情況已不再出現，站立著打噴嚏，不再尷尬了。臉頰上的皮膚重現光澤，朋友們紛說「最近好像年輕了」！

各位朋友：以上寫的都是本人經歷的「血淚史」，希望作為其他人健康的借鏡。原來擁有健康的體魄是可以很容易得到，只要你認識和重視個人的飲食生活質素，堅持每天練

功。我每天早上六時半起床後，練功一次，睡前練一次；星期天或假日，則多練數次。飲食方面，茹素占99%，家人對素食亦漸接受支持。很明顯地，現在我女兒吃肉的份量也減至最少，有時近零。早餐方面，我多吃一種以上的水果，再加熟蕃薯等（連皮吃最好）。現時心情舒暢，體重增加了，而體能方面肯定是最佳了。

在此，我要特別感謝　蘇老師和學會各人的悉心指導，內丹功令我身體重燃失去的光彩。

2003年11至12月
練內丹功功效的一些簡報

個案一：每天最少練功一次，假日多練一次。坐骨神經病已明顯好轉，血壓由140/92下降至118/84，但心跳仍快，希望繼續練後，心跳會減慢。

個案二：如睡眠充足，每天早上練功兩遍。夜尿頻密及失眠現象已經消失。

個案三：練功一年，至今沒患病，尤其對感冒的抵抗力增強，精神及體力皆有明顯進步。

個案四：今年三月，學習了內丹功後，每日堅持最少練一次，使困擾我多年的腰背痛不藥而癒，更增強了我對學習內丹功的信心。希望學習中級班後信心更強。

個案五：練功後，困擾的傷風感冒和便秘也沒有了。精神很好臉色紅潤，身體變得更標準。

個案六：自從練功後，轉以素食為主，每天練功一至二次，腸胃病有好轉，身心舒暢，精神亦比以前好得多。

個案七：練功後，頭痛減輕，胃口改善，喉痛減輕。

個案八：每天練功兩次，有時在閑坐或排隊時亦練習轉

肩，並有津液產生，跟著朝天吞液。基本素食，精神狀態良好，肩周炎疼痛有所緩和，口不感到乾燥，彈弓手未好。

個案九：練功後，肩膀肌肉鬆弛了，腰脊椎的疼痛亦減輕，睡眠亦安穩。

個案十：早晚各練功一次，練功前手掌很黃，現在手掌比以前較為紅潤多了，精神良好，口腔苦澀情況已有改善。

鄭觀文、（男）
速癒，醫護也驚奇

本人自 2002 年 11 月開始練習內丹功，因身體一向沒有什麼大問題，所以一直以來只視作練功為保健養生而已。直到於今年發生了一次意外，才讓我對內丹功加深體會和認識。

在今年的一月中，我和家人在中環行經長江公園，在電梯和公園出口之間有一條斜石級，我當時走得很快，在一個不留神而突然失去重心而往前衝，衝力非常之大，身體失去控制而狠狠地撞在麻石石級上。因衝擊力大，使致頸椎、上唇、下巴、手肘、手背、手指、膝蓋等部位都受了傷，且傷得不輕。特別是上唇和手背，傷口很深，流了很多血，嘴唇腫痛難當，連吃液體食物也感到困難。

經過醫生診斷，認為傷口太深，雖免於縫針，但也需要一段頗長的時間才有可能結口復原。既然醫生如此的診定，我也沒辦法。傷口既不能濕水，洗澡、洗臉都是件煩惱之事。為了快些復原，唯有每天加緊練功，次數則比往日增多，同時津水亦比平常的多。數天後，神奇的事蹟出現了，上唇的傷口竟然開始結口了。

出事後一星期，我再到診療所檢查。醫生檢查傷口也感

到很驚訝，我復原的速度比正常的情況要快。由此使我更加相信內丹功的功效，對練腎生津，練津水補精水的原理有了深刻的體會。證明多練腎生津可以加強身體的新陳代謝和免疫，增強康復的速度能力。

馬來西亞，八打靈衛星市
曾賢耀（男）
年齡：40
2003 年 9 月

我與其它的馬來西亞人無異。曾聽聞很多有關「氣功」神奇的故事；並談及「氣功」如何能夠幫助患嚴重疾病者恢復健康。這些神奇的故事常在朋友及家庭集合場面中傳播；有時候也有機會在些雜誌、週刊或媒體中閱讀到。但是這都是些很傳奇性的故事，而我對它們並不多加留意。

除此之外，「氣功」留給我的印象是：須要者是那些有長期慢性疾病之患者。而我自己又從來沒有患過甚麼嚴重的疾病，所以對它不多作考慮。

唯有至我住在關丹的母親和姐姐，在健康上出了問題，我才決定在氣功方面去認識和深入。是的，我是一位堅信「實踐所推崇」主意者。要求我母親及姐姐學習氣功，最好的方法就是：我自己先學會，然後再教及與他們分享。這使我想起一位舊同事及朋友辛先生。而他是位修練「內丹功」（不是一般的功法）者。之後，我與他接觸，他很誠意教導我基本的功法。

經過數天的學習之後，我發現「內丹功」對我健康有所反應；例如失眠、腸胃不消化和工作壓力，我本已忍受為生命中的一種挑戰，而視以為常。

工作上的壓力，使我經常失眠，特別在陌生的地方；尤其是在出差或到海外工作時，是我多年來無有選擇，從而接受的事實。但是，使我無限驚訝的是，經練習「內丹功」之後，我不再失眠反而熟睡如嬰兒；工作之壓力，例如截止期限、達標及與人交往，有時會造成我似有精神衰弱症。可是練習「內丹功」後，有助使我情緒平靜下來。

在飲食後，我經常會有不舒服、腹脹的感受；無論它是由於腹部絞痛，消化不良，或是輕微的食物中毒。自我練習「內丹功」之後，就非常容易的將腹脹的不適及胃氣脹祛除，這是我很驚訝的！

練習「內丹功」使我得意外的收穫。我是 40+ 開外，已多年沒有打羽毛球、乒乓球，或者籃球；而我已是個很懶散的人。但是經過辛先生教導我簡易的「內丹功」法後；我發現腿肌確有改善，（但也得承認沒有美國阿諾史瓦辛格，Arnold Schwarzenegger）那麼結實，至少也有改善！

所以願你嘗試練習「內丹功」，它可使你在生命中獲得些很意外的驚奇！

馬來西亞，吉隆坡，蒲種花園
黃達譽（男）
年齡：55
2003 年 7 月

我膝蓋部位腫痛問題，已經有一段相當長的時間。累次醫生診治，都是無見效。有時候，疼痛的情形，使我難於忍受；甚至有時我不能蹲下，走路都成問題。膝蓋處的腫痛，醫生告訴我，其原因是體液的聚集、不能疏通，需要用注射器，將液體抽出來。我固然不同意去做這個手術。唯有忍著

痛楚，不再加深所患的毛病，使它不再惡化。我在這時候是強忍著。直到有一天，我有個機緣由我從朋友處，學習到「內丹功」之「動功」後，我的問題才解決。

「內丹功」之「動功」，表面看來是非常簡單，而功法只有數項，怎樣能會有效呢！枉說解決我膝蓋腫痛的問題，嘗試又何防呢？只有數項功法，而又不費力氣，所以我照學。但是使驚訝不已，我膝蓋處的腫痛，卻漸漸的消失。我能自自然然下蹲，並且能重複作跑步的運動。

我繼續由我朋友處，多學幾項功法。神奇的是「內丹功」之「動功」，又幫助我解除「尿閉」的難題。由於是前列腺腫脹或增長，使我每次到廁所時，都要等數十秒鐘，尿才流出來；特別是當我在動搖的船上，或在飛機上如廁，這是很難堪的事。自當習練了「內丹功」之「動功」的數項功法，加上醫生教我作，盤骨肌肉收縮運動，最終克服了「尿閉」的問題，不需依賴任何藥品。這是意想不到的收穫，確實是神奇的功法。

我太太的問題，恰恰與我的問題相反。由於膀胱腺不能自律的閉上，尿自動的流出來。經過習練內「內丹功」之「動功」功法，及作盤骨肌肉收縮運動後，尿流不自律的問題，最終也減低及恢復正常。

我是萬分的感激我的朋友。他在細心，花時間教導呈示「內丹功動功」的功法，使我夫婦終身受益。

內丹如何幫了我
學員溫苑玲：

我的腸胃病好多了。

剛完成兩天的內丹一步功，心情特別興奮。因為我的腸

胃病有顯著的康復。

在上堂的前十天，不斷受腹瀉之苦。每天看著自己的大便都是鬆散的，又時感頭暈怕凍，對於自己的健康，有就不盡的擔心。中醫說我的脾胃虛，消化力弱，是需要時日慢慢調理的。

近年遍訪名醫及進修多個健康保養的課程，健康狀況十分反覆，時好時壞。唯獨今次兩天的內丹一步功課程，帶給我很多驚喜。首先是腹瀉已停止而大便回後正常狀態。在練功的過程中，很享受吞津的樂趣；也感覺身心得以莫大的鬆弛及能量在體內流動的舒服。

在此，感激蘇老師的悉心教導。多謝唐先生細心的安排及領導一群內丹大使不辭辛苦地作示範及協助各同學練習，課程才得以順利完成。我相信若能夠依照內丹養生要訣繼續秒年練功，身心健康會有一定的提升。

內丹如何幫了我
學員江靜賢

其實我學內丹功是有一個目的，想自己個人的精神體力都好，如果深層的講，就是想能量強的，點解要能量強呢？其實每個人都有一種感應力，一程 sense，只不過好多時候因為某些思想、事物繁忙、身體狀況不太理想的時候，這個 sense 會轉弱。當思想清晰、身體好的時候造個 sense 就會強好多。我所就的 sense 是人其中的一程本能，就如動物去到一個環境，它也回知道哪裏是危險、哪裏是安全。

而人類，以小孩子的 sense 是最強的，但富人長大了，有了學識，懂得分析，sense 感覺反而受到影響，所以科技進步是否好呢？只在某方面好，科技令人方便，同時令人懶，以

道家內丹功與現代生命科學

打仗為例，伊拉克也只是用科技，軍隊根本不熟悉環境，只靠雷達探測，不用自己的眼睛觀察，變相軍隊抵達後不知自己在做什麼，他們全都靠儀器，儀器是先進，但儀器是 sense 悟到氣場，氣場一定要個人用感官去感應，可惜軍隊訓練沒有這一個項目，只訓練他們使用機器。

如果人們只管用機器（電子器材），人們都只不過是一台機器罷了，便不知不覺間棄用本能感覺去感應身邊所發生的事物，人們就變得麻木，愈來愈麻木。所以，學內丹我發覺有一個好大的好處，就是練功時要十分集中於自身的每一個動作，其實自己做的每一個動作正確與否，是否跟蘇老師的一樣，並不重要，重要的是，這動作能否幫助自己舒展、舒服。好多人都好驚自己一個人，其實是好驚同自己一齊，有人不明白「同自己一齊」是什麼意思，有人會好驚，認為是孤獨，當一講到「孤獨」的時候，會有「凍」的感覺，而我所說的「同自己一齊」是不同的，好多人怕面對自己，覺得「孤獨」，所以成日要交朋友、成日要出街，要同人有 interaction 但是，打「內丹」有一樣好特別的，是學會好識得同自己一齊，因為打內丹時是自己一個人，你如何「鬱」、如何做，都是你自己的，行人騷擾你，是將所有注意力全部集中在自己身上當集中力越強的時候，sense 就會越強；經常練內丹，這感應便會快，並且會準確。

例如有時候找不到東西，通常人門會到處亂找一通，或會理性的思考：「平時我會將東西放在哪裏？以往我會如何整理文件呢？」可是我會 feel 想我要找的東西在哪裏？可能在這個架上，然後我再去找，果然找到。是用 sense，按自己的本能，打內丹可以尋回或訓練出這個 sense 本能；因為這個內丹練的時候越靜、越集中、越肯感覺自己身體的每一部

份，練出來的感應便會越強。

學完內丹第一步之後就發覺自己的能量強了，我第一天學內丹時己發覺皮膚表面是暖的，這就是能量。

當我還沒有學內丹時我是在考慮應該學內丹，還是學其他功呢？

要是一個功是要借助其他能量，那為何我不發掘自己真的能量，從自己身上找能量，而要去借呢？我的能量應該從自己而來，我沒有理由要去借，因此，我選擇了內丹，內丹是教人發掘自己的能量。

如果講到身體機能方面，打過內丹真的會精神好多，譬如有一天好忙好疲乏，睡眠不足，就會想睡覺前練內丹，結果睡覺便好轉，睡前堅持練內丹後，睡覺越來越好了，效果好過你長時間睡。打完之後會覺得整個人精神爽，好有力，這個效果好明顯。還有，有一段日子，腸胃不好，加上看中醫，清理了身體裏面的垃圾，個人就舒服好多。練內丹還有一個好處，以往經常病，一遇到睡眠不足就好瘀個病，就是因為 keep 有練內丹，即使有一段日子心煩，以至睡覺不好，也一直都沒有病過。身邊的朋友打噴嚏、喉嚨痛、咳得厲害，我都只不過是少許鼻敏感，好快痊癒。

因為練內丹有調息作用，練腎對身體是十分重要的，除了可以排毒之外，還可以幫你抗病毒，如果腎練得好了，腸胃也會好的，因為腎在身體的中間，如果腎的功能不好，會影響到周圍的器官。學完內丹二步後，我就扭傷腳，我唯有坐著練內丹一步功，但是，能量只餘一半，總好過不練，而內丹二步，幫助我的腸胃好好多，尤其是轉肚臍，對我腸胃幫助很大。

當我學內丹二步時，當有休息，我才剛走了兩步路，就

發覺有股熱力在肚臍爆發出來，真的好勁！所以即使我扭傷腳，我要坐著練，也會覺得個人是暖的；還有做臥功，做完之後會覺得熱，我初時怕冷，蓋著被子練臥功，做完之後要踢開被子，還有練完之後好快就可以睡著。

在 2006 年四月九日
內丹新舊學員的聚會
有內丹實效分享：

1. 膝蓋以前痛，膝蓋退化，以前每每坐下或蹲著，起身時也必須忍著痛，然後找東西支撐著才可以起來。練內丹功後不用支撐也可以起來。（ISLT 提示：練內丹功對膝蓋好，很多學員都分享過，「樹老先老根，人老先老腿。」，膝蓋退化要坐輪椅，動力降低了，人便開始衰老，所以一定要維持膝蓋健康。要用飲食配合，如食用亞麻子油、魚油丸等，這些油對軟骨十分重要。加拿大有一款名叫『奧米加 3-6-9』，是十分好的，如果有親友在加拿大可以代買，亦可以介紹有膝蓋問題的朋友）。

2. 夜晚去廁所少了。

3. 以前有晚上去廁所的習慣，練內丹功後沒有去廁所，睡得好?，精神好。

4. 口水方面，一段時間沒練內丹功以後，口水沒了，再練，口水也有了，再過幾天，愈練愈多，練多了，坐著也有口水。

5. 早上練，個人有這麼想，可以好好放鬆練，效果好，口水多。當你可以全身放鬆去練，練完之後個人會精神好。我試過練功時想著工作的事，就「大鑊」，練完好似沒練，所以個人一定要放鬆，精神一定要放好鬆，才有效果。

6. 我覺得練內丹功可以拉到一定的經絡。我三月學的，當我第一日上課時，老師是一式跟一式的教，我學不了多少式時，我的頭開始痛，痛了一晚，夜晚黑慢慢開始鬆，知道是正在拉鬆我的經絡，通完之後該位鬆了，就無事。練練會覺得有整個部位都輕鬆了，如果你是一向沒事的練，也是保健，其實堅持住練，每一條經絡是會鬆的。

7. 我最大的得益：因為我有「主婦手」的問題，我練內丹功兩星期之後，我的手好了九成，主婦手是不停脫皮，甚至損、流血，朋友介紹好多藥膏，塗上都不理想。我練了內丹功之後最大的得益是我的主婦手好了九成，我有看中醫，中醫說主婦手其實是有內臟病引起，可能你缺乏某一樣維生素，你個腎功能好，你的皮膚才會好，我洗頭要戴手套，洗碗什麼都要戴手套，但濕親水都會好。但這兩個星期起碼我的左手沒有再脫皮，同樣覺得好了。我就堅持住一日練兩次，有時就可以練到 3 次。（ISLT 提示：如果想得到效果就要留心啦！）我一起身，第一樣事情就做練功，然後才梳洗，跟住放工返後就即刻練功，如果可以的話，我睡前也會再練一次。（ISLT 提示：做任何事都要投資，你投資的便是時間。）

8. 我慢慢的練功覺得是一種享受，可以放鬆，腸胃好了，去洗手間好了，有一樣我本身沒留意，但聽到分享後就醒起，以前晚上要起身去洗手間，現在就不用了。

9. 我在好早之前學內丹功的，但懶，沒練功。練功之後個人精神了，同時工作緊張，經常打字，肩膊肌肉好硬，練內丹功以後肩膊鬆了，還有練內丹功可以幫助減壓，個人會有大壓力，雖然工作緊張，但個人感覺上都輕鬆，沒有以前緊張。我早兩年生小孩，我問過可否繼續練功，是可以的我

道家內丹功與現代生命科學

便繼續練，但就有練抖功，其他我都有練，練到我生小孩日，到我生小孩日我對腳都沒有腫，又沒有腰骨痛，可能同練內丹功有關係，一般人生完後會腰骨痛，但我無，朋友都說我大肚子梨、好精神。雖然工作壓力好大，日頭一早起身要返工，放工有時都要 8、9 點先返到家，成 11 點先有得睡，我有得睡好覺，有得休息，是內丹功幫到我。我去年學二步功，今年學了三步功，二步功我覺得不是掌握得太好，同樣始終工作忙，屋企又多得做，所以練功只練得一次，我學了三步功，希望可以多點時間練多點。（ISLT 提示：多點出席健康營，內丹功法也會練得好些。）

10. 我發覺練功時個人要好靜，有日好凍，當我練到二步時，個人好暖，如果好靜了練功，出得效果是不同的，思維好靜，做出效果更加好。

在 2005 十二月十日
內丹新舊學員的聚會
內丹實效分享：

1. 我儘量跟著老師的話做，不過都很難，10 時前睡，6 時多起床。現在一日練功 2 次，練過之後，個人精神好，個腎有酸酸地感覺，平時晚上要起身去廁所 1 次，現在不用了，這些都是我練功的好。

2. 我知道應多點去練，現在隔日練，雖感身鬆點，精神好點，但不如每日練。

3. 練功後個人好舒服，腸胃好了，可惜（練功）練得少。

4. 現在晚上要去 2 次廁所，希望晚上可以去少點廁所。

5. 每日練功 2 次，練完便睡覺，容易入睡，以前早上起

身會（尿）急醒，現在不會急醒，但是醒後去廁所會有好多水，感覺好特別。

6. 練功練了 2 個月，效果好，小腿酸軟好了，睡得好，精神好了。

7. 我練了一個星期，夜尿少了，早上自然起床，我會繼續努力練。

8. 我上星期才學二步功，由於工作關係，晚上睡得少，練過二步功後，即使只睡 3~4 小時都夠精神。

9. 練二步功後，腰鬆了。

10. 我儘量每日都練，早晚一次，練一步功時練得輕鬆餓，個人精神了。

11. 行路輕鬆了、快了，精神好。

12. 我已經 83 歲，好多病，服安眠藥已有約 30 年了，食了都要 3～4 小時才能入睡，睡了都每個鐘頭醒，醒了就睡不著。學完上星期內丹功之後呢，頭三日都有了感覺，不過最近兩日呢就好好睡，晚上不用去廁所；忽然間醒原來已是天光。另外，我做內丹功時，可能為年紀大，練功時招式亂，次數又不夠，有時做好慢，有時做好快，不是我想快，是我數錯了！所以我希望繼續做下去，可以令我治好病，因為我好多病。多謝！

13. 每日練 2 次，每次做 35 分種才完成，我一向有做好多運動，所以不太覺得有進步。

14. 每日練 2 次，我覺得有可能 15 分鐘做得了，最快都要 35 分鐘才能完成一部功。我本身膝頭痛，不可以動作太低，希望練好不痛。（ISLT 提示：我留意到你練功時好集中，好入神，是一個好現象，你能夠做得慢，大部份新學員都未能做到，這是好的，因為香港人做得太快。膝頭痛是完

全沒有問題的，你繼續努力下去，你不要勉強，膝頭痛不要緊，不好過份，慢慢膝頭就會不痛。）

15. 右膝頭發脹，做（一步功）的時候不可（蹲）太低，練功後右膝發滾，是熱，好舒服的熱，像浸熱水浴，但左膝就有反應。（即使夏天也是這樣）以前夜尿後覺口乾，要喝水，練內丹功後的第一晚直情不需要去洗手間（沒有夜尿），一覺就瞓醒，醒後不急於去廁所，去完也不覺口乾，不用立即喝水，我立刻同家人分享這事。我會繼續努力。

16. 練功2個月後，最近感冒，練功沒有停，繼續練功，個病慢慢、慢慢就好了，也不用看醫生。

17. 我每朝早練（內丹）功一次，我練功是沒有想過有什麼效果的，但是也有所得著：第一是對蘇老師所說的「不同前程、面含微笑、意念青春」有所頓悟；第二是現在跟太太有時突吵架，也「面含微笑」。

18. 自覺練功時做得太快，要練慢點，我覺得這是好的運動，

19. 練功2個月，精神好。

20. 大家好，首先我要多謝潔貞師姐和美蓮師姐，我亦都欣賞83歲婆婆。我講了自己，我過去一星期內每朝早練功，我就得有兩日好凍，我從被窩裏有好大的掙扎，不願起床，但突然想起蘇老師說過：「百日練百日功，一日不練百日空。」便立刻起身練功。這句說話為我是好的。我本身是教書的，練功一星期後，我發覺我自己輕鬆了，發生突發事件時我會慢慢來處理，個人精神了。

21. 我學了一個星期，早晚都有練，但今朝不得間練。今日我問過師姐，點解練功後腳底痛，她就說可能是腎的穴位，腎病發出來就會痛。

22. 胃以前常常痛，並多胃氣。前幾日有胃痛，不過今次有食藥，練了幾日功，個胃有事了，練功後不用吃藥了。

23. 我要多謝一下唐生和師姊們，他們好有心機、好熱心和好耐心教我，起初以為自己做得很好，原來我做漏了兼做錯了。

24. 我係這個星期內不是太勤力，好多時（練功）「趕收工」，好似交代了，求其打完就算，所以不覺得有明顯的功效，不過我有信心我會繼續練的。

25. 我比較懶，只保每晚練一次，頭兩晚臨睡前練功，因為可以練完睡覺，就愈練愈快；之後就提早一小時練功，這就大把時間嘞。做完之後感覺好舒服、好舒暢，睡得好。希望可以勤練功。

26. 我有七十二歲，已素食 15 年。本身好中意學功，學過很多功法，本著「擇其善者而從之」的心態，覺得那一套功好便去學。去年 10 月學過內丹功後，初初練得慢，下半年就覺得這套功（內丹功）幾好，就同自己的功一齊做；亦有打坐的習慣，但打坐之後腿抽筋，後來練了內丹功之後就有抽筋，可能是老師教『踢小腿』的效果吧，我現在也有『踢』100 至 150 下，練內丹功加上練自己的功覺得非常之好，今次繼續學二步功。我希望大家學下食素，就愈食愈精神，連感冒都沒有，非常之好。多謝。

27. 各位兄弟姊妹，剛才大家都講好，多謝唐生同大使們盡心盡力地教我們。我希望可以將內丹功好處及唐生的精心教導能帶給我們的教會及堂區議會，令到教友們都分享到我們的得著。我早晚都練，約 20 分鐘就練好，早睡早起不難，我這麼大年紀本來就睡不好。以往好規矩：2 點、4 點、5 點起身，大家都知這是甚麼一回事——去廁所，練功之後，現

在只剩 5 點半一次。這套功真好，值得大家去繼續練，夜晚睡得好了，精神自然好，我亦都將這個分享介紹給神父。

在 2005 年十月廿三日
內丹新舊學員的聚會
內丹實效分享：

首先學員張美蓮談及在六月學了內丹一步功如何幫助她逐漸恢復她的右腎功能（見學會會訊第 26 期）。今次她又和各位分享她學習內丹二步功後的情況。她左邊的腎在小時候醫生便已宣告枯萎了，但練習二步功後，這枯萎了的左腎也開始有被按摩的感覺，就如她學完第一天的一步功後，晚上睡覺時她右邊腎的感覺一樣，這給她很大的鼓舞，她希望二步功能為她的左腎帶來另一個奇蹟。

其他學員分享摘要如下：

1. 我本來就有十二指腸發炎的問題，有好多胃氣；練功後，胃氣少了，沒有了以往胃氣頂住那種難受的感覺，但是練功時上下都放氣。

2. 上星期期學完一步功後，雙腳很酸軟；練了四五天後，手心開始感到和暖，精神比前好。

3. 沒有什麼特別，只是口水多了。

4. 第一天用腳跟行路還可以，第二天便痛至腳跟不能接觸地面，第三天回後正常。

5. 晚上睡覺後流口水，流到一面都是。（ISLT 提示：正如蘇老師所言此乃回春徵兆。）

6. 練完一步功精神好，心情亦很好。

7. 以往晚上睡覺時會口乾，要起床飲水及去小便；但學功的第一天晚上便不用去小便，現在每天早晚練一次功。

8. 儘量早晚練功，亦開始食素，但擔心貧血。（ISLT 提示：掌握食素知識與實踐則更健康長壽。）

9. 練功後，睡眠時間比以前短，但每晚能深睡，更精神了。

10. 學完後，便沒有再練，但今次聽完美蓮的故事後，立定決心一定要練好內丹。

11. 睡眠質素好了，便秘也沒有了。

12. 胃口好了。

13. 精神好了，壓力減了。

14. 精神了。

15. 腸胃改善了。

16. 我的生活什麼也沒有改變，練功亦沒有什麼特別反應。

17. 以前返工，星期一、二精神，星期三開始「無電」；練功後，到星期四才開始「無電」。

18. 以往半夜便要起床去洗手間小便，回來躺在床上滿腦子都是工作，很難才能再入睡，練完功後這一個星期沒有了這情況，可以一睡至天亮，返工亦沒有以往的累。

19. 夜尿問題消失了，口亦沒有以往的乾，首一兩天練習時，腳跟感到痛，現在沒有痛。

20. 學完後的星期一精神很好，但可惜我經常要趕時間，練功也急忙，我想假如我能有多些時間，可以輕鬆地練習，我的狀況會更好。

21. 以往我有膝痛及氣管敏感的問題，後來醫好了。這兩天我去觀鳥，膝蓋痛和喉嚨聲沙的問題又來，但我仍堅持練習，希望好像老師所指是反應，經過這自療的階段會康復過來。（ISLT 提示：咽喉乾，是精不足，所以應練多些一步

功，好使能多些津液，練精生津，「痛」是身體在自我醫療。另外，多吃牛油果及補充劑如亞麻子油丸或魚油丸，可以滋潤膝蓋。）

22. 這個星期我開始食素，每天練功，胃口好了，肥了兩磅。事前腳部生了兩粒小水瘤，很痛，練功的這個星期這兩粒水瘤痛的程度減輕了。

23. 口乾，小便多泡，但驗身中西醫也說我的身體沒問題；練功後，口沒以前乾，小便沒有以前的多泡，腰位有點痛，胃口好像改變了，因我在星期中食了少少肉，便令胃部不舒服。

24. 精神好了，但全身痛。

25. 腰好像有點痛，這星期口水好像比前多些。

26. 練功使我多了放屁。

27. 我平時不交著腿坐，但今星期有這樣做，令到我腰痛，我們應盡可能不交著腿坐。

張美蓮（05 年 6 月新學員）

本人於六歲時曾染腎臟病，在醫院住了十幾個月，出院時醫生告知：「體內一腎已失去功能，只餘右邊一腎續命。」在家母的照料下，吃了三年無鹽飲食後，生活如普通人。四十多年後，身體慢慢出事……兩年前，右手尾指第一關節漸漸腫脹、變硬、不能如常掘曲，西醫只說：「有得醫；此乃腎功能慢慢衰退，體內多餘的物質未能排出體外，便積聚在關節上。」接下來便是「嚴重耳鳴」和「口乾」。兩種情況同時出現，使我長期失眠。每晚都要多次起來喝水，上廁放水，更不斷被耳鳴吵醒。

什麼睡安寧、快眠精、退黑激素、寧神花草茶……全都

不管用。為此事看耳鼻喉專科醫生半年，醫生也投降認為西醫幫不了我，提出去找可靠的中醫。跟著便吃了一年的中藥，口乾的情況仍反覆出現，耳鳴亦時好時壞……失眠最嚴重時，曾連續數晚看著時鐘在轉，多次大白天抱著水壺在床上斷斷續續地睡，任何事也不能做，不知是沒有精神，就是沒有興趣！人漸漸地自閉和自悲……我家住的地方橫高四十四層，我曾經上四十四樓希望在天臺跳下來，可惜天臺成了人家的空中花園，我不得其門而入。求死不成使我提起精神，認真去面對自己的病。

新的危機是水腫，最近半年，睡到半夜便覺四肢開始沉重，早上發現十指腫脹至不能正常彎曲，頭昏腦脹；排尿的次數和份量卻漸減。三個月前更發現血壓比半年前升了二十度上壓，醫生說要吃降壓藥，我拒絕下半世吃此藥。我開始四處參加健身班，瑜伽班，素食會，任何和健康有關的運動或飲食都嘗試……直至我學了「內丹功」的一步功！

第一天上課，雖未把整套功法學會，但放學回家上廁所便發現排尿已回到發病前的份量（即明顯地多了）。口乾情況已不再出現。晚上九時便昏昏欲睡，此事過去十年從未發生過。整晚都沉沉大睡，但其間曾痛醒兩次，兩次都是右腎痛，腎腑像被人用手大力搓揉，痛得整個人彈起，但痛過後又很快入睡，兩次疼痛相隔幾小時。昏睡十小時後才起床，驚訝地發覺十指並未腫脹，能正常地彎曲起來。

第二天上課便向老師和同學報告自己的奇蹟，老師指出是因為「重症，所以反應便較為明顯」。但接下來學一步功時，我仍然覺得右腎疼痛不已，坐立難安，老師吩咐我立即要多飲水，喝了約七百毫升水後，急急上廁放水，跟著便像放下包袱一樣，整個人輕鬆起來。隨後一星期，我每天都

早、午、晚練「內丹功」。這期間右腎曾輕微地痛了兩三次，但之後都不痛了。耳鳴的音量和次數亦漸漸減低，對睡眠已沒有威脅。「內丹功」真的幫了我！

張麒俊夫婦

張先生：每天早上七時練內丹功「一步功」一次，晚上十。練功一次。每次練功需時二十分鐘（包括用腳跟走路及打小腿）。

改善：早上練功完畢，還未吃早餐，已上廁所排便，腸胃蠕動明顯加快減少排便機會，精神亦比較好，壓力得以舒緩。晚上練功完畢，接著洗澡後便上床睡眠質素亦改善了，又不用半夜起床「小解」。整體來說練習內丹一步功後，加上多吃素，少吃肉，並儘量早睡早起，身體狀況都有改善。

張太太：每天早晚練內丹一步功一次，早上大概七點三十分開始練功，晚上大約十時半左右練功一次。

得著：練功後，睡眠質素提升了，最明顯的是每天都能隨鬧鐘起床。以前的我，無論用多少鬧鐘，作用都等於零，因為感到很累。除此之外，心中平和的感覺也相對地提高。我想以上的感受都是我最大好處。

學員潘潔雯：勤練有功，懶無益

在未認識內丹功以前，我身體可謂是毛病多多，說出來就好像如數家珍般。其他的小問題我不說，就是神經衰弱、嚴重便秘、五十肩、關節炎、骨質退化等都長伴我左右，有一段時間我覺得容易疲累，時常沒有精神，體重甚至由 118 磅上升至 150 多磅，連自己也感覺到身體有水腫的情況出現。於是便到醫生處作全身檢查，才發現了原來是患有脂肪

肝和甲狀腺數偏低，是機能出了問題。

150 多磅實在太胖了，為了減肥，我嘗試做織體，但效果不理想。

去年當我學習了內丹功之後，便勤於練功。在兩、三個月後，竟然瘦了 30 多磅，體重回復到 118 磅，兼且沒有了胃腩和肚腩，睡眠質素得到改善，每晚都能深層熟睡，不會做夢，就算是睡 4 小時，也很足夠，清早起床都很精神。

最令我高興的是，甲狀腺數低及脂肪肝的毛病在勤練內丹功的半年之內竟可奇蹟地痊癒，而其他的痛楚也得到舒緩，左邊身常痛的地方已消失。

可惜在今年內，疏於練功，於是睡眠質素變差，雖然睡得多，但仍然覺得很疲累，右邊受到痛楚的困擾，手也抬不起來。

我已真正的領悟到勤練內丹功的好處，真是勤練有功，懶無益！上月蘇老師到港授功，我決定再跟老師學習，重蹈健康養生之道。

學員麥麗嫦：有樂同享

我在懷孕患有血壓高、蛋白尿、心律不整，失眠、呼吸困難，說話沒中氣，沒有食慾，人瘦得落了形，我所增加的體重全屬於胎兒。在剖腹產子時，醫生終於發現我的問題所在，原來我心臟的二尖瓣狹窄，受細菌感染而變硬，失去柔軟度，我是患有風濕性心臟病。是這種病令我在懷孕時流血量比別人大三倍。事後醫生就我幸運，如我選擇用催生的方法，明天的頭條新聞我一定會上榜。

產後因心肝脾肺腎皆積水，全身水腫，反而比懷孕時重了三十磅，要吃去水丸、心臟丸、胛丸等藥。

　　2000 年，情況更壞，變得越來越辛苦，常常頭暈，心跳急促，上樓梯時像爬山一樣，要用身體爬上去。到 2001 年，終於要做心臟通波仔手術。

　　手術後同年，經朋友介紹，我認識了內丹功，便報名學習。當時要到華仁院融閣四樓上堂，為我太難了。第一天上堂時，我是爬山上樓梯的，到第二天，我已不用攀山般上樓梯，慢慢地可以步行上四樓了。

　　自從跟蘇老師學內丹功，我便開始完全食素，每天練功，我的健康明顯地有改善。練內丹功前，我體質很差，行路上樓梯也不能，怕冷，人不清醒，精神迷糊，長期受心臟科及普通科醫生照料，很易感冒，不能透氣，常因肺炎住院。

　　初練時，手顫和麻痹，後來沒有這感覺。

　　練功後，體質改善，沒有以前的怕冷，感冒少了，說話有中氣，因比前好氣，上樓梯便容易多了，現已能上三、四樓。人精神了，睡眠好了，前因眼管閉塞而淚水常流的情況也消失了。我因打電腦時坐姿太久，常引致強烈的背痛，我便會馬上做老師教的轉肩，做完後背痛便消失。現在我的腰背痛問題已改善了。

　　我很感謝蘇老師教我學會內丹功，使我的身體狀況完全改善了，我希望我從內丹功所得到的好處，能與大家分享。

勤練有功

梁永強

　　我是在 2004 年四月開始練習內丹功，初時並不太勤力，多在星期六、日才練功，平時有空才會在早上練一次，練功時覺得膝蓋不舒服，且精神不集中。

本人患有痔瘡，這是一個遺傳性疾病，此病常令我大便帶血。在最近數月，經醫生診斷，痔瘡已變得很硬，長期會有可能變為癌症。聽了這個消息，我覺得應該要跟隨蘇老師所說的，改變生活習慣和勤練內丹功。

於是我便開始多素少葷，中午吃素，晚餐少吃肉類，每天早上 5：45 開始練功，每次大約練 45 分鐘，持續不斷。

練功時我會隨著自己的心情，若心情好便多練些時間。若心情不好，練功時不集中或感到不舒服，我便會到大自然的地方去練，或聽音樂（如佛經等），儘量使自己精神集中，這樣口水自然會多。甚至有時在練內丹功時，我會含著維他命 C 在口中，或練功前多喝水，這樣在連續過程中也會多口水。

最近我再去醫生處復診檢查，報告結果是痔瘡已完全消失，真是不藥而癒。

為此我會勤練內丹功。

練內丹功實效報告：

個案一：早晚一次，約 30 分鐘，晚睡 11 時少許，早上約 6 時 30 分起床，多素少葷。效果很快入睡，睡得很好，身心舒暢。練功時，有很多口水，手心麻暖，丹田覺熱。

個案二：初期平均每星期練功 5 次，現每天在晚上練一次，練功初期沒有什麼大反應，但最近一個月，感覺很好，日常辦事以往經常昏昏欲睡，現在是精神足。食物方面已慢慢由半葷食轉為多素食，現感身輕步快。

個案三：每日練一次，有空便兩次，練功時愈慢愈覺得舒暢，但很多時都不能集中精神，雖然盡可能慢，每次很快便練完。以往經常感冒，每次都會很嚴重及咳嗽厲害。當練

道家內丹功與現代生命科學

功後，雖仍會感冒，但持續的時間減少，影響呼吸道的後遺症也減少。每當不適，如能即時練功，可減低不適當和精神較好。

個案四：平日睡前一次，多在晚上 12 時左右，假日則早、晚一次。還未能達至全面素食的習慣，現是 3：7 之比，3 是葷。練功過程中，身軀有暖和的感覺。夜尿明顯改善，心情也較為開朗。練功以來，未染感冒等呼吸道疾病，免疫系統發揮了作用。

個案五：每天練功 4 次，早晚各 2 次，早 6 至 7 時，晚 9 時半至 10 時半。練功後，口水多了，尤其是練功途中。困難：因肩部鈣化，轉身向後不能靈活轉動，經過多月的練習，感覺肩部已鬆。因有些硬塊已分明了，所以現轉動時有很多響聲。成效：睡眠好了，一覺到天光。未有顯效：胃仍常微不適，尤其食得過飽後，仍怕冷、腳凍。

感覺：練功時氣感越來越強。

個案六：清晨一次。睡眠時間減少，但不會影響精神。精神輕鬆了少，消化系統改善。

個案七：早上一次。頭痛減輕，胃口改善，喉痛減輕。

個案八：每天兩次，早約 6 時半，晚約 10 時半，初練功時已有口水流出，繼續練功一段時間後，每次練功的口水比初期多，現在已習慣經常練功。現在偏頭痛、肌肉酸痛、失眠等疾病均減少。尤其是肩背肌肉酸痛的情況，改善成效大。

每練功時，肩背有「格、格」的響聲，酸痛減少。

個案九：每天練功一次，每次連續練習三次。我患尿頻多年，小腹常感赤痛，並且長期睡眠不足，以致精神很差，練功後，赤痛稍為舒緩，小便由原來 15—20 分鐘一次減為 1 小時一次，精神亦有改善。所以希望能藉此機會學習二步

功，以進一步改善自己的情況。

練內丹功功效分享：

1. 男：練功後，精神好，不知是否退休後少了工作壓力還是練功的收穫，但感覺很好。

2. 女：練功後精神好，關節改善了，膝蓋有力，腰痛減退。

3. 女：練了一年，腰仍痛，但睡眠改善了，坐骨神經仍有痛，但感覺比以前輕鬆，基本上已有很大改善。（老師回應：因仍有食肉。）

4. 女：患類風濕關節炎，練功後有改善。兩星期前左手就患痛至無力，往急症醫院。後按肩穴位後有改善。（老師回應：精髓不足，血氣不通，「避風如避箭，可能受涼」）

5. 女：每日均有練功，如不練則頭痛發作，但一練就改善。（老師回應：勤力練功，痛與不痛均需練。）

6. 女：瑜伽跟內丹那個較好？（老師回應：內丹博大精深，內丹可長壽，有更高層次。）

7. 女：老人坐著感覺腿麻痺及冷，可否練內丹？（老師回應：內丹可治老人的腎陽虧，對腿麻痺及冷有幫助。）

8. 女：年輕人（20 歲）常有胃氣，吃不下飯，如何是好？（老師回應：最好學內丹，可助排氣。）

9. 女：洗腸跟內丹可否同做？（老師回應：可以。內丹是自然排氣。若要畏生，必要腸清。肚子氣，萬病之源。）

10. 男；北京氣功研究，作了長時間研究，用科學角度研究，練上丹田可產生 MeIatonin 松果體和腦垂體蘇老師全不保留教內丹，很有系統。因我跟了不少老師學功，但感覺蘇老師的最好，先練自身元氣，從而改善身體健康。

內丹功練功分享：

各位朋友好！

今天我想借此篇幅多謝蘇老師、唐先生和各位義工輔導員，還有向我推介內丹功的同工。是他們帶引我走向身心靈健康之路。所以我希望和大家分享這幾個月以來練功心得。本人參加了03年初級班以來，每日練功二十分鐘，晚上11時就寢，早上7時起床練功，飲食方面只能做到70%食素，練功至今已見奇效如下列：

1. 肩頸膊的肌肉不再彊硬，痛楚消失了。

2. 心鬱悶的症狀減少了90%（心血管輕微阻塞的徵狀）。

3. 因高血壓引致的頭暈，頭痛的情況也減少了。

4. 膝關節較前靈活了，可以蹲得低一點也不疼。

5. 心情因上述的不遍症狀消失了而輕鬆起來，對世俗之事較前看得開，也不太擔心生活，因為茹素花費不多，在家弄膳次數多了，省了不少支出。

6. 身體的健康狀態改善了，也省了不少醫藥費。

7. 精神較前充沛，便有能力把家居打掃得更整潔。

8. 由於練功至今沒有染病（感謝天主），因不用服藥（以往每月都會染病如感冒，喉嚨發炎……）所以個人思路變得清晰，人形光彩和精神煥發，還有閒暇關注家人及朋友，人際關係也改善了。

第5-8項是我意想不到的收穫哩！

我希望大家和我一樣擁有健康的身心靈，尋回快樂的人生，大家努力吧！

祝各位平安！生活愉快！

內丹功習後感

清泉

本人於 2002 年年底有緣跟隨蘇老師修習道家內丹功初班。此後，每天平均修習一次，並且按蘇老師要求開始素食。但因工作關係，我只可做到 95％素食（可以完全不進食肉類），又因要晚上工作，不能早睡但只可早起，故中午需要小睡半小時至一小時。經過了這個月的練功，可就已掌握了一些技巧，並且獲得了一些功效及一些感受。由於我本來沒有什麼重病，但練功後，總會有些不同的感受，現借此機，與大家分享我這些心得和感受。

在健康方面：精神好了，對一般流行性感冒抵抗力增強了，皮膚潤滑了，體重適度減輕了，尤其是肚囊消失了，跑步時感到輕盈，心情亦舒暢愉快。

在安全方面：十分安全，沒有副作用，練功時只要呼吸自然，不需運氣。本人有多年修練瑜伽及太極拳經驗，但據瞭解，部份學員會因操之過急或不量力而為，而導致拉傷肌腱、筋肉，或膝蓋酸痛。而修練內丹功，則沒有發現類似傷痛的危險。當然，練功達 15～20 分鐘，則要休息片刻，以免使腎臟過勞。

在效果方面：此功法與別的功法不同之虛弱其針對性，內丹功是針封對強腎生精、生津，效果尤其顯著。但在練功時，一定要呼吸自然、手肩鬆柔、速度極慢及動作圓融。如此修習，很快可達預期效果。

至於理論方面：內丹家們由不斷探索，而以《周易》的陰陽消長主要說理為基礎，結合著丹田、精氣神、內氣周流等傳統理論，又溶合了中醫的經絡學說、臟腑學就等內容，形成一套獨特的實踐理論。在中國傳統的氣功中，歷史最悠

久、系統最分明、理論最完整、練法最多樣化的、應以內丹功首，其起源更加淵遠流長。總而言之，多練多得，持之以衡，是我們練功者的金科玉律。

一位女學員練內丹後的健康報告：

本人的問題可不算少，計有：重症肌無力、甲狀腺亢進、視力衰退、慢性咽喉炎、胃酸倒流、貧血、腸太長和乏力蠕動、痔瘡、關節勞損、皮膚乾裂、凍瘡等。自母胎本人已不是健康一類，但最近的幾年，身體越來越差，各樣病都不嚴重，不會有生命危險，但樣樣都困擾不堪，如：

凍瘡：令我在冬天時腳趾痕癢非常，在家中還可以抓癢，穿上鞋子，離開家門後，那滋味真難受。

皮膚乾裂：令我在北風天時不能洗澡，因每次洗澡後我的雙腳便會乾裂得很癢和很痛，無論我如何護膚（包括把我雙腿塗滿油再用保鮮紙包好），但結果還好不了多少。

關節勞損：令我不能跑步，或每次跑步後便要付出代價——左膝蓋和右髖關節痛上好幾天，有時嚴重起來就是行路也會引發痛楚。

胃酸倒流：把我的牙齒侵蝕變得敏感非常，食道因胃酸而灼熱疼痛，睡覺也要坐著睡。

甲狀腺亢進：令我手震，情緒不穩，體重下降，西藥在個多星期內把我體內的白血球數字推低至危險邊緣，西醫要我開刀切除部份甲狀腺，隨後告知手術的後遺症可能是——終身服食甲狀腺補充藥或是過些日子再做多一次手術。轉看中醫，他把我的甲亢醫好了，但腦部控制分泌甲狀腺素的下視丘的指數（T_3，T_4）卻為所動，西醫以安全計是要我做手術，但面對那些後遺症，真有前路茫茫之感。

重症肌無力：令我很易疲累，其中雙眼最受罪，中醫曾令我情況好轉，但到後來一補便腸胃受不了，而西藥一忘了服食，眼皮便往下墜，間接地影響了我的視力。

慢性咽喉炎：令我說話話很辛苦，偏偏我的職業要用言語去表達，真苦上加苦，耳鼻喉科看完一個又一個，總是反反覆覆的斷不了尾，多年來也是好一會又回來，痛個沒完沒了，西藥的副作用令我大量脫髮、關節腫脹得無法蹲下來，更慘是令我一直有的消化問題惡化。

消化是困擾我最長時間和最令我提心吊膽的一個問題，除了排便困難外，「放屁」也絕不能隨意，經常看見肚皮某些地方凸如小丘，很不舒服，服服痛痛的，很不自在。一直以來我都沒有天天排便的幸福，但最終還可排出來，至 1997 年慢性咽喉炎病發後，情況每下愈況，別人兩三天才排便視作等閒，但我來說一天排不出也可以很大件事。便意甚濃，急至毛管也豎起，腰背也伸直，無論怎樣使勁，眼周圍的皮膚也因用力之故而呈現出一點點紅點，就是排出不來，最終唯有弓著背到醫生處求救，西醫開了瀉藥才解我暫時之困，但當腸胃適應了之後的尷尬可真難堪至極。急得要命，但那時的狀況卻是出與不出之間，令我家門也不能踏出，想到醫生處尋解決之法也不能，現時回想也覺心寒。

看問過腸胃科名醫，他叫我不用擔心，我只是大腸收縮得不協調，服藥後，我一定會「腸通無阻」，千多元換回一大袋藥，心想次應可放心吧！哈！誰知隔天便要到醫院放大便。最終還是以往看開的那位中醫可以為我的腸胃護航。但我服藥的份量，反應令他擔心，他建議我去驗腸。至 02 年我才「的起心肝」去驗，化驗師一邊照一邊用英語自言自語的「哇！好長，真的好長，點解會這麼長！太長了！」得出的

結果是我有一比別人長許多不大蠕動的腸，他和中醫也建議我跑步和多食蔬果。一直以來水果是我的主要食糧，我又不大喜歡肉食，這方面我沒有問題。

但跑步卻增加了我的關節痛，多痛幾次我便要找骨科醫生為我消除痛楚。於是減少了跑步，加了瑜伽，到健身室做運動，但情況仍是沒中藥便排不了。

腸胃科醫生對腸過長的答覆是：我的腸在我肚內盤了幾個大大小小的圓，加上它的活動力不夠，我早晚會入醫院也放不到大便，那時便一定要開刀，便順便切短些吧！他就得輕描淡寫，但我感到異常恐懼。

他們倒回來問我別人兩三天沒排便也沒事，為何只有我覺得有問題，還叮囑我無論如何也要養成天天排便的習慣，最後他們歸咎於我心理過於緊張，令腸臟不能收縮自如，只要我放鬆若無其事，便一切也會好轉。

至此好像一切也是心理作用弄出來，那時我想是否應加多一位心理醫生呢！但另一方面又覺得他們太荒謬、太幽默、太不明白病者置身其中的感受。隨後亦姑且長嘗試放鬆自己，每天做完瑜伽打坐，才進廁所，邊坐邊聽音樂、看書報雜誌，但結果依舊，事與願違，奈何！當時進食也擔心會否增加腸臟的負擔！唉！真是連進食的慾望也沒有，生活的主食糧是藥，主要約會是往訪醫生。賺錢目的是付醫藥費，多無奈的生活，灰暗一片。

謝主隆恩（本人是天主教徒），徐神父建議我學內丹，我以上的同題才得轉機，只食大力丸（以往醫治重症肌無力的藥），內心驚得要命，但看雪櫃內還有最新的湯藥，便自我安慰叫自己不要慌。上了兩三天堂後的一個早晨，跑完步竟有便意，內心忐忑，不知後果會如何，應否立即服瀉藥，

若不，那會否又令我進退艱難！祈禱後才鼓起勇氣進洗手間。哈！竟然在沒任何藥物幫助下，雖然辛苦但仍可排出，即時鬆一口氣，又「謝主隆恩」。當時我也有想還會否只是一個偶然而已，很難相信有一種運動可以在短短兩三天內，仍未學成全套便發揮功效。整個月我都是半信半疑，那時剛好我兒子回港度假，他最瞭解我當時的矛盾心情，我久不久便問他內丹會不會令我的腸胃正常些，當然他不能答我，只是當時太乍驚乍喜，要找個人說說。

時至今日，我相信是內丹的功效，因偶然是沒可能接連不斷地產生吧！甲狀腺方面醫生給了我一個期限，若到一月初我的驗血報告仍是依舊，那我便一定要接受開刀，誰知到了一月奇事發生了，腦丘的 T3、T4 竟在沒有醫藥的治療下，回到正常的水準，西醫說：「無可能」，他不信中醫，更不信有一種運動可以治病，他懷疑我服食了別的藥物。他說這結果令他尷尬，要我三月中旬再抽血化驗，他認為我一定會再甲亢。好啦！走著看瞧吧！

上年的 12 月天氣特別寒冷，過往我的腳趾必定會長許多又紅又腫又痕又痛的凍瘡，但今次竟只紅了一塊，不痕也不痛。皮膚乾的問題也得到解決，今年是我這許多年冬天洗澡最多的一年，洗完後只需塗一次護膚油便可。因慢性咽喉炎而久違了的麥記薯條，現在開懷大嚼後，也不會如過往般令我喉痛失聲和令痔瘡發作。看來以後我也不需要以白灼青菜度日了。

我現在每天 5 點起床後，便做一次動功，才出門跑步，回家再做一次才開始食早餐，食完便洗澡，真痛快，又可以跑步，又可以洗澡，又可以「出入平安」！這三四個月簡直是我這幾年最得意的日子。還有大力丸的份量也每天減少了

道
家
內
丹
功
與
現
代
生
命
科
學

三粒！哈！「有得頂」，雖然現在仍未能天天排便，仍偶爾要服大力丸，但已很感謝天父把蘇老師帶來給我了！

　　我母親在過去兩年受乳癌和類風濕關節炎的困擾，最近還加上白內障，於是我替她報名參加了三月初班，起初她也不大願意學，因早前她學太極和六通拳後，她腳部的關節痛加重了，但我在班上耳聞目睹再加上自身經歷的事實，令我帶點戰戰兢兢地要她再試一次，首兩天同她感覺如何，有沒有痛，她都答「沒有」，到第三天她告訴我精神好像好了。希望再過些日子她也可以重拾健康吧！

內丹功功效個案
2003 年初班一學員
黃威廉

　　本人長年習武，年輕時以外家功夫為主，中年以後亦習內家太極拳及站樁氣功等。多年練武及搏擊，左肩勞損，長期有慢性疼痛及左手手指麻痺之症狀。腰背亦有慢性勞損情形，早上起床，很多時有酸痛之感。定時接受推拿、整脊等治療，以減輕不適。

　　此外，又常有胃氣，消化不大好，晚上睡得不大好，曾看中醫，謂本人脾虛肝熱，腎水不足云云。自九月習內丹功後，每天早起練功，一改以前遲睡遲起之習慣，每天練功兩次，練武前有時用內丹動功作為伸展體操之部份。九月後，大部份吃素，甚少吃肉。

　　自九月習內丹功後，起床時左肩之緊痛情形，每次練功後很快回復後正常，手指麻痺感覺消失，腰腿酸痛程度大減，胃氣症狀消失，胃口正常，晚上多熟睡，夜尿情況大減。九月習內丹功及開始吃素，體重減至標準之七十四公

斤，回復二十多歲之之全盛時期體重。跑步及練功時，腰腿比前更有力，耐力增加，勁力無減，身體之柔軟度增加。練內家太極拳，氣感增強，練功後之疲勞很快回復。

十一月學習中級班之坐功及臥功，又有新的體驗，因坐功及臥功直接鍛鍊丹田，比武術及太極拳等之間接練丹田功夫，更為有效，短短一星期，似乎氣感增強之速度比以前更快，此為新的體驗，心裏有點意外。

總括來說，本人之健康狀態在練功前尚算可以，外見精神奕奕，但自己亦有很多不滿之處，練功之後，似乎前路更廣闊，可以更上一層樓。

一些學員在 2002 年十一月及十二月
學習內丹功後之練功感受及分享

①練功後，糖尿的度數減少，現在每天練功一次，希望以後每天練兩次。

②練完功後，全身溫暖。

③上班前，在家練功一遍，回到辦公室後，再練習一次，在練第二次的時候，一舉手已感覺良好。

④練功後，衣服可少穿一兩件，身體也不感到寒冷。

⑤昨天我乘坐 107 號巴士下班回家，車上十分擠迫，心想如果要站個多少時，腰骨又會作痛；靈機一觸，想起老師的方法，用腳跟輕輕地原地踏步，果然下車後步履輕鬆，精神良好。

⑥練功後，口水也變得甘甘的。

⑦學內丹功半年來，大約百分之九十五素食，每天約六時半起床，雖然要早上上班，晚上上學，每天只睡六小時，但仍感到精力充沛，一般的感冒傷風，很快痊癒，以前考試

後特別容易病倒，最近考試後感覺輕鬆，內丹功的確是一份意外的禮物。我覺得練內丹好比儲蓄，有了足夠的儲蓄，可以預防感冒，也可算是健康存摺。

⑧初練功時也有晚上練功後不易入睡的經過，後改為晚飯前練功，經過一段時間後，反覺得睡前練功，睡得更好。

⑨我覺得早上如廁後練功，效果會更好。

⑩學內丹功後，我的鬧鐘會準時提醒我睡覺，平時會多吃葵花子和南瓜子之類食物。

⑪我多以蕃薯、紫心蕃薯、水果、豆漿、優酪乳作早餐，食物不要太鹹。

⑫練功五個月後，腰骨痛沒有了，走路也輕快有力。

⑬練功後，感冒的痊癒時間縮短了。

⑭練功後，夜尿減少，精神轉好。

⑮練功後，心情開朗，精神煥發。練功一過後量度血壓為 70／100，在 70 多歲年紀，這是非常難得的。

⑯精神狀況大大改善，雖工作繁忙，但仍覺得充滿活力。

⑰精神明顯好了，腰肌明顯放鬆，記憶力改善了。

⑱關節痛有明顯改善，精神集中，皮膚不再痕癢。

⑲練功後較精神，右手較以前有力。

⑳以前長期失眠，每晚起床多次，練功後，五天內只有兩天起床一次，三天一覺睡至天亮，另外口水也多了，口乾的情況也有改善。

㉑患有坐骨神經痛，走路無力，學習內丹後，走路好多了。

㉒一個家總有不少的的「家頭細務」，以前無力穿針縫

衣，太累了，現在打內丹功，精神充沛，什麼家務都攔阻不倒我了。

㉓失眠二十多年，練了內丹後，睡眠情況大有改善。

練內丹功功效個案

從前天氣轉變，鼻敏感必然發作，鼻水長流一個上午，使我工作時甚感不便，除此身體其他部份也有許多小毛病，如晚上睡不安寧，很容易腰背及頸椎痛，使我甚感困擾。自練功後，鼻敏感竟漸漸不藥而癒，晚上睡眠質素提高了，身體其他的毛病也得到改善，最明顯的是抵抗力亦增強了，從前別人傷風感冒，我也會被傳染，但練功至今，經歷流感高峰期，也沒有受感染，身體狀況比以前改善了。加上90%素食和記老師的口訣「柔慢連圓」，放鬆心情練功，心境也感平和。

除了蘇老師悉心教導，各學友集體練功時的交流也使我獲益良多，就得九月二十九日，一學友說：「母親生病，全家人都憂心，假如自己也生病，誰來照顧母親！」，他的話令我明白到，自己的身體也像一個家，任何一個部份出現問題，其他部份也會感到不適，不可忽視，現在的小毛病，它有可能成為大毛病呢！所以我會堅持一日練功兩次，保持健康身體，身心愉快，既令家人放心，又可照顧家人，更可幫助別人。

一些學員在 2002 年九月廿九日舊同學會分享練功感受

甲：「我有風濕關節炎多年，學了內丹功，手腳骨筋不痛了，肩膊鬆了。」

乙：「我以前有腦瘤，康復後，平日工作不可以連續三個小時；現在學會內丹功，每天練功，工作可連續六個小

時，精力充沛很多。」

丙：「糖尿病病症在練功後有明顯好轉，由 14.6 度降至 10.5 度。」

丁：「練功後，身體感覺和暖，不怕冷。」

戊：「我有耳鳴的，練功後的第四天耳鳴開始減少了，睡眠質素改善了。」

己：「我的夜尿明顯減少了。」

庚：「我行動較以前輕鬆了，可以走較長的路。」

辛：「練功後，睡眠質素提高了。」

寅：「練功後，心境平靜，身體感到暖和，身體狀況有所提升。」

老爸爸、老媽眯從澳洲回來了
比薩

爸爸、媽媽自從在 2002 年十一月學了內丹功後，不知不覺已有一年了。兩星期前接到他們從雪梨來電，說他們會在十一月九日回港。我們五兄弟姊妹收到這消息後，都非常雀躍，很想看看他們練功後的身體精神狀況。

我們一家十口很早便到機場等候。由於大家都先後跟蘇老師學功，我們在交換練功心得之際，姨甥峻峻大聲喊道，「Grandma、爺爺出來了。」

只見七十六歲的爸爸，七十歲的媽媽，推行李車，滿載澳洲芒果、車厘子，步履輕盈，步出禁區，兩人全無倦意。我們蜂擁而上，問候兩老近況，媽媽開腔便說「這內丹功真好，我在樓上也有練習轉肩和練功。」爸爸接說：「我三月回澳洲後，每天練功三次，早上六時至七時在前園大樹下練兩遍，晚飯前練一次。練功後，眼睛比以前明亮，本來右眼

需要做白內障手術，但經醫生檢查後，手術也不用做了。媽媽也說：「我昨天的血糖是 4.2。」媽媽是糖尿病患者，以前也經常會有耳水不平衡的症狀。「越做內丹功，血糖越正常，人也越精神，頭暈眼花的現象顯著地減少了。」媽媽喜歡在家用縫衣機做衣服，「練功後，手腳勤快，不會手硬腳硬，口唇也滋潤，好像塗了口紅一樣。」

　　我的大弟弟插嘴說是不是這麼神奇？爸爸笑說：「這個內丹功確實好，越練越有精神，回澳洲後，後園很多功夫要做，例如鋸樹、剪草、油漆、重建物屋，做得好輕鬆，我的痛風在過去一年從沒有發作過呢！」

練功感想心得一束

　　蘇老師的口頭禪是：「多練內丹功，健康長壽！」以下是部分為內丹功同學的練功功效報告及來信。

　　A 女同學早晚練功一次，她說：「尿糖由 8 度降到 6 度左右，睡眠品質比以前好，體重回復發病前，心情平靜了一點，比較輕。」

　　B 男同學早上 6：30 及晚上 10：30 練功，報告說：「本人原有血壓高、心臟病、前列腺炎，因為吃藥，所以情況得到控制；練功後精神狀況明顯轉好，比以前好得多。」

　　C 男同學，每天練功一次，間中兩次，報告說：「四月初開始練功，加上 90% 素食，結果：

①體重減輕約 5 公斤

②疲倦感減少

③肝功能指數（ALT）已由超標 4 倍回復正常。」

　　D 女同學早晚練功，每次 20 分鐘，有時中午也練功，報告說：「精神爽利，胃口好轉，當然要配合食有定時，儘量

吃素或少吃煎炒炸和刺激的食物，早眠，晚上 10：30 左右睡覺，早上 6：00 至 6：30 起床，脾氣溫和了，自制力強了，心平氣和多了。」

E 女同學，早午晚各一次練功，她說：「精神比以前好，上樓梯腳步較有力，不再感到酸軟，晚上睡覺時較易入睡，舌頭沒有了針刺感，發熱感，面部神經痛比以前輕了一點。」

第八節　編後話

編著「添油接命」的目的既已定。當然是希望「內丹動功」能夠推廣傳開去。我曾細想過這個問題，相信者及欲學者能有幾許呢？藥石都不能治療好的慢性病，單憑「內丹之動功」就能治好所患之疾病嗎？當然這也要視個別的情況及病情而定。

最主要的還是你會給自己一個嘗試的機會嗎？藥石既已無濟於事，又何妨一試呢！結果在未嘗試之前有誰能逆料呢？強腎，增進內分泌荷爾蒙的生產，調整及旺盛，就是能治好很多難以預料的慢性疾病，方法中的方法。實是難以置信的！甚至有人會說你是位癲狂者。

說真的，很多事實是令人難以置信。在我圈子中的朋友，將功法傳授給他們，有些是堅信不疑，認真的練習，反應是問題解決了；例如，有者是患前列腺病者，尿急上廁良久不能小便；胃酸過多者、胃氣脹者、背肩肌肉疼痛者、手腳麻痹者、屈膝無力者、心悸者、身體虛弱者，都一一恢復正常。經醫生檢查證實沒問題了，他們都高興不已。

可是也有者，不會相信功法會有如此的神效，而不能接

受。有極少個別修練者在練功時，感覺運作的部位疼痛，而不肯繼續練下去，拒絕嘗試。有些認為功法太簡單，沒有效益的可能性。有些用疑異的眼光，這又是氣功之類的東西，種種的判斷、沒興趣探討和不想知道，這即是現實「殘酷」的反應。

的確要使人相信「內丹動功」實是一種很難令人置信的功法，難能有立竿見影之效，要經過實踐的習練，才能證明是否有功效，實會令人用有色的眼光去看。所以要推廣此內丹動功，亦會是逆水行舟的一項工作。常人都有相同的心理，自認為自己現在無任何病通，為什麼要學這套功呢？甚至是患有疾病，或是慢性疾病者，都會帶有色的眼光質疑功法的效能。推展「治未病之病」之功法，確是雪上加霜。又因常人不知「生命在於運動」，怎會採取預防的措施呢！有的會說我每天運動、跑步、晨運，或其他的解釋。除了感嘆！又徒嘆奈何！所以說，自己所作的選擇，面對所受慢性病魔的磨折，又有誰能代為承受呢？我最終的勸誡是：

「治未病之病，生命在於運動」。

強健身體及其抵抗力是要靠自己，

是愛莫能助，任何外在的幫助

是不能一勞永逸的。

能體會接受內丹功者，祝福你身體健康生活愉快。

……渴望健康

……患疾病或絕症與亞健康者

……醫療已盡最大努力

……沒法改善狀況

……不少抱無奈與認命態度

……內丹動功：煉腎生津，煉津生精

……再給生命個再造機會

……無任何損失

……只是些時間

……無數內丹動功習煉者有實際經驗

……嘗試習煉

……生命在於運動……

……身心狀況自有驚喜的發現

第九節　羅浮奇人蘇華仁話養生

中國廣東著名作家《惠州日報》資深記者　牟國志

　　古人曰：大隱於野，小隱於市。意思是說，一些大學問家、大思想家往往隱居於深山老林之中。在被公認為中國道教十大洞之一。中國嶺南第一山廣東的羅浮山，居住著一位潛心學習、修練研究中國傳統養生之道的學者。

　　世界著名壽星吳雲青老人的入室弟子蘇華仁在羅浮山築室而居：門前有勝景，屋側有靈泉，屋旁有蒼松，屋下有奇地。

　　1980 年 9 月 10 日，《人民日報》在第四版刊發了新華社的電訊：中國陝西省延安市青化砭村 142 歲老人吳雲青，增補為延安市五屆政協委員。吳雲青出生於清朝道光 18 年臘月（即 1838 年）原為青化寺長老，現為人民公社社員，他雖然經歷了 142 個春秋，但仍「精神矍鑠，步履穩健」。該報導之後，吳老又活了 18 年，至 1998 年 9 月 21 日圓寂，終年 160 歲，成為世界最長壽的老人之一。

　　吳雲青坐化圓寂後，弟子蘇華仁等將吳老置坐於甕中，其神態安詳，肉身經年累月不腐不爛，成為金剛不壞之身，「不朽真人」曠世奇觀，為此，2002 年 10 月 3 日中央電視台晚上 8 點旅遊節目向海內外播出，在海內外引起強烈反響。當時任中國道教協會會長閔智亭道長，親自赴中國古都河南安陽靈泉寺，他在瞻仰了吳老的肉身遺容後，感慨不已，當時揮毫書下四個大字：龍泉聖境。本文介紹的羅浮山奇人，就是吳雲青老人的入室弟子，在吳老生命的最後十八年間，他常常伺奉在側，與大師「五同」──同食、同宿、同行、同田勞動、同場練功，故而深得大師真傳，而後，他與諸同道一起，在香港創建了世界傳統養生文化學會。其目的是給大家帶來身心健康，這位羅浮山奇人他叫蘇華仁。

　　記者是在陪同王炳堯先生採訪時得以結識蘇先生的。王炳堯是中國記者協會機關報《中華新聞報》原秘書長，此次來廣東公幹，轉道羅浮山來採訪蘇華仁。那天，我們的車到了羅浮山腳下，已經不能再開了，一條羊腸小道從山上垂掛下來，時隱時現，蘇先生來到路口拱手相迎。他大約 50 多歲，中等身材，面容清瘦，雙目卻炯炯有神，頗有道氣。片刻的寒暄之後，蘇先生在前面引路，我們沿著陡峭的山路攀援而上。山越爬越高，路越走越難，不一會，我們就已汗流浹背，氣喘吁吁，可是蘇先生卻步履矯健，顯得輕鬆自如，一會兒就把我們拉下一大截，不得不一次次停下來等我們。

　　好不容易爬到了半山腰，眼前豁然開朗，蘇先生的居所到了。這是一個磚石搭建的小屋，顯得樸實而簡陋。但小屋周圍的風光，卻讓人嘆為觀止──小屋靜靜臥於林海之中，右側是羅浮山雲蒸霞蔚的主峰；站在小屋前望出去，視野十分開闊，遠山近水盡收眼底；小屋左右，兩道清泉潺潺湧

流，水質清純，喝上一口，沁人肺腑；令人稱奇的是，在小屋旁邊，有兩棵形態獨特的松樹，一棵從根部開始，呈360度盤旋後直上，就像一條龍騰越而上，直插雲天；另一棵則像一把弓，似在等待你張弓搭箭：而屋下的一塊地，則更令人驚嘆：那是半山腰的一塊平地，沒有任何人工的修飾，完全是渾然天成，其形狀就像易經中的先天八卦圖！

問及蘇先生為何選擇來羅浮山安居治學？他說，羅浮山是中國十大名山之一，不僅風光優美，且有深厚的文化底蘊，是中國唯一的集中國儒教、道教、佛教文化可以並存的地方。有關史書記載：兩千多年前，先秦的安期生，晉朝的葛洪辭官不做，來此修道，到這裡潛心修煉留下了煉丹爐和洗藥池？葛洪之後，又有多位高人來此修煉。諸如單道開、黃大仙、蘇元朗、軒轅集、呂洞賓、蘇東坡、何仙姑、陳泥丸、白玉蟾、張三豐、……這裡確實是一個天下少有的風景勝地和修道聖地，所以我們在參訪了全國不少名山大川之後，選擇了羅浮山。

大病不死，雲遊天下，尋訪全國各地百歲以上壽星
拜教門高人爲師，潛心探求中華傳統養生長壽眞傳

蘇華仁是《周易》發源地中國河南安陽市人，年輕的時候他癡迷文學，歷史、哲學。當時，曾是年輕的中國作家協會河南分會會員之一。但由於只知一心學習寫作，而不懂養生之道，故在他20多歲時，一場大病襲來，差點撒手人寰，當時，他患有嚴重的心臟病、神經衰弱、前列腺炎、下肢肌肉萎縮等症，北京協和醫院用現代科學儀器檢測：醫生告訴他只能活半年。

　　貧病交迫中，幸得安陽三教寺李嵐峰高師出手相救，依古戒授之以中國道家內丹祛病養生秘術，他按秘術修練僅僅七天，疾病竟獲全無。把他從死亡線上，拉了回來。大病痊癒之後，蘇華仁重新認識人生，認識世界從此讀古書，研《周易》，刻苦鑽研中華傳統養生與學問。透過多年苦讀，他悟出這些的真決並未寫在書上，也不可能在世間流傳，這些無價的之寶僅僅掌握在為數不多的幾位百歲高師手中。於是，他下決心雲遊天下，遍訪百歲以上壽星拜師學道。

　　1980 年 8 月，他來到中國陝北延安青化寺長老吳雲青身邊，研習黃帝、老子內丹養生之道之後，又在河南泌陽白雲山 117 歲道長唐道成身邊，他學得道家陳搏老祖華山派內丹養生之道。1988 年，當代佛門泰斗，百歲法師釋淨嚴在開封古觀音寺親授他佛家秘功心法。此外，他還是中國首任佛教協會主席，禪宗泰斗虛雲老法師親傳弟子、九華山佛學院首座大法師釋明心的弟子，他在中國華山道功高師邊治中門下求得道家內丹養生之道動功……

　　經過二十餘年的執著追求，蘇華仁成為道家秘傳養生長壽內丹術的正宗名家、著名的易經學者，他的內丹養生之道已步入一流境界。

　　坐在蘇華仁先生陋室前木板搭成的小桌旁喝著泉水，吃著他們自種的花生和剛摘下的龍眼，聽他講授中華傳統養生益壽的學問，感到深受啟迪，心胸豁然開朗。

　　蘇華仁先生說：中國道家內丹養生長壽學，在世界上有很高的地位和影響，在我國更是歷史悠久，源遠流長，我國歷史上許多著名人物，就是這些學問的倡導者、實踐者和傳播者。根據有關史書明確記載：我們中華民族的人文之祖軒轅黃帝，在大約五千年前，就拜道學高師廣成子為師，學習

內丹養生之道，並著有《黃帝陰符經》、《黃帝內經》、《黃帝外經》等流傳千古。中國大思想家道家祖師老子，中國大教育家、儒家聖人孔子、中國商業界祖師范蠡，漢代被譽為「帝王之師」的張良。

晉代道學與易學大名家葛洪，唐代大詩人李白，宋代易道真人陳摶老祖、中國太極拳創始人張三豐等等，都曾積極地研習和推崇中國道家內丹養生之道這門學說。到了現代，隨著生命科學的進步和發展，中國道家內丹養生長壽學受到世界大科學家們的高度重視，舉世聞名的大科學家、英國皇家學會會員、《中國科技史》的作者李約瑟，非常仰慕老子道家內丹養生之道，將自己改名姓李，因為（老子叫李耳），他在其著作《中國科技史》中精闢地指出：「中國的內丹是世界早期生物化學史上的一個里程碑。」世界著名生物遺傳學家牛滿江不僅推崇道家內丹養生之道，還親赴北京拜中國道家養生之道大師華山丹道大師邊治中為師，學習道家內丹養生之道動功，他還在短期內取得了整個身心回春之效，此後，1982 年 4 月 4 日，牛滿江博士在香港《明報》撰文說此術。從增加生命之源入手，應稱之為「細胞長壽術」「返老還童術」，我國著名大科學家錢學林也在其《論人體科學》一書中指出：「結合科學的觀點，練功，煉內丹。」

繼續談論下去，蘇先生笑道：「我可以一語道破道家內丹長壽學的玄機。」他說，人有三寶：精、氣、神。人為什麼衰弱、生病？就是這三寶中的其一或其他受到了損害。道家內丹長壽術的真諦，就是啟動人體自身的潛能，修復被損害的器官，使「三寶」，重顯活力，以達到祛病健身，延年益壽的目的。蘇先生進一步闡述說，把道家養生長壽術的秘訣，歸納成現代說法，可簡單地濃縮為二十個字五條：永保

童心；早睡早起；長年食素；修練內丹；積德行功。

聽完蘇先生高度概括的中國傳統道家內丹長壽之道、二十個字的要訣，我豁然有所悟。是啊，世人只要按這二十個字來進行養生，必然會取得養生健康長壽，為您人生事業成功，奠定一個堅實的基礎。因為這是古今中外無數修學中國道家內丹長壽之道成功的經驗之談，很值得我們借鑒。

安貧樂道、志與天下同道
共創「中國道家內丹養生基地」

靜觀蘇華仁老師簡樸的穿著，簡陋的山間茅庵，茅庵內大量的藏書。閱讀中國《科學晚報》和《香港經濟日報》等報章，介紹他在海內外傳播中國道家內丹養生的有關文章，使我深深感到：蘇華仁老師是一位安貧樂道者。

蘇華仁老師在海內外傳播中國傳統道家內丹養生之道。奉行的宗旨是「弘揚丹道，造福人天」。他傳播中國傳統道家內丹養生原則是「奉行真德，傳授真功」。他從不搞商業炒作，嚴禁弄虛作假。因爾，北京大學、中山大學、新加坡道宗養生學會等海內外邀其講學、治病和傳播中國道家內丹養生之道者絡繹不絕。這其中特別值得一提的是，蘇華仁老師為海內外著名企業家、慈善家譚兆先生治病的實例：

2000 年夏季，蘇華仁老師應邀到香港與譚兆先生治病。譚兆先生是香港著名企業家、慈善家。他平生心地慈悲，崇尚道學，為此特別設立「譚兆慈善基金會」本基金會專門支持中國道教文化事業發展，據有關部門統計，截止 2000 年，「譚兆慈善基金會」給中國道教文化事業贊助的人民幣達五億多元，而且還在源源不斷地贊助。

　　譚兆先生由於在商場上拼搏操勞過度，他在五十歲左右便身患癌症。患病後，譚兆先生即拜海內外聞名、台灣中國道家內丹養生之道高師馬炳文先生為師，習煉中國道家內丹養生之道，使身心轉危為安，由弱轉強。

　　又過了二十年左右，時至 2000 年年近 70 的譚先生病復發，病情十分嚴重。透過馬炳文先生之緣，譚兆先生於 2000 年夏 7 月邀請蘇華仁老師為其治病，由於治病效果好，譚兆先生即讓其太太拿巨資酬謝。蘇華仁老師面對巨資毫不動心，蘇華仁教師真誠地對譚太太講，我有三條理由不能要您們的錢：

　　第一、你們雖然有錢，但也是您們辛苦勞動所得。您們已經給中國道教文化事業贊助數億元。我們信仰中國道家文化的人，給您們治病是天經地義的。

　　第二、我是因譚兆先生道家師父馬炳文之緣而來治病的。

　　第三、現在譚兆先生有病正需要錢，我怎麼能增加負擔呢？

　　譚兆先生的太太聽後十分感動的說：「您是罕有為我先生治病而不要錢的人。」

　　蘇華仁老師給他人治病不貪財的例子還有許多、許多……

　　由於蘇華仁老師功高德昭，故當蘇華仁老師發起在羅浮山建立中國道家內丹養生基地時，自然而然會得到了海內外有道之士的慷慨解囊。目前，在中國廣東羅浮山東麓，已經有一塊以紫雲洞、軒轅庵為中心，占地近百畝的土地，已蓋了十幾間簡易的房子，供修學中國道家內丹養生之道者修練的場所。同時，也歡迎有緣的同道來此修行、研究與養生，同心同力，早日建成「中國道家內丹養生基地」造福天下有緣的善良人。

創立「世界傳統養生文化學會」
建立「世界傳統養生文化大學」

瞭解到蘇華仁老師學習、修練中國傳統道家內丹養生之道情況之後，我問道：「您最大的理想是什麼？」

聽到我問他，蘇華仁老師抬頭看了看四周碧綠的青山和青松，然後真誠地對我說：「自從三十多年前，我的第一位恩師，中國安陽三教寺李嵐峰道長，他秘傳我中國道家內丹養生之道，使我短時間從死亡線上回春以後，我便有三願望：

1. 雲遊天下，將中國傳統道家、佛家、儒學、易學、中醫、武術家養生長壽、開發智慧、天人合一和治病救人的最高層絕技學到手。

2. 將中國傳統養生長壽、開發智慧、天人合一和治病救人的絕技造福天下善良人。

3. 如果有緣：希望能走出國門，將中國傳統養生長壽、開發智慧、天人合一和治病救人的最高層次的絕技服務世界各地善良人。同時將海外西方的傳統養生文化學到手。在此基礎之上，創立一個「世界傳統養生文化學會」。然後再創立一個「世界傳統養生文化培訓中心」，建立一個世界傳統養生文化網站。先出版一套《中國道家養生長壽秘傳叢書》，再出版一套《中國道家養生全書與現代生命科學叢書》，然後再出版一套《世界傳統養生文化叢書》，最後創辦一座「世界傳統養生文化大學」。

我聽蘇華仁老師講完其遠大理想，中心十分激動，不禁問道：「您的理想已經實踐了多少？」

蘇華仁老師答道：「我的理想在海外有緣同道的大力支持下，目前已實現了一部分。情況如下：

1. 我在中華大地雲遊多年，基本上已將中國傳統道家內丹養生精華掌握了。

2. 我於 1995 年，應邀赴馬來西亞傳授中國道家內丹養生之道。

3. 我於 1999 年，應邀赴新加坡傳授中國傳家內丹養生之道，同時傳授中國《周易》養生預測學。期間被新加坡道家養生學會特聘為名譽主席。

4. 我於 2001 年底，應邀赴香港傳授中國傳家內丹養生之道和《周易》養生預測學。

5. 2001 年底，我在香港與諸網道一起：成立了「世界傳統養生文化學會」。

6. 2006 年，我與弟子辛平合著的《中國道家養生長壽學秘傳叢書》，一套書計劃 5 本，目前已經出版了三本：一本是《中國傳統道家內丹養生動功》，另外兩本是《中國傳統道家內丹養生靜功》《道家調補》。

7. 2007 年，我在易道學術老前輩唐明邦、道家學術名家胡孚琛的支撐下與同道師友趙志春、弟子辛平和海內外同道劉小平、張德礬、李武勛、巫懷征、劉裕明、劉繼洪等共同努力下，已經編輯出《中國道家養生全書與現代生命科學叢書》中的六本，其書目如下：

① 《老子＜道德經＞養生之道》

② 《實用道家養生之道與現代生命科學》

③ 《周易參同契與道家養生》

④ 《藥王孫思邈道醫養生》

⑤ 《張三豐太極拳內丹養生真傳》

⑥ 《世界著名壽星吳雲青談中國傳統養生之道》

8. 羅浮山紫雲洞軒轅庵道家內丹養生基地在海內外同道

支援下，特別是在馬來西亞辛平先生、美國張德礐先生、中國內地宋樹貴先生、巫懷征先生、游正邦先生、臺灣李武勛先生、黃易文先生、任芝華同道、中國香港劉裕明先生等同道真誠支持下，境況也日益發展。

以上是我理想已完成的一部分，另外部分我正在與海內外同道共同努力、共同完成、我也真誠歡迎海內外同道共同來完成弘揚世界傳統養生、造福世人的盛舉。

聽完蘇華仁老師這一番話，我感觸很深，我從心底祝願他的理想成真，因為他的理想成真，將會造福更多人。

第十節　老子《道德經》與養生大智慧

仙風道骨裏蘊藏著真知的大智慧，灑脫飄逸中彰顯出驚人的力量！高人出山，亮相於知名學府，向社會精英講授幾乎絕世的呂洞賓秘注《道德經》。

呂祖首序定評論，自敘尤開八德門，
又見關中來紫氣，真看李下毓玄孫，
欲教後世人同渡，能使先天道益尊，
多少注家推此本，寶函長護鎮崑崙。
——張三豐《老子道德經呂祖秘注》禮贊詩

老子《道德經》自問世以來，仁者見仁，智者見智，各類注解達3000多種。流傳最少的是凡人成仙的呂洞賓秘注的老子《道德經》。探其究竟，仙人的秘注奧妙無窮，玄機無限，非常人能夠領悟。為了使精英階層增強真知灼見，我們特意邀請學貫中西的蘇華仁道長出山授道。奇人傳大道，茅

　　塞方頓開。學員們在暢遊知識海洋的同時，還能掌握歷史悠久的養生秘訣，使每個學員都能擁有一個健康的身體、豁達的心情，以充沛的精力向人生最高目標精進！

　　蘇道長其人：出師名門，博取眾長：

　　師從 160 歲老壽星吳雲青：（1980 年 9 月 10 日《人民日報》四版詳細報導）

　　師從 117 歲的丹道高師唐道成：（1980 年 10 月 8 日《河南日報》三版詳細報導）

　　師從當代道功名家邊治中：（1983 年 9 月 18 日《世界日報》頭版詳細報導）

　　師從當代道功名師李嵐峰、終南山百歲道醫李理祥；（1992 年 5 月 22 日《科學晚報》報導）

　　師從當代佛門禪宗泰斗 120 歲虛雲法師弟子、九華山佛學院首座法師釋明心：

師從當代佛門密宗泰斗 113 歲釋圓照上師（本人平生修練金剛心法，圓寂火化心臟成金剛體）

名山住持，德高望重：

1980 年出任中國禪宗祖庭少林寺副住持；

現任中國十大名山羅浮山軒轅庵、紫雲洞道長。

繼承傳統，造福人類

世界傳統養生文化學會創始人；

《中國道家養生與現代生命科學叢書》總主編；

攻克聯合國公佈十七種疑難雜症中的十六種（愛滋病除外），醫治患者無數。

主題：哲學前沿論壇——呂洞賓秘注老子《道德經》與養生大智慧

參加對象：

1.中山大學國學與管理總裁研修班學員及預報讀者；

2.中山大學哲學系在讀研究生；

時間：2008 年 11 月 10 日晚 7：30——9：00

地點：中山大學文科樓 506 講課廳：

聯繫人：劉老師（13719440284）

　　　　宋老師（13424015697）

蘇華仁地址：廣東博羅縣長寧鎮羅浮山沖虛觀東坡亭 13138387676 郵編 516133

第十一節　《中國道家養生與現代生命科學叢書》編輯緣起、致責任編輯趙志春的信

——代本叢書後記

尊敬的趙志春師友：道安

　　貴社與您決定出版《中國道家養生叢書與現代生命科學叢書》實是弘揚中華國粹，造福世人功德之舉。

　　因貴社和您推舉我出任本叢書總主編，故我本人深感此事，事關重大，因為我本人三生有幸：生於《周易》發源地一個崇尚道家養生和佛家明心見性之學世家，自幼受易學、道家養生、佛學薰陶，少年便被安陽三教寺李嵐峰道長精心教誨栽培十年。成年之後，又三生有幸：被當代多位年逾百歲而童顏的道家養生真師吳雲青、李理祥、唐道成、趙百川和當代世界著名的華山道功名家：邊治中道長收為入室弟子而耳提面命多年。期間，還有緣被當代數位百歲佛學高師開示佛學真諦。

　　在上述高師厚愛下，使我學到了道家養生學和道家養生的核心秘術——道家內丹養生之道。在拜明師修練師傳內丹道路上，期間雖歷經滄桑驟變，又經種種磨難與悲歡離合，但終有所成，使我整個身心脫胎換骨，同時，使我親身感受到了中國道家養生之道和易學養生預測之道、乃人間至寶，它確確實實可以造福世人，改善宇宙天地人萬物生存環境，同時，又深深感到修學道家養生之道務必要有真正得道、並且真正修成大道明師指導，只靠一味看書、盲修苦練是不容

易成功的。因為易道汪洋。表面看玄之又玄，其實您只要在明師秘傳下學到真正口訣，同時經過苦練加體悟，才能學得其真諦，故古聖者曰：「得訣歸來方看書。」

趙老師：由於宇宙天地人運行規律所致，目前，世界興起易學熱、道家養生熱、佛學參禪熱、中醫熱、太極拳熱。由於我近幾年常應邀在海內外講授道家養生之道和《易經》養生與預測學，故而深知：在易學、道家養生學、中醫學，太極拳修練熱潮中，雖然出山的各類老師不少，出版的書也不少，但在靜觀沉思之下，有幾點需讓世人注意，以便儘快掌握真諦，取得效果。

一、真正懂得易學本義、道家養生真訣、佛法真諦、中醫真諦、太極拳精華的高師，依然如古語道「得道高師不易逢」。

二、截止目前為止，海內外出版易學、道家養生學、佛學、中醫學、太極拳的書確實不少，但讓人細細批閱後實在令人憂喜參半。

第一類是由嚴謹地名牌大學學者所著，這些著作的最大優點是：言論時尚、資料豐富、翔實，考證有據，思維有序；其不足之處是未遇明師指導，故理論有餘、實用不足。

第二類書是實修者所著：這些著作最大優點是確有傳承，其所寫養生方法實用、理論樸實、資料翔實，其不足之處，大多屬中上等功法，因為易學本義，道家養生秘訣，佛學禪理真諦、中醫精髓、太極拳內在精華不是一般人能得窺其奧旨的。

第三類由於目前受經濟利益趨動，有些書是書商所為，這些書等您看過許多本之後，才能明白，他們寫書的原則是「天下文章一大抄」。此類書誠不足取不足論也。

　　第四類，真正高師所著，此類書實在難逢難遇，因為這些書首先是以真訣為綱、真理為導、真功為用，故真能濟世度人，功德無量。

　　第四類書的不足之處未與現代科學結合，故而讓人感到有些玄而難學。

　　趙老師：故我們出版中國道家養生與現代生命科學叢書力爭集上述四類書之長而成書，故而我思慮再三，又徵求了海內外諸多師友意見，決定我們要出的叢書定名為：

　　《中國道家養生全書與現代生命科學叢書》

　　其目的不言而喻：是想編出一套讓世人喜聞樂見，又能使世人學到一套實用的養生之道的叢書。

　　為此，我經過這一段的聯絡，已約定國內外一些具有真才實學的有道有德之士從事這方面工作。同時擬寫出叢書目。

　　以上愚見如何？請你明示。

　　此致

敬禮

蘇華仁

2007春於廣東羅浮山沖虛觀東坡亭道易養老院

手機：13138387676 電郵：suda069@163.com

中國道家養生廿字要訣

——中山大學舉辦「羅浮山道家養生與哲學專題講座」
綱要之一
世界著名丹道壽星吳雲青弟子、中山大學兼職教授
中國廣東羅浮山軒轅庵、紫雲洞道長　蘇華仁

中國道家養生之道，其養生效果真實而神奇。其道理
「道法自然」規律，博大精深，師法並揭示宇宙天地人萬事
萬物變化規律。因而能夠讓全人類達到健康長壽、天人合
一。確如中華聖祖《黃帝陰符經》中所言：「宇宙在乎手，
萬化生乎身」。

一、 中國道家養生廿字要訣內容

中國道家養生之道，其具體方法卻極其簡單、至簡至
易，便於操作。正如古今丹道祖師所言：「大道至簡。」要
爾言之，不過「道家養生廿字要訣。」其內容如下：

永保童心，
早睡早起，
長年食素，
練好內丹，
積德行功。

以上「中國道家養生廿字要訣。」是我多年反覆學習道家養生經典：《黃帝陰符經》《黃帝內經》《黃帝外經》《老子道德經》《太上老君內丹經》和《周易參同契》《孫思邈千金要方・道林養性》《呂洞賓祖師全書》《張三豐全集》等道家經典，然後對其中道家養生之道成功經驗的高度濃縮與高度概括；同時是我多年來，學習當代多位年逾百歲猶童顏的道家內丹養生高師吳雲青、李理祥、趙百川、唐道成和道功名家邊治中、李嵐峰，道家內丹養生之道成功經驗的高度濃縮與高度概括。

二、 中國道家養生廿字要訣真實效果

我近年來，應邀在海內外講學，講授中國道家養生之道時，我都主要講：「道家養生廿字要訣。」無數實踐證明：凡是聽課者能切切實實執行「道家養生廿字要訣」的，都能取得身心康壽、開智開慧、事業成功的真實而神奇的養生效果。故大家稱讚「道家養生廿字要訣。」

為「健康聖經。」為此，我特意寫出「道家養生廿字要訣。」禮讚：

> 永保童心返歸嬰，
> 早睡早起身常青，
> 長年食素免百病，
> 練好內丹天地同，
> 積德行功樂無窮。

三、黃帝《陰符經》老子《道德經》
是中國道家養生廿字要訣本源

中國道家養生廿字要訣，其方法簡便易行，效果真實神奇。溯其根源，主要來源於中華民族神聖祖先、中國道家始祖黃帝《陰符經》、中國道家祖師老子《道德經》。

當我們靜觀細讀、反覆揣摩黃帝《陰符經》老子《道德經》，你自然而然會真切地感受到，黃帝與老子對人類身心健康長壽的關懷與大慈大悲的博大胸懷。

為了全人類健康長壽，黃帝、老子自願將他們取得養生長壽，成功經驗，毫無保留地貢獻給全人類，衷心地希望全人類，獲得健康長壽。《史記・五帝本紀》《史記・封禪》記載：黃帝平生用道家養生之道，獲得壽高一百一十一歲以上高壽，《史記・老莊韓非列傳》記載老子「壽高二百餘歲不只知所終」。

1.「永保童心」源自黃帝《陰符經》「至樂性餘」老子《道德經》「聖人皆孩子」。

「永保童心」，是古今中外壽星與養生名家取得養生長壽共同成功經驗之一，故黃帝《陰符經》老子《道德經》，反覆諄諄、循循善誘的教導全人類要從「爭名奪利」，「庸碌一生」中解脫出來，人類的生活方式，要全方位地回歸自然，要時時刻刻保持心性樂觀，做到「至樂性餘，至靜性廉」，（黃帝《陰符經》下篇）同時，時常永保童心，如嬰兒之未孩。並且特別指出，聖人的養生要訣是：「聖心皆孩子」（老子《道德經》第四十九章。）詳情請看：黃帝《陰符經》老子《道德經》全文。

2.「早睡早起」來源於黃帝《陰符經》、老子《道德

道家內丹功養生與現代生命科學

經》「道法自然」規律養生。

眾所周知：人是大自然的兒子，人是宇宙萬物之靈，故人與大自然本來就是天人合一天人一體的。這一點：我們中華民族的偉大祖先、中國道家始祖黃帝，早在約五千年前就發現這一科學真理。故黃帝《陰符經》上篇曰：「宇宙在乎手，萬化生乎身。」中國道家祖師老子早在二千五百多年，繼承發展黃帝關於「天人合一」思想，老子在其名著老子《道德經》中曰：「人法地，地法天，天法道，道法自然。」

不言而喻：「道法自然」規律是人類養好生的根本法則、根本準則、根本保證。

「日出而作，日落而息」是古今人類與大自然同步的具體體現。

「早睡早起身體好」是婦幼皆知的養好生的好習慣與成功經驗。

「萬物生長靠太陽」是婦幼皆知的生命生長的根本法則。

中國道家傳統養生要訣詩曰：

> 天有三寶日月星，
> 地有三寶水火風；
> 人有三寶精氣神；
> 善用三寶可長生。

道家傳統養生要訣又曰：「人生在卯」。指人生健康長壽要卯時起床，修練與工作。卯時，即早上5～7點，而早上5～7點，恰恰是日、月、星三寶聚會之時。

　　清晨初生的太陽光，古人稱之為「日精」，將日精吸入人體之內稱為「採日精」。無數採日精者經驗證明：對著清晨的太陽練功，沐浴清晨的陽光，呼吸清晨的新鮮空氣，對人類健康長壽補益甚大。

　　月亮光，古人稱之為「月華」早上5～7點和晚上5點～7點，對著初升的月光修練，將月亮光呼吸入人體之內，古人稱之為「吸月華」，對身體也有很大的補益。

　　星星光，古人稱之為「星輝」，早上5～7時，和晚上5點～7時，包括夜晚對著星辰修練，將星光呼吸入人體之內，對身體也有很大的補益。而且可以激發人類大腦的活力與想像力、創造力。

　　而現代科學透過現代化儀器，試驗表明：太陽光、月亮光、星星光中，均含有大量的對宇宙生命生長、特別是人類生命有益的大量的微量元素。而每天早上5～7點，正是太陽光、月亮光、星星光三光相聚之時，三種光綜合為一產生的微量元素對人類健康長壽，更為有益。這是無數早上卯時修練者、取得健康長壽與開發智慧成功的經驗總結。

　　黃帝《陰符經》下篇曰：「聖人知自然之道不可違，因而制之。」老子《道德經》第二十五章曰：「人法地、地法天、天法道，道法自然。」這兩者之說，都是強調人類養生一定要「道法自然」規律，而早睡早起，則是《道法自然》規律、具體養生方法之一，早睡早起身體好，是無數取得養生長壽者的寶貴經驗，誰認真遵行誰身心健康受益。

　　3.「長年食素」源自老子《道德經》「見素抱樸」「深根固蒂」。

　　「長年食素」是中國道家傳統養生二十字要訣之一，也是中國道家取得養生長壽成功經驗。老子《道德經》第十九

章、五十九章曰：「見素抱樸」是謂「深根固蒂」「長生久視」之道。

「長年食素」對人類健康長壽有益。早已為現代科學實踐證明：故現代科學之父愛因斯坦，運用大智大慧，經過長期的嚴謹科學實驗後，深刻而精闢地指出：「我認為素食者的人生態度，乃是出自極單純的生理上的平衡狀態，因此，對於人類的影響應是有所裨益的。」

在中國古代老子與現代科學之父愛因斯坦等大聖哲、大科學家影響下，當今世界食素的人數的越來越多，各國素食學會如雨後春筍，日益增多。有資料表明：在台灣很早以前就率先建立了「素食醫院」。新加坡等國家和地區早已有了素食幼兒園、素食中學與素食大學。

更有資料表明：除上述老子與愛因斯坦外，長年食素者還有古今中外許許多多的大聖哲：如中國儒家聖人孔子、佛祖釋迦牟尼，耶穌基督⋯⋯大科學家達爾文、愛迪生、牛頓⋯⋯大政治家邱吉爾、甘地⋯⋯大作家托爾斯泰、蕭伯納、馬克吐溫、伏爾泰⋯⋯大畫家達芬奇和體壇名人劉易斯⋯⋯

綜上所述：「長年食素」是中國道家傳統養生二十字要訣之一，是中國道家養生長壽成功經驗，也是古今中外諸多大智大慧者的明智選擇，更重要的是您只要認真的食素一個月，您的心身健康素質和智商就會改善。這是無數健康長壽者的經驗之談。

還有重要的一點是：現在環境污染與轉基因飼料飼養動物，給人類健康造成危害日益嚴重，故當今人類實行長年素食者日益增多。

4.「練好內丹」源於黃帝《陰符經》、老子《道德經》《老子內丹經》。

　　「練好內丹」是中國道家傳統養生二十字要訣之一，因為，中國道家養生之道精華是中國道家內丹養生之道。中國道家內丹養生之道，是古今中國各界泰斗和中國道家養生名家取得養生長壽，開發大智，事業成功、天人合一的真實而神奇法寶。古今中外無數修練者的實踐表明：中國道家內丹養生之道，也是全人類取得養生長壽，開發大智，事業成功、天人合一的真實而神奇法寶。

　　中國道家內丹養生要訣與秘訣，主要蘊含於黃帝《陰符經》、老子《道德經》、《老子內丹經》之內。黃帝《陰符經》中講的「宇宙在乎手，萬化生乎身。知之修練，謂之聖人」是指修練中國道家內丹養生之道。修練中國道家內丹養生之道的核心是人與宇宙天人合一。

　　老子《道德經》中第一章講的「常有欲觀其竅，常無欲觀其妙」，實是講修練中國道家內丹養生之道的第一要訣是「守玄觀竅」，所以其下文緊接著曰：「玄之又玄，眾妙之門」。

　　鑒於上述，故中國道家南宗祖師張伯端在《悟真篇》中，用詩歌禮讚黃帝《陰符經》與老子《道德經》曰：

　　　　陰符寶字逾三百，
　　　　道德靈文止五千，
　　　　今古上仙無限數，
　　　　盡從此處達真詮。

　　老子《道德經》與《老子內丹經》一同珍藏於中國《道藏》之內。《老子內丹經》在《道藏》中原題名為《老上老君內丹經》，眾所周知：「太上老君」是中國道家與中國道

教對老子的尊稱，緣於此《太上老君子內丹經》，實是《老子內丹經》。《老子內丹經》闡述中國道家內丹養生之道要訣曰：「夫練大丹者，精勤功行。修生之法，保身之道，因氣安精，因精養神，神不離身，身乃長健。」

5.「積德行功」源於《黃帝陰符經》「天人合發」，老子《道德經》「重積德則無不克」。

「積德行功」是中國道家傳統養生二十字要訣之一。

「積德行功」源於《黃帝陰符經》「天人合發、萬變定基」，「知之修練、謂之聖人」，與老子《道德經》第五十九章：「重積德則無不克。」倘我們靜觀、細讀《黃帝陰符經》和老子《道德經》，您可以從字裏行間深深體會到：黃帝、老子對「積德行功」精華的論述。特別是老子《道德經》第五十一章、五十四章、五十九章論述尤顯詳細、尤顯重要，故今敬錄如下：

老子《道德經》第五十一章曰：「道生之，德蓄之，物形之，勢成之，是以萬物莫不尊道而貴德，道之尊，德之貴，夫莫之命而常自然。故道生之，德蓄之，長之育之，成之熟之，養之復之。生而不有，為而不恃，長而不有，是謂玄德。」

老子《道德經》第五十九章曰：「治人事天莫若嗇。夫唯嗇，是謂早復，早復謂之重積德，重積德則無不克。無不克則莫知其極，莫知其極則可以有國，可以長久。是謂深根固蒂，長生久視之道。」

老子《道德經》第五十四章曰：「修之於身，其德乃真，修之於家、其德乃餘，修之於鄉、其德乃長，修之於國、其德乃豐，修之於天下，其德不普；故以身觀身，以家觀家，以鄉觀鄉，以國觀國，以天下觀天下。吾何以知天下之然哉？以此。」

中華丹道・傳在吳老

——己丑年（2009年）恭拜世界著名壽星吳雲青眞身獻辭（徵求意見稿）吳雲青入室弟子、廣東羅浮山軒轅庵蘇華仁（吳老賜道號：蘇德仙）

一

五月十五、歲在己丑，
恭立安陽、吳老身後，
靜觀人類、放眼宇宙，
面對現實、悲歡皆有，
諸多災難、時降五洲，
經濟風暴、令人哀愁，
信仰迷茫、競擬走獸，
A型流感、侵襲全球，
人類繁榮、大家共求，
仰問蒼天、良方何有？

二

當今世界、中華獨秀，
雖歷滄桑、終居上游，
舉世仰慕、探其源由，
究其根源、全在道家，

道家文化、孕育偉大，
人類歷史、啓示人類，
道家文化、救世良方，
得道者昌、失道者亡。

三

道家文化、淵源流長，
中華聖祖、黃帝開創，
越五千年、如日月光，
聖祖黃帝、演易《歸藏》，
著《陰符經》《黃帝內經》；
偉哉老子、集其大成，
著《道德經》、傳《內丹經》。
道家文化、「道法自然」，
人類遵之、自然日興，
道家核心、「天人合一」，
人類忠行、萬事可成。

道家內丹功養生與現代生命科學

四

道家秘傳、最重內丹，
養生法寶、修眞成仙；
因此中華、也稱神州，
縱觀古今、橫覽中外，
朗朗乾坤、獨尊內丹，
中華泰斗、多練內丹，
黃帝練成、龍馱升天，
龍的傳人、因此開端；
老子丹成、著《道德經》，
「東方聖經」、世世永傳；
孔子學道、拜師老子，
發猶龍嘆、《史記》明載：
孫子兵法、萬古流傳，
修道保法、乃其大概；
商祖范蠡、攜同西施，
外助勾踐、內練內丹，
隱居太湖、逍遙自在。

五

智聖鬼谷、練成內丹，
注《陰符經》、隱雲蒙山，
入世法傳、蘇秦張儀，
毛遂徐福、孫臏龐涓，
出世法傳、茅蒙茅山，
雨王赤松、稱黃大仙，

內丹練成、逍遙人天，
育出張良、一代國師，
功成身退、辟谷修仙；
張良玄孫、名張道陵，
為傳大道、創立道教，
從此中華、方有教傳，
外傳法術、內傳內丹，
光陰似箭、越二千年，
代代仙眞、口傳內丹，
名家輩出、功德永傳，
葛洪練丹、隱羅浮山，
著《抱扑子》、建立道觀，
偉哉藥王、名孫思邈，
著《千金方》、內丹詩傳。

六

呂祖洞賓、天仙狀元，
為學內丹、受盡苦難，
鍾離權師、口授眞傳，
為使大道、永傳人間，
偉哉呂祖、不避艱險，
東西南北、為度有緣，
中華大地、遺跡猶在，
《呂祖全書》、德澤人天：
北有七眞、祖述呂祖，
南有五祖、根在呂仙，
大江西派、呂祖開源，

呂祖師友、最尊陳摶，
高臥華山、傳道真脈，
承前啓後、繼往開來，
育出弟子、火龍真人，
育出徒孫、名張三豐，
創太極拳、秘傳內丹，
造福人類、口碑永傳。

七

方今世忙、人身少健，
為益身心、惟有內丹，
歷史經驗、史書明載，
練好內丹、心身康泰，
練好內丹、轉危為安，
練好內丹、人類日健。

八

當今之世、內丹何在？
中華大道、內丹誰傳？
吳老雲青、練成內丹，
上承黃帝、老子真傳，
吳老雲青、真人典範，
年逾百歲、鶴髮童顏，
積德行功、廣度有緣，
臨終坐化、歸空九天，
金身不壞、萬世稱讚，
我輩效之、練成內丹，
度己度人、造福人天，
笑傲滄桑、得大自在。

二〇〇九年六月七日吟於安陽
有修改意見請打手機：13138387676

道家養生長壽基地崛起
山東沂蒙山

——代《中國道家養生與現代生命科學系列叢書》
再版後記

　　承蒙海內外各界有識有緣之士的理解與厚愛，《中國道家養生與現代生命科學系列叢書》出版上市後很快脫銷並即將再版，我有幸作為本叢書總主編，首先懷著十分感恩的心情，懇謝我們中華民族神聖祖先伏羲、黃帝、老子等古之大聖哲，是他們運用大智大慧，參透宇宙天地人生命變化規律，而後克服無數艱難險阻，給我們創立了古今中外有識之士公認為全人類最佳養生長壽之道的中國道家養生之道。

　　再者懇謝對在本叢書編寫、出版、傳播過程中給以支持的海內外各界有緣之士；同時懇謝海內外各界有緣又深深理解本叢書內含的中國道家養生之道神奇效果與科學文化價值的讀者們。

　　這其中特別值得一提的是：中國當代著名傳統養生文化研究專家、博士，海內外著名的中國傳統養生文化傳播者李志杰博士，結緣於我隱居修練中國道家養生之道的中國廣東羅浮山軒轅庵，我們倆一談相知，因為我們對中國傳統養生文化精華中國道家養生之道認識、理解、研究、完全一致，在相見恨晚的談話中，李志杰博士告訴我一個令人十分鼓舞

的喜訊：為了盡快弘揚中國道家養生文化，造福世人、身心康壽。他已和山東金匯蒙山旅遊資源開發有限公司董事長李興等有關同道，在位於中國山東沂蒙山腹地蒙陰縣「蒙山國家森林公園」與「蒙山國家地質公園」內，已經開始建設一個中國道家養生長壽基地，而且已初具規模。李志杰博士希望我能盡快實地考察，如有緣，他希望我以後能常到基地去講授、傳播中國道家養生之道。

因為我是學習與研究中國歷史和中國道家養生之道的，故我深知：中國山東沂蒙山和沂蒙山廣闊的周邊地區，是一片地靈人傑的風水寶地。根據諸多史書明確記載：古來這塊寶地孕育造就出為數不少的中國儒家聖人與中國道家仙真，同時孕育出數位大軍事家與中國文化名人，其中，最著名的有儒家聖人有孔子、孟子、曾子、荀子與中國書法聖人王羲之、顏真卿以及中國算術聖人劉洪、中國孝聖王祥、孔子的老師之一郯子也生活在蒙山一帶。最著名的中國道家仙真有鬼谷子、赤松子、安期生、黃大仙……最著名的軍事家有孫武子、孫臏、蒙恬、諸葛亮……，緣於此，山東沂蒙山也被史家稱為中華仙聖文化的搖籃。

緣於上述原因，我欣然應諾李志杰博士的邀請。於是，2009年6月7日，我先邀請李志杰博士、李興董事長、河南省工商銀行劉樹洲先生、河南電視台辦公室劉素女士、青島甘勇董事長、廣西張勇董事長、深圳中華養生樂園創辦人張莉、河南易學新秀李悟明等一行九人來到我的故鄉，舉世聞名的《周易》發源地中國河南安陽。在安陽靈泉寺內參加了我與師弟山西大學劉鵬教授合辦的我的道家養生師父、世界著名壽星吳雲青不腐肉身拜謁儀式。而後，《中國道家養生與現代生命科學系列叢書》編委、河南省著名企業家、《周

易》學者、安陽市貞元集團董事長駢運來的夫人梁婷梅與台灣易學名人、《周易》學會理事長丁美美設午宴盛情款待我們。下午二時,我們一行十人告別古都安陽,驅車千里,於當晚到達位於山東沂蒙山腹地的蒙陰縣蒙山國家森林公園內,此處是著名的國家4A級名勝風景區。

當日夜半,我們一行十人登上蒙山,舉目四望,但見在皎潔月光輝映下,群峰起伏,莽蒼蒼的蒙山像一條沉睡的巨龍安臥在齊魯大地上,滿山遍野的松樹林散發的陣陣松花香味沁人心脾,使人身心頓爽⋯⋯

次日清晨,李志杰博士帶領我們一行數人到蒙山頂上考察。我們登上白雲繚繞的蒙山峰頂,環顧四方曠野,親身體驗了孔子當年「登蒙山而小齊魯」的神韻;同時,親身體驗了荀子身為「蘭陵令」即沂蒙山地區長官所生活多年的山水與人文風貌⋯⋯

清日上午,李志杰博士又特意安排專人帶我考察了位於蒙山峰頂的兩座古道觀「雨王赤松子、黃大仙廟」(當地人簡稱為雨王廟)與「紫雲觀」。(紫雲觀之名源於老子「紫氣東來坐觀天下」)但見廟觀建築風格古樸而壯重,廟內供奉的神像有中國雨王赤松子、黃大仙、中華智聖鬼谷子、中國道家真人呂洞賓、道佛雙修的慈航道人觀音菩薩,於此足見蒙山中國道家文化底蘊深厚⋯⋯

次日下午,李志杰博士、李興董事長特意與我就在蒙山籌建中國道家養生長壽基地,交換了各人觀點與打算,令我們三人感到十分滿意的是,我們三人見識、觀點與打算竟然不謀而合。最後我們三人達成了共識:充分發揮蒙山得天獨厚的壯美大自然環境與底蘊深厚的人文環境。同時以蒙山現有的四星級標準的蒙山會館為基礎,儘快籌建起中國道家養

生長壽基地。隨後，李博士、李董事長又與我詳細探討了中國道家養生長壽基地的近期與遠期規畫。

我們到蒙山的第三天，李志杰博士又特意安排兩個專人陪我們一行人從山上一直考察到山下，又從山下考察到山上，其間收穫甚豐；最大的收穫為參觀中國戰國時代軍事家孫臏與龐涓修道讀書山洞。孫臏洞給我們留下的印象尤為深刻；我們身臨孫臏洞，但見四周美如仙景，那古樸幽靜的山洞高低深淺適度，令我們假想當年大軍事家孫臏拜中國智聖鬼谷子為師，在地靈人傑的蒙山中學習與研究其祖父孫武子所著《孫子兵法》，而後成為大軍事家、著出流傳萬世而不衰的《孫臏兵法》的一幕幕……而今，山東臨沂銀雀山漢墓竹簡博物館陳列出土的《孫臏兵法》竹簡，是孫臏著兵法的印證。

下午，我們則重點考察了具有四星級標準的蒙山會館，但見蒙山會館主體大樓座西面東、背山面水、紫氣東來。蒙山會館大樓共有四層，設施與服務水平可以說是一流，蒙山會館可以容納一百多人的食宿與學習，其標準房間和會議室裝修風格使人有賓至如歸的感覺。

第三天晚上，我們一行人和李志杰博士、李興董事長舉行了晚餐會。其間，我們進一步確立了中國道家養生基地基本框架：以蒙山大自然的環境為大課堂，以蒙山會館作為生活與學習的小課堂，以《中國道家養生與現代生命科學系列叢書》為中國道家養生基地的主要教材。

光陰似箭，轉眼三天過去，當我即將離開蒙山之時，我看著李志杰博士與李興董事長大慈大悲，立志建設中國道家養生基地，大力弘揚中國道家養生長壽文化，造福人類健康長壽的雄偉藍圖，同時，我再一次飽覽了山東蒙山壯美的風

光山色，深信曾經孕育造就出諸多聖人與仙真和中國大軍事家和文化名人的山東沂蒙山，緣於中國道家養生基地的建立，一定會在當代孕育出更多的中國道家養生人才而造福世人。

我深信中國山東蒙山道家養生基地會越辦越好。

我深信世界各地中國道家養生基地會越辦越好。

我深信來中國道家養生基地養生者會越來越好。

蘇華仁

2009年7月1日寫起於中國廣東羅浮山軒轅庵中

聯繫手機：13138387676

郵箱：su13138387676@163.com

歡迎至本公司購買書籍

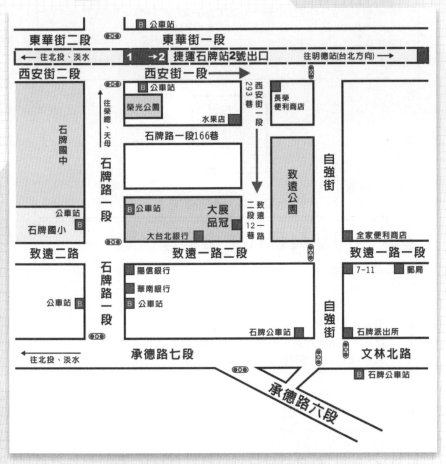

建議路線

1. 搭乘捷運‧公車

　　淡水線石牌站下車，由石牌捷運站2號出口出站(出站後靠右邊)，沿著捷運高架往台北方向走(往明德站方向)，其街名為西安街，約走100公尺(勿超過紅綠燈)，由西安街一段293巷進來(巷口有一公車站牌，站名為自強街口)，本公司位於致遠公園對面。搭公車者請於石牌站(石牌派出所)下車，走進自強街，遇致遠路口左轉，右手邊第一條巷子即為本社位置。

2. 自行開車或騎車

　　由承德路接石牌路，看到陽信銀行右轉，此條即為致遠一路二段，在遇到自強街(紅綠燈)前的巷子(致遠公園)左轉，即可看到本公司招牌。

國家圖書館出版品預行編目資料

道家內丹功與現代生命科學／蘇華仁　辛 平　陳紹聰　編著
　　——初版，——臺北市，大展，2012〔民 101 . 04〕
　　面；21 公分 ——（道家養生與生命科學；3）
　　ISBN　978－957－468－870－8（平裝）
1.道教修鍊　2.生命科學
235.2　　　　　　　　　　　　　　　　101001887

道家內丹功與現代生命科學

編　　著／蘇 華 仁　辛 平　陳 紹 聰
責任編輯／趙 志 春
發 行 人／蔡 森 明
出 版 者／大展出版社有限公司
社　　址／台北市北投區（石牌）致遠一路 2 段 12 巷 1 號
電　　話／（02）28236031‧28236033‧28233123
傳　　眞／（02）28272069
郵政劃撥／01669551
網　　址／www.dah-jaan.com.tw
E－mail／service@dah-jaan.com.tw
登 記 證／局版臺業字第 2171 號
承 印 者／傳興印刷有限公司
裝　　訂／建鑫裝訂有限公司
排 版 者／弘益電腦排版有限公司
授 權 者／山西科學技術出版社
初版 1 刷／2012 年（民 101 年）4 月

定　　價／350 元